Christoph von Marschall

Barack Obama: Der schwarze Kennedy

Christoph von Marschall

Barack Obama: Der schwarze Kennedy

Yes, we can!

orell füssli Verlag AG

4. Auflage 2008

Konzeption und Realisation: Ariadne-Buch, Christine Proske
Redaktion: Sabina Bernhardt
Umschlagabbildung, Vorderseite: EPA/Matthew Cavanaugh/Keystone
Umschlagabbildung, Rückseite: © Christoph von Marschall
Umschlaggestaltung: Andreas Zollinger, Zürich
Druck: fgb • freiburger graphische betriebe, Freiburg

ISBN: 978-3-280-06108-4

Bibliografische Information der Deutschen Bibliothek:
Die Deutsche Bibliothek verzeichnet diese Publikation in der Deutschen Nationalbibliografie; detaillierte bibliografische Daten sind im Internet über http://dnb.d-nb.de abrufbar.

Inhalt

Vorwort

Dies ist ein Buch über Barack Obama, den ersten Schwarzen in der Geschichte der USA, der beste Aussichten hat, Präsident der Vereinigten Staaten zu werden. Es ist aber zugleich ein Buch über Amerika im Wahljahr 2008, über die Stimmungslage und die Faktoren, die seine Kandidatur so aussichtsreich machen, zum Beispiel die Sehnsucht nach Überparteilichkeit. Oder die Rolle von Rasse und Religion, die beide einem tiefgreifenden Wandel unterliegen. Barack Obama ist nicht der Hauptfavorit in diesem Rennen, diese Rolle kommt Hillary Clinton zu. Aber er ist für viele Beobachter der Geheimfavorit – und unbestrittenermaßen die faszinierendste Persönlichkeit im Wahlkampf 2008.

Deutschsprachige Leser, die sich ein Bild von Hillary Clinton machen wollen, haben eine breite Auswahl. Ein halbes Dutzend Titel von ihr oder über sie liegen in deutscher Übersetzung vor. Dieses Buch ist dagegen die deutschsprachige Biografie über Barack Obama, ihren schärfsten Rivalen. Das ist erstaunlich, denn seine Lebensgeschichte hat es verdient, in allen Sprachen der Welt nacherzählt zu werden – ganz unabhängig davon, ob er 2008 Präsident wird oder nicht. Seine steile Karriere ist für die Amerikaner ein Sinnbild für all das, was sie an ihrem Land schätzen: soziale Durchlässigkeit, Talentförderung und Aufstiegschancen, unabhängig von Herkunft und Hautfarbe. Diese Begeisterung für Obama und ihre gesellschaftlichen Hintergründe möchte das Buch vermitteln. Wenn Leser es zudem als Bereicherung ihres Bildes von Amerika empfinden, dann hätte es auch sein zweites Ziel erreicht.

Der Autor schuldet mehreren Personen und Institutionen Dank, angefangen bei der Agentur Ariadne-Buch, von der die

Anregung zu diesem Buch ausging, und dort besonders Leyla Sedghi, die ein verlässlicher Rückhalt in den schwierigeren Phasen des Projekts war. Eine unschätzbare Hilfe waren die amerikanischen Journalistenkolleginnen Andrea Stone («USA Today») und Lynn Sweet («Chicago Sun-Times») sowie die Mitarbeiter des Foreign Press Center, namentlich Eric Terrell. Sie halfen beim Zugang zu einem Wahlkampf, der sich fast ausschließlich auf die Korrespondenten amerikanischer Zeitungen, Fernseh- und Radiosender konzentriert und dazu neigt, die Vertreter ausländischer Medien zu ignorieren, weil sie keine US-Wähler erreichen.

Und dies noch: Im verminten Gelände der politischen Terminologie für Minderheiten folgt dieses Buch den derzeit in den USA üblichen und wertfreien Begriffen und ihren deutschen Entsprechungen: Barack Obama ist also kein «Farbiger», sondern «black» (schwarz) oder ein «African American» (Afroamerikaner).

Für Zofia

Einleitung: Alles andere – nur nicht Bush

Januar 2008: Die USA stehen vor einem außergewöhnlichen Wahljahr. Die Amerikaner sehnen sich nach einem Wechsel, nach einem Neuanfang. Das dominierende Thema, mit dem George W. Bush 2004 seine zweite Amtszeit gewann, ja sogar seinen Vorsprung vor den Demokraten deutlich ausbauen konnte, war der konsequente und unerbittliche Kampf gegen den Terror, der keinen Raum für Experimente lässt. Dieses Thema spielt im Hintergrund noch immer eine Rolle, weshalb die Demokraten es vermeiden, übermütig zu werden. Solange es jedoch keine Überraschungen gibt, keinen neuen Terroranschlag innerhalb der USA mit unzähligen Toten, keinen Riesenskandal im demokratischen Lager, deutet alles auf einen Regierungswechsel bei den Präsidentschafts- und Kongresswahlen im November 2008 hin.

Amerika ist reif für einen Schwarzen an der Spitze oder eine Frau

Und die Demokraten schicken gleich zwei Bewerber ins Rennen, die die Bürger für sich einnehmen: Hillary Clinton und Barack Obama. Sie, die Senatorin aus New York, erinnert die Amerikaner an die gute alte Zeit, als ihr Mann im Weißen Haus regierte. Der islamische Terrorismus war noch keine alltägliche Gefahr, die Wirtschaft boomte, der Ostblock war zusammengebrochen, und die halbe Welt hoffte auf eine neue Epoche der internationalen Kooperation. Im Rückblick wirkt das wie der Kinderglaube an eine heile Welt. «Alles ist möglich, Berlin ist frei», sagte Bill Clinton bei seinem Besuch in Deutschland 1994 mit seiner heiser-rauchigen Stimme, in der so viel Genussfreude und Lebenserfahrung mitschwangen. Es klang wie die Verheißung einer langen Friedensära. Abends holte er auf der Europatour 1994 sein Saxofon heraus und spielte in einer Bar in Prag. Hillary Clinton surft mit auf dieser Nostalgiewelle, die sie ihrem Mann Bill verdankt. Und die Erfahrungen, die sie in den acht Jahren als First Lady im Weißen Haus und den darauffolgenden acht Jahren im US-Senat sammeln konnte, in denen sie mit so ernsthaften Aufgaben wie dem Militärausschuss betraut war, lassen Hillary Clinton als die solidere Wahl erscheinen – im Vergleich zu Barack Obama. Das glauben zumindest ihre Anhänger.

Barack Obama, der schwarze Senator aus Illinois, ist dagegen der Mann, der Bürger und Medien weitaus stärker fasziniert. Mit seiner jugendlichen Frische und seinem unbezähmbaren Optimismus bringt er Amerika zum Schwärmen. Er mag zwar weniger Erfahrung haben, aber er steht für den radikaleren Wandel. Sie nennen ihn den «schwarzen Kennedy». Darin klingt die Hoffnung an, dass Obama das Land in ein neues Zeitalter führen wird – wie 1960 der noch um einige Jahre jüngere Präsident, der das Mondfahrtprogramm einleitete und der Bürgerrechtsbewegung Mut machte. Nur Obama, sagen seine Unterstützer, könne das Land von der ideologischen Blockade der vergangenen Jahre zwischen Neokonservativen und Linken befreien. Barack Obama ist der große Versöhner, ein richtiggehender Menschenfänger, der viele Besucher seiner Veranstaltungen in eine Stimmung versetzt, als hätten sie einen Wunderheiler erlebt. Ihm trauen sie zu, die Lähmung der Politik zu überwinden und die Nation, die Bush mit seiner aggressiven Rhetorik so tief gespalten hat, wieder zu einen.

Im Rückblick sind die Amerikaner enttäuscht von den acht Jahren der Bush-Regierung. Sie verstehen selbst nicht mehr so recht, warum sie ihn zwei Mal gewählt haben. Der Irakkrieg hat sich zu einem Desaster entwickelt. Dabei war er Bush nicht einmal von außen aufgezwungen worden, wie der Angriff zum Sturz der Taliban in Afghanistan. In deren Schutz hatte Al Qaida die Pläne zum Terrorangriff auf New York und Washington vom 11. September 2001 entwickelt. An jenem Tag war Bush noch keine neun Monate im Amt. Das gesamte Land, fast die ganze Welt stand hinter ihm, als er das US-Militär im November zum Gegenschlag an den Hindukusch schickte. Die Nato beschloss zum ersten Mal in ihrer Geschichte den gemeinsamen Verteidigungsfall. Irak dagegen war ein gewählter Krieg, ein mutwilliger Angriff. Bushs Regierung hatte die Invasion zu Saddam Husseins Sturz im März 2003 über Monate medial vorbereitet, mit angeblichen Geheimdiensterkenntnissen über Massenvernichtungswaffen, die in Teilen manipuliert waren. Vizepräsident Dick Cheney und Verteidigungsminister Donald Rumsfeld hielten Informationen zurück, die ihre angeblich todsichere Beweislage abgeschwächt hätten.

Die militärische Eroberung Iraks gelang vergleichsweise problemlos, die Schwierigkeiten der Besatzungszeit offenbarten sich erst im Laufe des folgenden Jahres, 2004. Doch in jenem Wahljahr gelang es Bush und seinem äußerst erfolgreichen Strategieberater Karl Rove noch, ihre Interpretation durchzusetzen: Irak ist die vorderste Front im internationalen Kampf gegen den Terror, die Rückschläge sind vorübergehender Natur. In den USA hatte sich die Wirtschaft erholt von der Rezession nach den Anschlägen vom 11. September und nach dem Platzen der High-Tech-Blase. Die USA produzierten Wachstumsraten von durchschnittlich mehr als drei Prozent im Jahr und lagen damit deutlich vor Europa. Das Wahljahr 2004 war ein Rekordjahr mit Quartalszahlen von bis zu 4,8 Prozent Wachstum. Deutschland lag zur selben Zeit deutlich unter zwei Prozent. Das alles beförderte Bushs Bestätigung im Amt und den Ausbau der republikanischen Mehrheit in beiden Kammern des Kongresses, dem Abgeordnetenhaus wie dem Senat.

Die innenpolitische Bilanz der zweiten Amtszeit desillusioniert die Nation, und das ist noch bedeutsamer als der erfolglose Krieg. Für die Außenwelt mögen der Irak und die fragwürdigen Methoden des Kampfes gegen den Terror im Gefangenenlager Guantanamo oder die Abhörprogramme ohne richterliche

Kontrollen das Bild der Bush-Regierung dominieren. Für US-Bürger dagegen stehen ihre Alltagserfahrungen im Vordergrund. Guantanamo und die Bürgerrechte haben für sie lediglich eine untergeordnete Bedeutung. Die überwältigende Mehrheit der 300 Millionen Einwohner hat weder einen Toten im Irak zu beklagen – bis Ende 2007 sind rund 4000 Amerikaner dort umgekommen –, noch musste sie persönliche Erfahrungen mit Abhöraktionen oder anderen fragwürdigen Eingriffen des Staates in ihr Privatleben machen.

Die Bürger spüren dagegen, dass das Wirtschaftswachstum nachlässt und dass die Gehälter nicht mit dem Preisanstieg Schritt halten, während das Management sich immer neue Boni in Millionenhöhe genehmigt. Es wird immer schwerer, die Hauskredite und die Studiengebühren für die Kinder abzuzahlen. Im Sommer 2007 ist auch noch eine Immobilienkreditblase in den USA geplatzt und hat die Börsen weltweit mit nach unten gezogen. Die innenpolitischen Ereignisse, die sich auf den Alltag von Average Joe, den Durchschnittsamerikaner, auswirken, verstärken die Stimmung «Alles andere – nur nicht Bush».

Das Land ist bereit, etwas ganz Neues auszuprobieren. Und bei den Demokraten stehen attraktive Bewerber um das mächtigste Wahlamt der Erde bereit, die schon auf den ersten Blick einen Wechsel versprechen. Hillary Clinton wäre die erste Frau im Weißen Haus. Barack Obama der erste schwarze Amtsinhaber.

Ungewöhnlich früh hat das inoffizielle Rennen diesmal begonnen, mehr als zwei Jahre vor dem Wahltag. Seit Sommer 2006 werden Obama und Clinton als Favoriten bei den Demokraten gehandelt. Bereits zu diesem Zeitpunkt beginnen sie Personal zu rekrutieren, wie auf der republikanischen Seite John McCain, der Senator von Arizona, der Bush 2000 in den Vorwahlen unterlag. Auch in dieser Hinsicht ist 2008 eine Ausnahmewahl. Bisher galt doch immer: Frühestens ein Jahr vor dem Urnengang klärt sich das Feld. Daran haben die politischen Auguren 2006 und in der ersten Jahreshälfte 2007 wiederholt erinnert. Man solle sich auf Überraschungen gefasst machen, selbst kurz vor und während der Primaries, die üblicherweise im Januar des Wahljahres beginnen. Bei diesen Vorwahlen in den 50 Bundesstaaten stimmen die Sympathisanten der Demokraten und Republikaner in der ersten Jahreshälfte nach und nach darüber ab, wer für ihre Partei ins Rennen gehen soll. Bill Clinton, zum Beispiel, war vor den Primaries 1992 noch weitgehend unbekannt. Ebenso überraschend hatte 1976 Jimmy Carter aus Georgia gewonnen.

Doch was zählen heute die Lehren der Vergangenheit? Historisch gesehen fällt der Wahlkampf 2008 aus dem Rahmen. Und das ist einer der Gründe, warum das Bewerberfeld schon so frühzeitig feststand. Zum ersten Mal seit Jahrzehnten tritt weder der amtierende Präsident noch sein Vize an. George W. Bush darf kein drittes Mal, Dick Cheney will nicht. Diese Situation, sagt man in den USA, habe es zuletzt 1952 gegeben. Aber nicht mal das stimmt so ganz. Damals war gerade das Verbot einer dritten Amtszeit eingeführt worden. Den amtierenden Demokraten Harry Truman betraf es noch nicht. Er wollte ein drittes Mal antreten und zog sich erst zurück, nachdem er die Primary in New Hampshire verloren hatte. Auch sein Vize Alben Barkley hätte gerne kandidiert, wurde aber in der Parteiversammlung mit seinen 74 Jahren für zu alt erachtet. Streng genommen hatten sich beide beworben, waren jedoch durchgefallen. Am Ende gewann der Republikaner Dwight Eisenhower, der einzige General im Präsidentenamt. Wenn etwas die Jahre 2008 und 1952 verbindet, dann ist es ein unpopulärer Krieg, allerdings unter umgekehrten parteipolitischen Vorzeichen. Damals regierten die Demokraten, und der Koreakrieg schadete ihrem Ansehen. Die Republikaner waren in der Opposition und versprachen, diesen Krieg zu beenden.

Auf der Suche nach einer wirklichen Parallele zu 2008 muss man in die 20er Jahre zurückblicken. Gleich zwei Mal trat weder ein Präsident noch sein Vize an: 1920 und 1928. Präsident Woodrow Wilson hatte 1919 einen Schlaganfall erlitten, der ihn weitgehend lähmte. Damals war es unüblich, den Präsidenten für amtsunfähig zu erklären. So führte seine zweite Frau Edith die Geschäfte. Wilson *konnte* 1920 also nicht erneut antreten, sein Stellvertreter Thomas Marshall *wollte* nicht. Präsident wurde daraufhin Warren Harding, der 1923 starb. Sein Vize Calvin Coolidge übernahm zwar sein Amt und wurde 1924 auch wiedergewählt, aber 1928 trat er nicht nochmal an. Auch sein Vizepräsident Charles Dawes, mit dem sich Coolidge überworfen hatte, verzichtete daraufhin auf eine weitere Kandidatur. Die Republikaner nominierten dann 1928 Herbert Hoover.

Open Seat: Die seltene Chance einer Wahl ohne Amtsinhaber

Das Wahljahr 2008 verspricht also eine Gelegenheit, wie es sie seit 80 Jahren nicht mehr gegeben hat. Kein Kandidat tritt an, der den Bonus des Amtsinhabers oder seines Stellvertreters mitbringt. Open Seat nennen die Amerikaner diesen strategischen Vorteil für neue Bewerber. Im Herbst 2006 und im Winter 2006/07 plagt die Ehrgeizigen in beiden Parteien nicht mehr die Frage, ob ein zu früher Start schaden könnte, sondern ob es nicht bald zu spät sei. Die Demokratin Hillary Clinton und der Republikaner John McCain haben bereits im Sommer 2006 Spitzenteams um sich geschart, die sie wohl kaum allein für ihre Senatorentätigkeit benötigen. Außerdem haben sie begonnen, die Wahlkampfkassen zu füllen. Konkurrenten, die erst im Laufe des Jahres 2007 anfangen, über eine Kandidatur nachzudenken, haben es schwerer. Die prominentesten Wahlkampfmanager sind bereits vergeben, auch die potentesten Financiers haben sich entschieden.

Für Hillary Clinton war klar: Sie kann und will nicht länger warten. 2008 ist ihre letzte Chance, dann ist sie 60 Jahre alt. Gewinnt ein anderer Kandidat die Wahl und wird 2012 für eine zweite Amtszeit bestätigt, könnte Hillary erst 2016 erneut antreten. Dann wäre sie mit 68 Jahren wohl schon zu alt, um doch noch als erste Frau das höchste Amt zu erlangen.

Barack Obama dagegen könnte sich Zeit lassen. Zu Jahresbeginn 2008 ist er erst 46 Jahre alt, Anfang 2016 wäre er 54. Statistisch gesehen noch immer kein hohes Alter für ein Leben im Weißen Haus. Das gäbe ihm Zeit, noch mehr Erfahrungen zu sammeln, die seine Eignung untermauern. Doch Barack Obama versteht auch, welchen Vorteil ein Open Seat für ihn bedeutet. «Unbezahlbar», sagen seine Berater.

Gewiss, sie haben die Argumente gegeneinander abgewogen. Obama gilt im Vergleich zu Hillary Clinton als unerfahren. Sollte er 2008 unterliegen, kann er 2012 oder 2016 zwar wieder antreten, dann allerdings mit dem angeschlagenen Image des «Verlierers». Manchen anderen Kandidaten hat das im zweiten Anlauf das Genick gebrochen. Al Gore, der Verlierer von 2000, ist deshalb 2004 nicht wieder angetreten und hat 2007 alle Aufforderungen, es 2008 erneut zu versuchen, abgelehnt. John F. Kerry, der Bush 2004 unterlag, hat auch wegen der Art und Weise, wie er unterging, keine Chance, abermals nominiert zu werden.

Für Obama sprechen zwei schlagkräftige Argumente: erstens der Open Seat und zweitens sein Rockstar-Image in den Medien und in der Öffentlichkeit. Die Faszination geht auf seine Rede beim Parteitag 2004 in Boston zurück. Und als im Herbst 2006 sein zweiter Bestseller erscheint, «The Audacity of Hope» oder «Hoffnung wagen», wie der deutsche Titel heißt, bestätigt sich seine Anziehungskraft erneut. Die begehrtesten TV-Moderatoren des Landes reißen sich um ihn: Oprah Winfrey, Tim Russert, Larry King. *Nein*, hatte er zuvor stets auf die Frage geantwortet, ob er ins Rennen geht. Doch nun, im Herbst 2006 sagt er, er habe ernsthaft über eine Kandidatur nachgedacht. Das ist noch kein *Ja*, sondern ein *Vielleicht*. Aber seit dieser Äußerung glaubt keiner mehr, dass er einen Rückzieher machen wird.

Als sich im Herbst 2006 das Duell Hillary Clinton gegen Barack Obama um die Nominierung zum Kandidaten der Demokraten abzeichnet, ist die Stimmung im amerikanischen Volk gespalten. Ja, die Präsidentschaft Bushs ist eine Katastrophe, seine Umfragewerte bleiben miserabel. Und nichts deutet auf die Möglichkeit einer Wende hin. Kommentatoren nennen ihn bereits den schlechtesten Präsidenten aller Zeiten.

Aber die Demokraten wissen auch, dass man aus der Schwäche des Gegners nicht automatisch auf die eigene Stärke schließen darf. In den USA sind sie lange nicht so populär wie im westlichen Ausland. Aus der Ferne ist die Ablehnung Bushs gleichbedeutend mit Sympathie für die Konkurrenz. Nicht in Amerika: Bush hat zwar schlechte Sympathiewerte, aber die des Kongresses sind noch schlechter – und dabei bleibt es auch, als die Demokraten die Zwischenwahl 2006 gewinnen und von Januar 2007 an die Mehrheit in beiden Kammern des Parlaments innehaben. Ihre Kritik am Irakkrieg kommt gut an. Aber auch sie haben kein überzeugendes Rezept dafür, wie man ihn beenden und die US-Truppen heimbringen könnte. Die Bürger spüren dies, das belegen Umfragen. Den Kampf gegen den Terror sehen sie besser bei Bush als bei den Demokraten aufgehoben.

Im Herbst 2006 glauben die Demokraten, dass sie eine Chance haben, die Zwischenwahl im November zu gewinnen, aber sie sind noch nicht wirklich von einem Sieg überzeugt. Bush und sein Berater Karl Rove haben ihnen den Triumph 2004 im Endspurt gestohlen – Ohio wurde damals zum Schlüsselstaat bei der Präsidentenwahl. Er brachte Bush den Sieg. Dabei hatten die Demokraten Ohio schon für sich verbucht und Wahlkampfmittel dort abgezogen. Diese Erfahrung sitzt tief. Lange Zeit dominierte die Angst vor dem «Hexer» Karl Rove, der den Spitznamen «Bushs Gehirn» trägt. Doch er hat sich inzwischen aus Bushs Weißem Haus zurückgezogen. Das ließ die Demokraten aufatmen.

Die Amerikaner wollen einen Wechsel. Aber heißt das auch, dass sie eine Frau oder einen Schwarzen wählen? Im Grunde ihrer Seele misstrauen die demokratischen Strategen ihren Landsleuten. In Umfragen geben sich die Bürger gerne tolerant und modern, schließlich schmeichelt das dem Selbstverständnis. Entscheidend aber ist, was sie bewegt, wenn sie ganz allein in der Wahlkabine stehen und ihr Kreuzchen machen sollen. Stimmen sie dann für eine Frau oder für einen Afroamerikaner? Oder schrecken sie im letzten Moment davor zurück und wählen einen Republikaner, der ihnen ebenfalls ein anderes Programm verspricht als George W. Bush?

Bei der Wahl des Präsidenten geht es nicht nur um die politische Eignung der Kandidaten. Auch andere, menschliche Eigenschaften spielen dabei eine wichtige Rolle: Vertrauen zum Beispiel, Sympathie oder ein gesundes Urteilsvermögen. Die Bürger fragen auch, ob das ein Mensch ist, mit dem man gerne abends plaudern würde? Die wesentliche politische Kommunikation zwischen Regierung und Bürger in diesem Riesenland findet über das Fernsehen statt und ist ganz auf den Präsidenten zugeschnitten. Die Minister treten dagegen viel seltener öffentlich auf als in Deutschland. Und die Chance der Bürger, einen hohen Politiker persönlich zu erleben, ist schon wegen der Entfernungen geringer. Rund 4500 Kilometer messen die USA von der Atlantik- zur Pazifikküste, 2500 von der kanadischen zur mexikanischen Grenze an der Südspitze von Texas. Und dabei ist Alaska – das vier Mal so groß ist wie die Bundesrepublik – noch gar nicht mitgerechnet. Es geht also auch um die Frage: Welchen der Kandidaten wollen die Wähler in den nächsten Jahren allabendlich über die Fernsehnachrichten in ihrem Wohnzimmer zu Gast haben?

Bereits ein gutes Jahr vor Beginn der Vorwahlen, im Herbst 2006, kommentierten spitzzüngige Kolumnisten, dass die Demokraten vor einer historischen Alternative stehen: Werden sie die erste Frau oder den ersten Schwarzen zu ihrem offiziellen Kandidaten machen? In Wahrheit sei das aber die Wahl, ob sie die dritte Präsidentenwahl in Folge lieber mit einer Frau oder einem Afroamerikaner an der Spitze verlieren.

Im November 2006 gewinnen die Demokraten dann die Kongresswahl, und dieser Erfolg stärkt ihre Zuversicht für 2008. Sie drehen die Mehrheitslage im Abgeordnetenhaus um: von zuvor 201 zu 229 zugunsten der Republikaner (plus ein Unabhängiger und vier vakante Mandate) zu einer eigenen 233-zu-202-Mehrheit. Im Senat stand es zuvor 55 zu 44 für Bushs

Republikaner (plus ein Unabhängiger, der mit den Demokraten stimmte). Hier wurde nur ein Drittel der Sitze, 33 von 100, gewählt. Danach steht es 49 zu 49, aber die zwei offiziell Parteilosen neigen den Demokraten zu.

Vordergründig war die Enttäuschung über den Irakkrieg entscheidend für den Doppelsieg der Demokraten. Doch das ist höchstens die halbe Wahrheit. Gewiss, der Krieg ist unpopulär, er ist *das* emotionale Thema, das sogar in einen Zehn-Sekunden-Soundbite passt. Ihn kann man zur Ursache allen Übels erklären. Wegen der Kriegsmilliarden ist nicht genug Geld für Bildung oder eine bessere Gesundheitsvorsorge da. Weil die Nationalgarde samt ihrem Gerät im Irak ist, verlief die Katastrophenhilfe während Hurrikan «Katrina» so schleppend. Wenn die Meinungsforscher jedoch umgekehrt fragen, wie man den Krieg beenden kann und wie sich neue Terroranschläge verhindern lassen, dann liegen die Demokraten nicht mehr vorn.

Zu den Ursachen der Niederlage der Republikaner gehören neben dem Verdruss über den Irakkrieg auch ihre Sex- und Korruptionsskandale. Sie treten als Partei der höheren Moral, der Familienwerte und der Religion auf. Aber monatelang machten erst ihre Verbindungen zu dem zwielichtigen Lobbyisten Jack Abramoff Schlagzeilen. Der hatte Abgeordnete großzügig mit prestigeträchtigen Einladungen, exklusiven Golftrips und Wahlkampfspenden umworben. Millionen Dollar aus den Spielcasinos in Indianerreservaten ließ er Parlamentariern zukommen, um eine dem Glücksspiel freundliche Umgebung in Washington zu schaffen. Und dann platzt wenige Wochen vor der Wahl ein weiterer Skandal: Der Abgeordnete Mark Foley hat sexuell eindeutige E-Mails an minderjährige männliche Kongresspraktikanten verschickt.

Es gibt noch ein drittes Element, das den demokratischen Erdrutschsieg in der Kongresswahl erklärt. Und das sollte Europäern, die auf eine prinzipielle Wende in Washington hoffen, zu denken geben. Den Triumph bringen nicht progressive, linke Demokraten, die alles anders machen wollen, sondern wertkonservative Mitte-rechts-Demokraten – so genannte Blue Dogs.

Sie fordern mehr Budgetdisziplin und verteidigen sowohl das ungeborene Leben als auch die Institution der Ehe. Sie lehnen Abtreibungsfreiheit oder eine schärfere Waffenkontrolle ab, sie gehen am Sonntag in die Kirche. Die Wahl zeigt also – und die Parteistrategen wissen –, Die Bürger sind nicht nach links gerutscht, sondern sie sind enttäuscht, dass Bush die Werte der versprochenen konservativen Wende verraten hat. Sie haben die rechte Ideologie verworfen, aber sie wollen keine linke Ideologie an ihrer Stelle. Sie wünschen Pragmatismus, politische Mäßigung und Vernunft.

Die Folgen des Machtwechsels im Kongress

Der Machtwechsel im Parlament verändert die politische Auseinandersetzung grundlegend. Die Demokraten können nun Untersuchungsausschüsse einberufen. 2006 und 2007 sind Jahre, in denen die Bush-Regierung verstärkt zur Rechenschaft gezogen wird. Die Medien und die Gerichte sind ihrer Kontrollfunktion schon seit 2005 wieder besser gerecht geworden. Nach dem Terrorangriff vom 11. September 2001 und während der Debatte um den Beginn des Irakkriegs 2003 herrschte eine nationalistische Stimmung in den USA: Wir wurden angegriffen, wir fühlen uns noch immer bedroht, wir schlagen zurück und sind bei der Wahl der Mittel nicht zimperlich. Nur in dieser Atmosphäre konnte Bush sich die Vollmachten sichern, in Guantanamo ein System der Verwahrung Terrorverdächtiger einzurichten, in dem sich die Betroffenen nicht wehren konnten. Nur in diesem emotionalen Ausnahmezustand konnte Verteidigungsminister Donald Rumsfeld Verhörmethoden genehmigen, die an Folter grenzen. Und nur so sind auch die Abhörprogramme erklärbar, die keiner richterlichen Kontrolle mehr unterliegen, nicht einmal der durch die Richter am vertraulich tagenden Überwachungsgericht für die Geheimdienste. Schritt für Schritt haben Medien wie die «New York Times», die «Washington Post» und die «Los Angeles Times» die schlimmsten Auswüchse aufgedeckt. Bundesgerichte und der Supreme

Court haben begonnen, die Maßstäbe wieder zurechtzurücken und das Handeln der Regierung an Verfassung und Gesetzen zu messen. Nach dem Machtwechsel durch die Kongresswahl 2006 wird auch das Parlament wieder zu einem nennenswerten Gegengewicht in der Gewaltenteilung. Die «checks and balances» der amerikanischen Demokratie greifen wieder.

Im Ringen um den Rückzug aus dem Irak bringt das jedoch wenig, und darauf achtet das Ausland, als sei dies ein wichtiger Lackmustest. Aber gerade in der Kriegspolitik haben die Demokraten Angst, vor der Wahl im November 2008 Farbe zu bekennen. Sie befürchten, Bush werde sie als unzuverlässig, als zu weich im Kampf gegen den Terror denunzieren. In der innenpolitischen Auseinandersetzung gewinnen sie dagegen wieder an Boden. Seinen Verteidigungsminister Rumsfeld musste Bush schon direkt nach der Kongresswahl opfern. Durch den Rückenwind gestärkt, untersuchen die Demokraten im Frühjahr und Sommer 2007 die Verwicklung des Justizministers Alberto Gonzales in die Entlassung von neun Staatsanwälten. Allem Anschein nach gaben nicht sachliche, sondern parteipolitische Erwägungen dabei den Ausschlag. Bei den Anhörungen verwickelt sich Gonzales in Widersprüche, die ihm den Vorwurf eintragen, das Parlament belogen zu haben. Das gilt auch für seine Auftritte bei den Untersuchungen zum Abhörprogramm. Ende August 2007 tritt er zurück.

Präsident Bushs Machtverfall ist nun mit den Händen zu greifen. Wenn er redet, hört man ihm noch zu, schon aus Respekt vor seinem Amt. Doch selbst republikanische Abgeordnete richten sich nicht mehr nach seinen Worten. Sie schielen auf ihre Wiederwahlchancen im Herbst 2008, wenn neben dem Präsidenten auch das Abgeordnetenhaus neu gewählt wird. Die Reform des Einwanderungsrechts, Bushs letztes großes Projekt, scheitert endgültig vor der Sommerpause 2007. Seine Partei folgt ihm nicht mehr. In der Sommerpause erklärt Karl Rove seinen Rückzug aus dem Weißen Haus: der «Hexer», «Bushs Gehirn», der Ursprung aller demokratischen Wahlniederlagen seit 2000. Muss man sich jetzt noch davor fürchten, dass eine sicher geglaubte Wahl verloren geht? Für die Demokraten werden die Aussichten für den Herbst 2008 immer rosiger.

Für die Demokraten will der politische Sonnenschein im Vorwahljahr kein Ende nehmen. Im Spätsommer platzt die nächste Skandalserie der Republikaner, wieder ist es eine Mischung aus Sex- und Korruptionsaffären. Ihr Senator Larry Craig aus Idaho ist angeklagt, einen anderen Mann auf der Flughafentoilette in Minneapolis zu Sex aufgefordert zu haben. Gegen die Senatoren Ted Stevens, Alaska, und Rick Renzi, Arizona, hat das FBI Untersuchungen wegen Bestechung eingeleitet. Die Telefonnummer des Senators von Louisiana, David Vitter, wurde in der Kundenliste eines Prostituiertenrings gefunden. Auch Politiker mit strategisch wichtigen Positionen in den Wahlkampfstäben der drei republikanischen Präsidentschaftskandidaten Rudy Giuliani, Mitt Romney und John McCain sind in diese Skandale verwickelt. Konservative Parteistrategen fragen verzweifelt, wie tief die Republikaner noch sinken können. Der Schaden ist kaum wiedergutzumachen in dieser schwierigen Zeit, in der Bushs Partei einen unpopulären Krieg im Irak verteidigt, es mit einer demokratischen Mehrheit im Kongress zu tun hat und dennoch versuchen muss, Enthusiasmus für den Wahlkampf 2008 zu verbreiten.

Auch von einem anderen Schlachtfeld kommen Triumphmeldungen: Zum ersten Mal seit Jahren erhalten die Demokraten wieder mehr Wahlkampfspenden als die Republikaner. Deutlich mehr. Im zweiten Quartal 2007 haben die acht demokratischen Bewerber mit Barack Obama und Hillary Clinton an der Spitze zusammen mehr als 80 Millionen Dollar gesammelt. Bei den zehn republikanischen Bewerbern kommen nicht einmal 50 Millionen Dollar zusammen.

Bei der Wahl im November 2008 wird das System Bush abgewählt werden, danach sieht es zu Jahresbeginn aus. Sein letzter offizieller Arbeitstag ist der 20. Januar 2009. Dann zieht sein(e) Nachfolger(in) ins Weiße Haus ein. Eine Frau? Oder ein Schwarzer? Das sind die beiden wahrscheinlichsten Varianten, als sich die USA zu Jahresbeginn 2008 auf die Vorwahlen einstimmen. Hillary tritt als die Erfahrenere an. Barack Obama als der Mann, der die Massen begeistert. Er ist der bessere Redner – und er wirkt authentischer, wenn er spricht. Auch sie hat griffige Formeln, die 60- bis 90-Sekunden-Antworten in den Präsidentschaftsdebatten beherrscht sie sogar besser als er, aber es wirkt auch ein bisschen einstudiert. Hillary ist die Einser-Schülerin, die überall bestens vorbereitet auftritt. Obama nimmt man es eher ab, dass er von Herzen spricht. Seine überlegene Rhetorik kommt zum Tragen, wenn er ausholen darf. Seine Wahlkampfreden gleichen mitunter politischen Gottesdiensten, Hillarys Auftritte eher einem aufmunternden Motivationsseminar.

Sie verspricht eine Wende, eine bessere Politik und pocht auf ihre größere Erfahrung. Er sagt, dass eine bloße Wende in Form eines Regierungswechsels von den Republikanern hin zu den Demokraten nicht genüge. Amerika brauche einen tiefgreifenden Wandel, einen ganz neuen Politikstil. Dafür stehe er, Hillary dagegen repräsentiere das Establishment – Demokraten-Establishment anstelle von Republikaner-Establishment. Das Land sei gefangen in alten Denkmustern, nur er könne die ideologische Blockade aufbrechen, betont Obama. Hillary Clinton polarisiere die Nation. Sie könne zwar eine Mehrheit erreichen. Aber zu viele Menschen lehnen sie ab, würden nie für sie stimmen. Sie kann nicht die Präsidentin der ganzen Gesellschaft werden. So sagt er es immer wieder, auch Mitte August in einem Zeitungsgespräch in New Hampshire. Barack Obama dagegen tritt als der große Versöhner auf – und darin ähnelt er Bill Clinton mehr als Hillary, obwohl sie Bills Frau ist.

Wegen dieser Verheißung einer neuen Ära, in der die Jugend das Alter verdrängt und so den Weg öffnet für einen neuen Umgang – in den USA, aber auch mit den Partnern wie den Gegnern draußen in der Welt –, nennen sie Barack Obama den «schwarzen Kennedy». JFK hat 1960 ein neues Zeitalter eröffnet, hat mit den Sowjets gesprochen, ohne in der Kubakrise vor ihnen zurückzuweichen, hat den Blick für die Grenzen von der Erde zum Himmel gelenkt und versprochen, den ersten Menschen auf den Mond zu schicken. Er brachte Bewegung in die Berlin-Politik und den Irlandkonflikt. Auch im Inneren der Nation überwand er Grenzen, unterstützte die schwarze Bürgerrechtsbewegung und leitete eine neue Einwanderungspolitik ein. John F. Kennedy war erst 43, als er gewählt wurde. Am Wahltag 2008 wird Obama 47 sein. Auf ihn projizieren viele Bürger ganz ähnliche Hoffnungen. Wird er sie erfüllen können?

«Crush on Obama» – der Liebling der YouTube-Generation

Im Vergleich zu Barack Obamas jugendlichem Stil sieht Hillary Clinton eher alt aus. Das zeigt sich vor allem beim Gebrauch des Internets. In diesem relativ jungen Medium ist er der klare Sieger. Über seinen Internetauftritt sammelt er Wahlkampfspenden und Sympathiebekundungen. Ein wichtiger Teil dieses Onlineduells spielt sich auf einer neuen Plattform ab, der Videobörse YouTube. Dort kann jeder Mensch sowohl private als auch öffentliche Videos allgemein zugänglich ins Netz stellen. Wahlkampagnen haben mit YouTube nur begrenzte Erfahrungen gesammelt. 2006 mussten die Wahlkampfhelfer erleben, wie viel Schaden ein unangenehmes Video anrichten kann. Der republikanische Senator George Allen aus Virginia verlor seine Wiederwahl 2006 unter anderem auch wegen des so genannten «Macaca»-Videos, das hunderttausendfach auf YouTube abgerufen wurde. Allens demokratischer Herausforderer James Webb ließ dessen Auftritte von seinem indischstämmigen Wahlhelfer Shekar Sidarth filmen. Diese Überwachung ärgerte Allen. Bei einer Rede am 11. August im Westen Virginias lenkt er die Aufmerksamkeit der Menge auf Sidarth: «Lasst uns speziell Macaca willkommen heißen.» Tagelang rätselte Amerika, was das bedeuten soll. Dann kam heraus: *Macaca* ist ein Schimpfwort für Farbige im frankofonen Afrika und leitet sich von einer Affenart ab. Allen hatte es als Kind von seiner Mutter aufgeschnappt, die in Marokko aufwuchs. In den verbleibenden Wochen kennt der Wahlkampf in Virginia nur noch ein Thema: Ist Allen ein Rassist? Webb gewinnt am Ende – obwohl Allen ihn unter Berufung auf Webbs jahrzehntealte Aussagen gegen die Öffnung der Armee für weibliche Soldaten als Frauenfeind hingestellt hatte.

YouTube hat sich in der jüngsten Vergangenheit zu einem Massenmedium entwickelt, das insbesondere jüngere Menschen intensiv nutzen. Für die Wahlkampfteams lag es auf der Hand, diese Plattform auch für die eigenen Zwecke einzusetzen. Erstens können sie dort potenzielle Wähler ansprechen und zweitens mit eigenen Videos die positiven Auftritte ihres Kandidaten verstärken sowie negative Interpretationen der Konkurrenz bekämpfen.

Obama-Girl gegen die Sopranos

Im Mai und Juni 2007 möchte Hillarys Team ihre Anhänger über YouTube an der Auswahl ihres Wahlkampfsongs beteiligen. Nur vordergründig geht es um die Musik, die zu der unverwechselbaren Erkennungsmelodie der Kandidatin werden soll. Das Hauptmotiv ist das Werben um junge Wähler. Doch in der Generation der iPod- und YouTube-Nutzer ist der junge schwarze Senator aus Illinois offenbar unschlagbar. Auf Wahlplakaten posiert der Mittvierziger auch mal in der Badehose und zeigt seinen schlanken, athletischen Körper. Um Hillarys Hymnenaktion zu kontern, hat ein Obama-Fan Mitte Juni seinen Werbesong bei YouTube veröffentlicht. Innerhalb von einer Woche wird dieses Video 1,8 Millionen Mal angeklickt. Zu dem anzüglichen Lied «I got a crush on Obama» (Verknallt in Obama) schmiegt sich eine kurvige Schönheit mit langen schwarzen Haaren, knapp bekleidet, zärtlich an Obama-Plakate. Die Hymne auf den «besten aller Kandidaten» gipfelt in der Einladung: «You can barack me tonight.» Angeblich ist «Crush on Obama» der spontane Einfall eines Fans, Ben Relles. Für eine so unschuldige Erklärung wirkt das rund vier Minuten lange Video aber zu professionell. Ein bekanntes Model, Amber

Lee Ettinger, spielt das verliebte «Obama Girl», und Leah Kaufmann singt. Obama hat den Song weder autorisiert – das wäre wohl eine Zumutung für Ehefrau Michelle –, noch distanziert er sich davon.

Im Vergleich wirkt Hillarys Versuch, YouTube für sich zu nutzen, altbacken. Das Video mit ihrer Bitte vom Mai, ihr bei der Auswahl des zukünftigen Wahlkampfsongs zu helfen, ist zwar voller Selbstironie. Dennoch verbreitet Hillary Clinton in ihrem feinen gelben Kostüm eher den Charme New Yorker Designerboutiquen als die Aura einer coolen Popkultur. Nach vier Wochen Internetabstimmung siegt das Lied «You and I» der kanadischen Sängerin Céline Dion, die in Las Vegas eine TV-Show moderiert. Dieser Videoclip bringt es bei YouTube in mehreren Versionen auf einige hunderttausend Clicks – eine klare Niederlage gegen den Obama-Song. Die «New York Times» spottet, die schlechten Seiten Kanadas und die schlechten Seiten von Las Vegas hätten sich in diesem Fall vereinigt.

Um mehr Aufmerksamkeit auf sich zu ziehen, hatten Hillary und Bill Clinton sogar die Schlussszene der gerade auslaufenden Mafia-Kultserie «The Sopranos» in einem schmierigen Restaurant nachgespielt.

All das hilft wenig. Hillary Clinton kann sich noch so bemühen – auf YouTube-Fans wirkt sie einfach nicht authentisch. Ihr Anbiederungsversuch hat ihr sogar Spott- und Hassvideos auf ihrer Internetseite eingetragen. Der Vorschlag, doch lieber den Song «Cold as Ice» als Hymne zu wählen, ist dabei noch einer der freundlichsten Ratschläge an die als berechnend geltende Politikerin.

Obama ist der Liebling der YouTube-Generation. Diese junge Zielgruppe stellt aber nur einen kleinen Teil der Wählerschaft dar. Die Videos, die auf dieser Plattform verbreitet werden, sollen vor allem das Image des betreffenden Kandidaten aufbauen, das dann über die restlichen Medien verbreitet wird.

Im Internet hat Barack Obama die Nase vorn. 25 Prozent der neugierigen Politikinteressierten klicken auf Obamas Seite, nur 13 Prozent finden den Weg zu Hillary Clintons Webauftritt, meldet die «New York Times» nach der Sommerpause 2007. Auch beim Spendeneintreiben über das Internet liegt er kontinuierlich vor ihr. Im ersten Quartal 2007 warb Barack Obama dort 6,9 Millionen Dollar ein, Hillary Clinton 4,2 Millionen. Hinzu kommt: Für Obama spenden deutlich mehr Menschen, nämlich 100 000; für Hillary Clinton nur halb so viele. Im zweiten Quartal verstärkt sich dieser Trend noch. Ihm fließen weitere zehn Millionen aus dem Internet zu. Hillary Clintons Team nennt überhaupt keine detaillierten Zahlen mehr, sondern gibt lediglich an, auch sie habe dort großen Erfolg. Im Fundraising liegt Obama nach dem ersten Halbjahr 2007 deutlich vor ihr. Er hat insgesamt 57 Millionen Dollar erhalten, von rund 258 000 Spendern. Das gab es noch nie bei den Demokraten. Die anderen Kandidaten können nicht einmal auf 100 000 Spender verweisen, auch Hillary Clinton nicht. Sie kommt auf 51 Millionen Dollar im ersten Halbjahr. Im dritten Quartal holt sie etwas auf und kann im Internet in den Monaten Juli bis September 2007 sogar geringfügig mehr neue Anhänger im Internet gewinnen als er, nämlich 100 000 und damit 7000 mehr als Obama, der im selben Zeitraum auf 93 000 neue Onlinespender kommt. In der Gesamtbilanz des Jahres 2007 liegt er aber immer noch weit vor ihr, sowohl bei der Zahl der Internetspender als auch bei der Gesamtsumme aller Spenden. Bis Herbst 2007 hat er 75 Millionen Dollar eingeworben von 365 000 Spendern, sie 63 Millionen von rund 200 000 Gebern.

Der «Rucola-Faktor»

Die Betrachtungen solcher Einzelbereiche, so aussagekräftig sie auch sein mögen, bringen immer auch das Risiko von Fehlkalkulationen mit sich. Von der Begeisterung der YouTube-Generation, der Internetspender oder der Hollywoodstars wie Halle Berry, Jennifer Aniston, Tom Hanks, Denzel Washington, Eddie Murphy, Will Smith, George Clooney und Steven Spielberg für Obama darf man nicht auf die Begeisterung einer Mehrheit aller Amerikaner schließen. Nicht einmal von der offenkundigen Sympathie für ihn in einer Vielzahl der Medien, voran Oprah Winfrey, die Königin der Talkshows. Diese Sympathiebekundungen verstärken seinen Glamourfaktor. Außerdem verdeutlichen sie, dass der Kandidat in den verschiedensten Gesellschaftsgruppen bestens ankommt. Am Ende ist der Glauben aller an seinen Sieg die Voraussetzung für einen Erfolg der gesamten Kampagne.

Doch diese Erfolgsmeldungen bergen sowohl die Gefahr der Selbstüberschätzung als auch die Gefahr, von den Wohlmeinenden überschätzt zu werden. Intellektuelle Amerikaner sind von Obama weit mehr begeistert als von Hillary. Die Umfragen belegen: Je höher die Bildung, desto eher tendieren die Menschen dazu, Barack Obama ihre Stimme zu geben. Besonders die Studierten spricht seine Erfolgsgeschichte an. Aber wie dicht ist er dran an der Welt der Farmer in den USA? Mit Arbeitern in Großstädten kann er umgehen, das haben seine Auftritte in der Vergangenheit deutlich gemacht. Aber was ist mit der unteren Mittelschicht, den kleinen Gewerbetreibenden in den Dörfern und Städtchen des Mittleren Westens?

Bei einem Wahlkampfauftritt im Sommer 2007 im ländlichen Iowa versucht Obama, volksnah und zielgruppengerecht zu erscheinen. In der Rede über Agrarprobleme kommt er auf die stagnierenden Preise für landwirtschaftliche Produkte zu sprechen. Mit kundiger Miene lässt er einfließen, dass er sehr wohl wisse, wie viel Profit im Zwischenhandel stecken bleibt, da er regelmäßig für seine Familie einkaufen gehe. «Wisst ihr, was die bei Whole Foods jetzt für ein Bündel Rucola-Salat verlangen?», fragt er in die Runde. Das Beispiel ist schlecht gewählt. Die Einwohner im ländlichen Iowa kaufen weder in einem Öko-Supermarkt wie Whole Foods ein, noch halten sie viel von Rucola. Beides gehört zur Welt der Universitätsabsolventen in den Metropolen.

Der «Rucola-Faktor» ist ein Problem für Obama, selbst im Wettlauf mit Hillary Clinton, die auch als etwas abgehoben gilt. Die Kehrseite seiner Führung unter den Gebildeten: Hillary Clinton bekommt mehr Unterstützung von den Menschen, die kein höheres Studium abgeschlossen haben. Zwölf Prozentpunkte beträgt ihr Vorsprung in dieser Wählergruppe. Barack Obama liegt in etwa mit dem gleichen Vorsprung bei den Universitätsabsolventen vorn. Doch Hillary Clintons Gruppe ist die größere. Durchschnittlich erlangen nur 34 Prozent der demokratischen Wähler einen Hochschulabschluss. Früher, bevor Rucola als Delikatesse galt, unterschieden Politikexperten zwischen «Wein»- und «Biertrinkern». Demnach galt es als vorteilhaft, von wohlhabenden, jungen, aufstrebenden Eliten, die in der Regel Wein bevorzugen, unterstützt zu werden – aber als gefährlich, wenn das Etikett so fest klebt, dass ein Politiker die Masse der Biertrinker verliert.

Dafür geht Obama entschieden mehr auf Tuchfühlung als Hillary. Im Wahlkampf in Iowa und New Hampshire umarmt er seine Fans und nimmt Babys auf den Arm. Hillary hält mehr Abstand. Sie schüttelt nach einer Rede die Hände in der ersten oder auch zweiten Reihe der Zuhörer. Aber in der Regel trennen sie Absperrbänder oder Metallgitter von ihren Anhängern. Obamas Baden in der Menge beunruhigt seine Leibwächter. Sein rascher Aufstieg brachte dem jungen afroamerikanischen Senator bereits mehrere Drohungen ein, die der Secret Service durchaus ernst nimmt. Noch nie hat ein Präsidentschaftsbewerber so früh Personenschutz bekommen wie Barack Obama. Auch diese Tatsache erinnert an John F. Kennedy. Im November 1963, nach nicht einmal drei Jahren im Amt, wurde JFK in Dallas unter bis heute nicht völlig geklärten Umständen erschossen. Politische Attentate sind seit langer Zeit ein Trauma der USA. Der Anschlag auf Ronald Reagan liegt erst 25 Jahre zurück. Viele Amerikaner befürchten ein Attentat auf diesen vielversprechenden «schwarzen Kennedy», noch bevor er die Gelegenheit hat, den Kampf um das Weiße Haus zu gewinnen.

Die USA auf der Suche nach der verlorenen Tugend

Die Sonne schien aus einem wolkenlos blauen Himmel an diesem 10. Februar 2007. Der Tag war noch jung. Auf den Dächern rund um das Old State Capitol tigerten Scharfschützen in schwarzen Kampfanzügen und mit Gesichtsmasken auf und ab. Bewegung ist wichtig an diesem Wintertag, der härteste Gegner ist die Kälte. Das gilt auch für den Mann am Mikrofon, der die stetig wachsende Menge seit mehr als einer Stunde mit wechselnden Tricks warm zu halten versucht. Drei Mal schon hat er die angeblich letzten beiden weiß-blau-roten Wahlkampfbuttons «For President – Barack Obama» angekündigt und nach einigen Spannungssekunden in weitem Bogen in die Menge geworfen. Unter lauten «Hier!»-Rufen springen die wartenden und frierenden Menschen auf und nieder. Es geht ihnen nicht wirklich um die Obama-Sticker. Sie tragen sie ja alle längst auf der Brust. Aber sie sind dankbar für die Aufwärmgymnastik.

Eine dünne Schneeschicht bedeckt die Bürgersteige und Straßen der Hauptstadt von Illinois. So früh am Morgen steht die Sonne noch niedrig und kommt kaum gegen die minus 15 Grad Celsius an, die aus dem gefrorenen Rasen langsam die Beine emporsteigen. Auf Kommando fliegen Hunderte blaue Plastiktafeln mit der Aufschrift «Obama 08» in die Höhe.

Sonnenaufgang in Illinois oder die Verkündung eines Präsidentschaftskandidaten

Mehr als anderthalb Jahre liegen noch zwischen diesem kalten Februartag 2007 und dem Wahltag im November 2008. Aber die Wartenden wollen dabei sein, wenn Barack Obama, der schwarze Senator aus Illinois, offiziell seine Bewerbung für das Amt des Präsidenten der Vereinigten Staaten verkündet.

Als Kulisse hat er das Old Capitol ausgewählt. Es ist ein zweistöckiger Bau im Stil eines griechischen Tempels. Mit dem Bau wurde 1837 begonnen. Damals wurde Springfield zur Hauptstadt erklärt dank der kräftigen Lobbyarbeit von Abraham Lincoln. Im Obergeschoss hielt der spätere Präsident am 16. Juni 1858 eine berühmte Rede, die «House Divided Speech». Ein schwarzer Zylinder markiert auch heute seinen Platz im Sitzungssaal: zweite Reihe, dritter Sitz rechts vom Mittelgang. «Ein in sich gespaltenes Haus kann keinen Bestand haben. Ich glaube, dass die Regierung nicht auf Dauer bestehen kann, wenn sie halb für die Sklaverei und halb für die Freiheit ist.» Sklaverei war damals in den Südstaaten erlaubt, die Nordstaaten dagegen lehnten sie ab. Der Konflikt wurde zunächst nicht offen ausgetragen. Norden und Süden einigten sich darauf, nicht daran zu rühren, damit beide Lager Teil der Vereinigten Staaten bleiben konnten. 1860 wurde Lincoln Präsident. Daraufhin spalteten sich die Südstaaten von der Union ab, und der Bürgerkrieg begann. Er endete 1865 mit dem Sieg des Nordens, der die Abschaffung der Sklaverei und den Zusammenhalt der Vereinigten Staaten durchsetzte.

An diese Botschaft von Freiheit und Einheit will Barack Obama anknüpfen. Deshalb wählte er die Stadt Springfield als Bühne für seine seit Langem erwartete Erklärung. Von hier kam der Präsident, der die Sklaven befreite und die Nation einte. Und hier begann auch Barack Obama offiziell die Kampagne, die ihn 2008 ins Weiße Haus tragen soll. Das wäre der letzte Schritt zur vollständigen politischen Gleichberechtigung der Schwarzen.

Für zehn Uhr ist Barack Obama angekündigt. Schon lange vorher lässt der Mann am Mikrofon die Menschen Sprechchöre üben: «The best is yet to come» – das Beste liegt noch vor uns! Da geht die Menge gerne mit, sie ist inzwischen auf mehrere tausend gewachsen. Es sind überwiegend Weiße, ihr Alter reicht von Studentenjahrgängen bis Mitte 50. Auch Familien mit kleinen Kindern sind gekommen. Nur jeder Achte bis Zehnte ist ein Afroamerikaner. Das entspricht ihrem Anteil an der Bevölkerung der USA. Wahlhelfer verteilen nun Handwärmer.

Gegen 9 Uhr 20 steigt ein Gospelchor auf das Podest. Die Sänger tragen schwarze Mäntel, rote Pudelmützen und rote Strickhandschuhe. Golden blitzt das Saxofon in der Sonne, während das Lied «America, the Beautiful» in dem unvergleichlich kehligen Ton schwarzer Sänger in den Himmel steigt. Ihr Atem dampft. Allmählich füllt sich auch der mit blauen Stahlgittern abgetrennte Sektor für enge Freunde Obamas und die Politprominenz zwischen der Tribüne mit den TV-Kameras und der Bühne. Senator Mike Jacobs schlendert mit einer dicken Zigarre in der Hand an der Pressetribüne vorbei: «Ist das nicht großartig, heute hier den nächsten Präsidenten zu sehen?» Mary, Mitte 40, dichtes, schulterlanges braunes Haar, besuchte in ihrer Kindheit auf Hawaii die Punahou-Schule – genau wie Obama. Inzwischen geht eines ihrer drei Kinder in Chicago mit einer Obama-Tochter in dieselbe Klasse. «Barack war einen Jahrgang unter mir», erinnert sich die Frau. «Er war ein Sweetheart.» Heißt das: Sie hatten was miteinander? «Nein, er war nicht *mein* Sweetheart! Ich meine, er war einfach ein süßer Typ.» Mary arbeitet als Investmentbankerin in Chicago und in Frankfurt am Main. Heute lobt sie andere Qualitäten an Obama: «Endlich mal ein amerikanischer Politiker, der weiß, dass es außer den Vereinigten Staaten auch noch andere Länder gibt.»

Mit der Ortswahl Springfield möchte der 45-Jährige der Kritik begegnen, dass er zu wenig politische Erfahrung für den Spitzenjob habe. Erfahrung ist das Argument, das eher für Hillary Clinton spricht, die bereits acht Jahre lang an der Seite ihres Mannes Bill im Weißen Haus lebte und die seit dem Jahr 2000 Senatorin von New York ist. Obama sitzt erst seit zwei Jahren im US-Senat. Zuvor war er aber acht Jahre lang Senator im Staat Illinois – wie schon 150 Jahre vor ihm Abraham Lincoln.

Im 21. Jahrhundert tagt der Senat von Illinois im «neuen» Capitol, drei Blocks südwestlich vom Old Capitol. Auch dieses jüngere Parlament ist ein klassizistischer Bau, nur viel mächtiger als das «Old Capitol». Er stammt aus den 80er Jahren des

19. Jahrhunderts. Im dritten Obergeschoss liegt der Senatssaal. Vier Reihen schwerer brauner Holzpulte mit Ledersesseln ziehen sich im Halbkreis um das Podest für das Präsidium. Die Jugendstildecke ist mit Pflanzenornamenten überladen.

Kwame Raoul ist Obamas Nachfolger im Senat von Illinois. Der 42-jährige athletische Afroamerikaner mit der polierten Glatze vertritt jetzt Chicagos South Side im Landtag. Die Demokraten haben hier inzwischen 37 der 58 Sitze, mehr als je zuvor. «Bush hat es uns leicht gemacht», grinst Raoul und hofft, dass dieser Trend bis 2008 anhält. Über den Vorwurf, Obama fehle es an Erfahrung, kann Kwame Raoul nur schmunzeln: «Unsinn, bei der Gesetzgebung hier in Illinois müssen wir uns mit Farmern und Städtern, Großindustrie und kleinen Kaufleuten auseinandersetzen.» Dass dieser Landtag nur wenige Monate im Jahr tagt, ist für ihn kein stichhaltiges Argument. Hier werde noch debattiert, «anders als in Washington, wo alles vorher ausgekungelt wird». Zweifel an Obamas Chancen gegen Hillary Clinton, die in den Umfragen führt, wischt er beiseite. «Er wird es schaffen», weil er ein «Versöhner» und ein «Brückenbauer» sei. Auf die Frage, ob es schwer für ihn sei, in die Fußstapfen eines solchen Überfliegers zu treten, antwortet Kwame Raoul: «Ich versuche nicht, ihn zu kopieren. Ich lasse Obama seine großen Schuhe, die braucht er im kalten Washington. Ich trage lieber meine Größe.»

Zurück zum Old Capitol. Dort war es inzwischen 9 Uhr 45. Die schwarze Sängerin Debbie Ross stimmt die Nationalhymne an. Viele Menschen schwenken jetzt Obamas Buch «The Audacity of Hope» über den Köpfen. Bei der vorletzten Zeile der Hymne, der Frage, ob das Sternenbanner noch wehe über dem «land of the free», brandet der Beifall so laut auf, dass die Sängerin einen Moment lang innehalten muss. Ja, die besungene Flagge weht an der Spitze des Old Capitol im kalten Wind. Und von der Dachtraufe eines Backsteinbaus auf der Nordseite des Platzes hängt ein Riesenexemplar der Stars und Stripes herab. Es verdeckt ganze vier Etagen – eine ideale Kulisse für die Kameras. Obamas Organisatoren haben die Tribüne mit Bedacht so platziert, dass die Kameras die Sonne im Rücken haben. Der Redner und die vier Säulen am Portal des Capitols aber werden von den Sonnenstrahlen beschienen.

Ein «Riesending» sei dieser Tag für die Stadt, hatte die Verkäuferin im Andenkenladen erzählt und dankbar in ihre Kasse geschaut. 115 000 Einwohner zählt die kleine Universitätsstadt, 20 000 von ihnen arbeiten beim Staat. Industrie gibt es kaum, lediglich zwei Krankenhäuser, die auch die Kranken aus dem Umland versorgen. Die Versicherungsbranche bietet ebenfalls ein paar Jobs, und dann gibt es noch das Erbe von Lincoln, das weitere Arbeitsplätze sichert. Drei Sonderführungen durch das Wohnhaus, in dem Lincoln 17 Jahre lebte, musste der National Park Service am Vortag einplanen. Obamas Auftritt lockte neben 500 Journalisten auch Tausende Neugierige in die Stadt.

«Er hat *es* einfach», sagt Mary Bohlen. Sie lehrt Kommunikationswissenschaften an der örtlichen Universität. Dieses «es» kann sie auch nicht genau definieren. Obama spricht zwar mitreißend und er wirkt klug, aber das wahre Phänomen ist für sie, dass diese Begeisterung für Obama sämtliche Generationen erfasst. Ihre 20-jährige Tochter hat sich früher nie für Politik interessiert, jetzt will sie Obama im Wahlkampf helfen. Ihr Schwager, der inzwischen 60 Jahre alt ist, hat früher nur über «die Politiker» geschimpft, doch bei Barack Obama gerät er ins Schwärmen. Eine 80-jährige Freundin hat sein Bild auf ihr Auto geklebt. «Er ist der Kennedy unserer Generation.» Für sie alle bedeutet Obama Hoffnung. «Ich habe nur Angst, dass er ebenfalls erschossen werden könnte.»

Nach einer weiteren Viertelstunde wird endlich der Senator von Illinois angekündigt. Doch halt, es ist der Falsche, nicht Barack Obama, auf den die Menschenmenge wartet, sondern Dick Durban, sein dienstälterer Kollege. Er hat die Ehre, den Star anzukündigen. An seiner Seite erscheint eine Taubstummendolmetscherin, die jedes Wort in Zeichensprache übersetzt. «Ein warmes Willkommen an diesem kalten Tag», schmettert er in die Mikrofone. «Willkommen in Lincolns Heimatstadt!» Hier hat ein berühmter Sohn von Illinois seine Reise nach Washington begonnen. «Und heute startet ein anderer Sohn von Illinois hier seine Reise, um die Nation zu einen: euer Freund, Kollege und Bruder. Begrüßt mit mir Barack Obama.»

Es dauert eine ganze Zeit, bis das Jubeln, Klatschen und Johlen etwas nachlässt. Dann erklimmt die große schlanke Gestalt mit den krausen Haaren und den leicht abstehenden Ohren – wie sie auch für Lincoln typisch waren – die Bühne: Die Hauptperson ist in einen schwarzen Wollmantel gehüllt und hält die ältere Tochter Malia an der Hand. Ehefrau Michelle folgt ihm mit einem kecken schwarzen Hütchen auf dem Kopf und der jüngeren Tochter, Sasha.

«Mein Gott, so viele Menschen», gibt sich Obama fassungslos und fährt im Predigerton fort. «Lob und Ehre sei Gott, der uns alle hier zusammengeführt hat.» Rasch löst er die Ergriffenheit: «Es mag kalt sein, aber ich stehe unter Feuer!» Nur wenige Politiker können eine Menschenmenge so schnell in ihren Bann ziehen und mit gezielter Rhetorik fesseln. «Ich weiß, ihr seid nicht meinetwegen gekommen.» Die Menschen blicken erstaunt. «Ihr seid hier, weil ihr an die guten Seiten Amerikas glaubt!» Da schlägt das Erstaunen in Begeisterung um. «In Zeiten des Krieges glaubt ihr an den Frieden.» Jetzt jubelt der ganze Platz.

«Hoffnung wagen» – das war das Thema seiner Rede auf dem demokratischen Parteitag in Boston. Sie hat ihn 2004 berühmt gemacht. Diese Botschaft hat er seither erfolgreich variiert: Er erzählt seine Biografie als Parabel. Alles ist möglich, wenn die USA sich auf ihre Tugenden besinnen. Die amerikanische Gesellschaft hat seinen Aufstieg ermöglicht, vom Einwandererkind und absturzgefährdeten Jugendlichen zur Eliteuniversität Harvard. Dort wurde er sogar der erste schwarze Chef der renommierten Fachzeitschrift «Harvard Law Review». Vor 20 Jahren hat er begonnen, den Dank zurückzugeben durch seinen Einsatz für die Schwachen. Er leistete Sozialarbeit in Chicago und bekam dafür das bescheidene Jahresgehalt von etwas über 10 000 Dollar.

In Springfield begann einst die politische Karriere Obamas. Hier hat er mit seinen Senatorenkollegen die Gesetzgebung zur Todesstrafe und zur Sozialhilfe reformiert. Deshalb «bin ich heute hier, um in Lincolns Heimatstadt…» – es folgt eine lange Kunstpause, ehe er mit donnernder Stimme fortfährt: «…meine Kandidatur für das Präsidentenamt anzukündigen.» Nun tobt der Platz, Tausende Füße trommeln auf den gefrorenen Boden. Obama bleibt kerzengerade stehen, so als ließen ihn die Ovationen kalt.

«Thank you, thank you», beruhigt er die Menge mit sanfter Stimme. Und fügt in festem Ton hinzu: «Ich weiß, es ist ein Wagnis.» Er benutzt das Codewort «Audacity» aus seinem Buchtitel – wieder johlt die Menge. «Ich weiß, ich bin noch nicht lange in Washington», nimmt er die Kritik an seiner Unerfahrenheit und seiner angeblichen Naivität auf. «Aber lange genug, um zu wissen, dass die Politik in Washington sich ändern muss.»

Amerika, fährt Obama fort, sei zu Wundern fähig. «Wir haben es früher geschafft, haben die Abspaltung des Südens überwunden und die große Depression, wir haben den Westen mit der Eisenbahn erschlossen und Verfolgte aus aller Welt als Einwanderer aufgenommen.» Und jetzt ist es «die Aufgabe unserer Generation, Vergleichbares zu wiederholen». Ob Krieg, Ölabhängigkeit oder Kinder ohne Bildungschancen: «Wir können es schaffen.» Es fehle nicht an Rezepten, es fehle an Führungskraft in Washington.

Inzwischen ist die Sonne höher gestiegen. Langsam beginnt sie, die frierenden Fans zu wärmen. Obama strebt dem Abschluss seiner Rede zu und beginnt mehrere Verheißungssätze mit den immer selben Worten: «Let's be the generation…» Lasst uns die Generation sein, die den Krieg beendet. Lasst uns die Generation sein, die die Armut aus Amerika verbannt. Lasst uns die Generation sein, die die Spaltungen überwindet und unsere Nation wieder vereint.

Obama lächelt siegesgewiss. «Es ist Zeit, dass wir Bürger die Regierung wieder in die eigenen Hände nehmen.» Nach genau einer halben Stunde schließt er zu den Klängen von «Higher and higher». Dieser Song von Jackie Wilson ist zu Obamas Wahlkampfhymne geworden. «Ich werde mit euch marschieren» in eine «neue Ära der Freiheit». Die Herzen sind jetzt warm, die Füße jedoch eiskalt. Begeisterung und Zumutung wollen wohl dosiert sein. Barack ist ein Politprofi, er möchte seinen Fans nicht zu viel zumuten.

Weiße Katze, schwarzer Kater: Barack Obama als Symbol einer rassenlosen Gesellschaft

Amerika ist ein idealistisches und bisweilen ein selbstverliebtes Land. Die Bürger schwärmen von der rassen- und klassenlosen Gesellschaft. Sie wissen, dass diese nicht – oder noch nicht – existiert, und sie leiden unter dieser Unvollkommenheit. Aber sie glauben ganz fest daran, dass ein harmonisches Zusammenleben von Menschen unterschiedlicher Hautfarben und Religionen und damit auch eine Überwindung der Bildungs- und Einkommensunterschiede am ehesten in Amerika möglich sei. Und zugleich glauben sie, dass ihre Gesellschaft auf dem Weg zu diesem Ideal bereits am weitesten fortgeschritten ist.

Oberflächlich betrachtet, bedient Obamas Familiengeschichte diese Sehnsucht. Seine Mutter war eine Weiße aus Kansas, sein Vater ein Schwarzer aus Kenia. Sie treffen sich 1959 während ihres Studiums an der Universität von Hawaii in einem Russischkurs. Zu diesem Zeitpunkt ist Ann Dunham 17 Jahre alt. Sie ist eine romantische und idealistische junge Frau, die den Großteil ihres Lebens in der Entwicklungshilfe für die Dritte Welt arbeiten wird. Ihr Sohn Barack beschreibt sie als warmherzigen, liebevollen Menschen, der immer nur das Gute in den anderen sehen will. Barack Hussein Obama ist 23 Jahre alt. Er ist ein begabter junger Mann aus einem afrikanischen Land, das eben erst die Kolonialherrschaft hinter sich gelassen hat und versucht, Regierung und Verwaltung in die eigenen Hände zu nehmen. Amerikanische Universitäten und Hilfsorganisationen geben Talenten wie ihm gerne ein Stipendium, um die Entkolonialisierung zu unterstützen. Auf Hawaii ist Barack Senior der erste afrikanische Student überhaupt. Sein Volkswirtschaftsstudium schließt er nach drei Jahren als einer der Jahrgangsbesten ab und erhält ein Promotionsstudium in Harvard. Aus Mangel an Geld kann ihn seine junge Familie jedoch nicht dorthin begleiten, deshalb bleiben Mutter Ann und der kleine Barack bei seinen Großeltern auf Hawaii. Die Liebe übersteht die lange Trennung nicht. Nach dem Abschluss seines Studiums in Harvard kehrt Vater Barack nach Kenia zurück, um beim Aufbau seiner Heimat zu helfen.

Wer Barack Obama verstehen will, muss seine frühe Kindheit gerade umgekehrt erzählen: als Parabel, wie unterschiedlich seine beiden Eltern waren und wie sehr dies ihre Ehe belastete. Die Harvard-Karriere des Vaters ist ein Erfolg, aber der Familienzusammenhalt wird dafür geopfert. Die Ehe wird 1963 nach nur drei Jahren geschieden, Barack ist damals erst zwei Jahre alt. Der Schmerz und die Enttäuschung über das Fehlen einer liebevollen und zärtlichen Vaterfigur, auf die sich das Kind blind verlassen kann, werden ihn seine ganze Jugend hindurch begleiten. Ann stammt aus einer Familie der unteren Mittelschicht im Mittleren Westen. Sie distanziert sich zwar von den Konventionen der Gegend in jenen Jahren, von den Rassenvorurteilen und der strengen Religiosität, aber sie ist unverkennbar von ihnen geprägt.

Barack Hussein Obama Senior ist der Sohn eines Stammesältesten der Luo aus Alego am Victoriasee und ein Moslem, der den Islam ebenso wenig praktiziert wie Ann ihr Christentum. Auch er will die überkommenen Traditionen hinter sich lassen, das trennende Stammes- und Hierarchiedenken sowie die Rollenverteilung der Geschlechter überwinden und sein Land in die Moderne führen. Und doch kommt er nicht los von anerzogenen Normen. Mehrfach scheitert er als Ehemann und Vater. Er ist noch in Afrika verheiratet, als er Ann auf Hawaii ehelicht. Insgesamt wird er sieben Söhne und eine Tochter mit vier verschiedenen Frauen zeugen. Erst in den 80er Jahren wird sein Sohn Barack seine teils älteren, teils jüngeren Halbgeschwister auf einer Afrikareise kennenlernen, da ist er bereits Mitte 20.

In der öffentlichen Wahrnehmung in den USA – und in vielen Mediengeschichten über den Kandidaten Obama – überwiegt die idealistische Deutung: Ann, Barack Vater und ihr 1961 geborener Sohn gelten als Verheißung einer Post Racial Society, einer Gesellschaft, die die Rassenschranken überwinden kann. «Er war schwarz wie Pech, meine Mutter weiß wie Milch, aber das ist mir damals nicht besonders aufgefallen», schreibt Barack später in seinem Buch «Dreams from My Father» über seine rassismusfreie Kindheit. Es klingt nach einem harmonischen Nestbau. «Weiße Katze, schwarzer Kater», könnte man in Umkehrung eines berühmten Filmtitels sagen.

Ihr kurzes Familienglück fällt in eine Zeit des Aufbruchs. 1960 wird ein junger Demokrat zum Präsidenten gewählt: John F. Kennedy, mit nur 43 Jahren der jüngste Präsident in der amerikanischen Geschichte. Er startet das ehrgeizige Weltraumprogramm mit dem Versprechen, binnen eines Jahrzehnts einen Menschen auf den Mond zu bringen. In den Südstaaten rumort die Bürgerrechtsbewegung, die bald die formale Gleichberechtigung der Schwarzen durchsetzt. Nach wenigen Jahren fallen viele Grenzen und Schranken.

Doch erst im Rückblick wirkt diese Entwicklung geradlinig und unaufhaltsam. Obamas Familie hat es in ihrem Alltag damals anders erlebt. Fortschritte und Rückschläge wechselten sich ab. Er beschreibt das detailliert in seinem ersten Buch «Dreams from My Father» von 1995, das erst nach der Neuauflage 2004 zum Bestseller wurde. Manchen Passagen muss der kritische Leser jedoch mit Vorsicht begegnen. Obama hat mittlerweile zugeben müssen, dass er zum Teil Kunstfiguren auftreten lässt, ohne dieses fiktive Element ausdrücklich zu kennzeichnen. Einzelne Charaktere in seinem Buch hat er aus mehreren Personen zusammengesetzt, er gibt ihnen Namen und zitiert sie in wörtlicher Rede, als seien sie real existierende Menschen. Lediglich in seinem Vorwort kündigt er an, dass er aus Rücksicht auf lebende Personen einige Namen geändert habe.

Dennoch bleibt das Buch die beste zugängliche Quelle über seine Kindheit. Seine engere Familie kann man nicht mehr befragen. Der Vater starb 1982 bei einem Autounfall in Kenia, die Mutter im November 1995 an Gebärmutterkrebs auf Hawaii und Großvater «Gramps» 1992 an Prostatakrebs. Lolo Soetoro, sein Stiefvater in Indonesien, kam 1987 ums Leben. Großmutter Toot, 1922 geboren, lebt zwar noch auf Hawaii, wird aber wegen ihres Alters und ihrer Gebrechlichkeit vor den Medien abgeschirmt.

Auf der anderen Seite haben die realen Menschen, deren Pseudonyme entschlüsselt wurden, Obamas Schilderungen im Wesentlichen bestätigt. Und auch die wenigen Interviews, die Journalisten mit engen Familienangehörigen führen konnten – wie zum Beispiel David Mendell von der «Chicago Tribune» 2004 mit Großmutter Toot –, haben keine Unstimmigkeiten in den Abläufen aufgedeckt. Alles in allem darf man das Buch, das Obama *vor* Beginn seiner politischen Karriere schrieb, als eine zwar subjektive, aber ehrliche Schilderung seiner Kindheit und Jugend verstehen. Er beschönigt nicht, er beschreibt keine heile Welt, sondern gibt Einblicke in seine inneren Nöte und Kämpfe und macht auch vor peinlichen Erlebnissen nicht halt. Das untermauert seine Glaubwürdigkeit zusätzlich.

«Gramps» und «Toot»: Bei den Großeltern auf Hawaii

Eine zentrale Rolle spielten die Großeltern mütterlicherseits. Bei ihnen verbrachte Barack einen Großteil seiner Kindheit und Jugend, nachdem Mutter Ann ein zweites Mal geheiratet hatte – wieder einen Ausländer, diesmal aus Indonesien. Die Großeltern waren mit Ann 1959 nach Hawaii gezogen, weil «Gramps» – der Kinderausdruck für «Grandpa» blieb haften – an seinen vorigen Lebensstationen beruflich nicht vorankam. Auch dies wird zu einer Konstante in Baracks Leben: auf der einen Seite die Erfahrung charakterstarker Frauen, die mit beiden Beinen im Leben stehen, wie seine Großmutter. Er nennt sie «Toot», was sich vom hawaiianischen Wort für ein Großelternteil, «Tutu», ableitet. Auf der anderen Seite waren die Männer, die in Barack Obamas Kindheit eine Rolle spielten, meistens die schwächeren und weniger durchsetzungsfähigen Partner, wie Vater Barack und Großvater Gramps.

Gramps war ein unsteter Mann voller Fernweh. Die Ölfelder um Wichita im ländlichen Kansas, wo dieser 1918 geborene Stanley Dunham aufwuchs, versprachen wenig Abwechslung im Leben.

Als achtjähriges Kind fand Stanley die Leiche seiner Mutter, ihr Selbstmord dürfte seine innere Unruhe noch verstärkt haben. Sein Vater galt als Herumtreiber. Deshalb wuchsen die Kinder bei den Großeltern auf, die gottesfürchtige Baptisten waren. Angeblich war Stanley wilder als seine Geschwister. Er konnte sich nur schwer anpassen und flog mit 15 Jahren von der Schule, weil er den Direktor angegriffen hatte. Nach diesem Vorfall nimmt Stanley Reißaus. Er fährt als blinder Passagier auf Güterzügen, schlägt sich mit Gelegenheitsjobs in Chicago und Kalifornien durch und kehrt schließlich nach Wichita zurück, wo er der vier Jahre jüngeren Madelyn Lee den Hof macht. Doch ihre Familie, die zur angesehenen Mittelklasse zählt, ist gegen die Verbindung. Madelyn, die spätere «Toot», lauscht fasziniert Gramps' Erzählungen von großen Städten und von Highways, die in die Unendlichkeit des Kontinents führen. Seine Geschichten versprechen ihr eine spannendere Zukunft als das staubige Flachland der Great Plains.

1940 brennen die beiden durch und heiraten am 5. Mai – er ist 22, sie 18 Jahre alt. Nach dem japanischen Angriff auf Pearl Harbor und Amerikas Eintritt in den Zweiten Weltkrieg wird Gramps Soldat. Am 29. November 1942 kommt Ann in Kansas zur Welt. Ihr voller Name lautet Stanley Ann Dunham. Ihr erster, männlicher Vorname wird Tochter Ann ihr Leben lang daran erinnern, dass ihr Vater sich einen Sohn gewünscht hatte. Im Krieg hat Gramps Glück, er muss nie ins Gefecht. Dank eines Eingliederungsgesetzes für Exsoldaten erhält er nach Kriegsende einen Studienplatz in Berkeley, Kalifornien. Doch wieder hält es ihn nicht lange an einem Ort, schon gar nicht im Vorlesungssaal. Die junge Familie zieht erst zurück nach Kansas, dann in eine kleine Stadt in Texas. Schließlich lebt sie einige Jahre in

Seattle an der Pazifikküste. Gramps verkauft Möbel, Ann wird eine so gute Schülerin, dass man ihr einen vorzeitigen Studienbeginn in Chicago anbietet. Doch Gramps findet sie zu jung für ein eigenes Leben in der Großstadt, so weit weg von den Eltern. So ziehen alle zusammen 1959 nach Hawaii, wo seine Möbelfirma eine neue Filiale aufmacht und angeblich unbegrenzte Chancen winken.

Die Dunhams verstehen sich als tolerante Familie, aber sie sind nicht unbedingt darauf vorbereitet, einen schwarzen Schwiegersohn zu akzeptieren. Als Barack Junior drei Jahrzehnte später rekapituliert, woher er kommt und was seine Identität ausmacht, bleibt die Verbindung seiner Eltern für ihn noch immer eine staunenswerte Entwicklung. Wie Puzzleteile fügt er die Informationen zusammen, die er über die Jahre am Familientisch seiner Großeltern aufgesammelt hat. Er begegnet diesen Erzählungen mit Skepsis, wie er schreibt. Denn er vermutet, dass Gramps, Toot und die Mutter ihre Anekdoten über den angeblich so liebenswerten Vater absichtlich zu schön ausmalen, um das Kind über das Fehlen einer «normalen, vollständigen Familie» hinwegzutrösten.

Die Dunhams sind offener und toleranter, als es der Zeit entspricht. Aber eine gefestigte Einstellung zum Umgang mit Schwarzen haben sie nicht – abgesehen von dem rassenblinden Grundsatz, dass man alle Mitmenschen mit Respekt behandeln sollte. Im Alltag in Kansas waren sie Schwarzen kaum begegnet, ebenso wenig in Seattle oder Kalifornien. Drei Episoden aus ihrem kurzen Provinzleben in Texas Mitte der 50er Jahre beeindruckten Barack besonders. Die Kollegen im Möbelladen rieten Gramps, mexikanische oder schwarze Kunden die Waren erst nach den offiziellen Geschäftszeiten anschauen zu lassen, damit sie Weißen nicht in die Quere kommen. Außerdem sollten sie selbst für den Transport ihrer Möbel sorgen.

Toot arbeitete in einer Bank. Den schwarzen Wachmann, einen Veteran aus dem Zweiten Weltkrieg, sprach sie als «Mister» an und plauderte mit ihm. Darüber empörte sich ihre weiße Kollegin: «Nie, nie, nie kann ein Nigger ein Mister sein», belehrt diese sie. Toot wird den Wachmann weiter so anreden, aber darauf achten, dass Weiße dabei außer Hörweite sind.

Und als Toot eines Tages nach Hause kommt, hat sich eine Kinderschar dort eingefunden, die Hänseleien über den Zaun ruft: «Niggerliebchen!» – «Schmutziger Yankee!» Es fliegen auch Steine. Im Garten liegen zwei völlig verängstigte Mädchen: ihre Tochter Ann neben einer schwarzen Schulfreundin. Sie beruhigt die beiden und rät: «Wenn ihr das nächste Mal zusammen spielen wollt, geht besser nach drinnen.» Gramps ist empört über den Vorfall, lässt sich von Ann die Namen der Störenfriede geben und beschwert sich am nächsten Tag bei deren Eltern und der Schulleitung. Doch überall holt er sich eine Abfuhr. «Reden Sie mal lieber mit ihrer Tochter. In dieser Stadt spielen weiße Mädchen nicht mit Schwarzen.»

Gramps' Erzählungen zufolge waren solche rassistischen Erfahrungen ein Hauptgrund, Texas den Rücken zu kehren. Aus Toots Berichten schließt Barack, es habe eher daran gelegen, dass Gramps wenig Erfolg in der Arbeit hatte und ein Freund ihm bessere Chancen in Seattle ausmalte. Der Begriff «Rassismus» habe seinerzeit nicht einmal zu ihrem Wortschatz gehört.

Wie auch immer, Barack selbst möchte aus diesen Erzählungen nicht die Heldensaga ableiten, seine Großeltern seien Vorkämpfer einer rassenlosen Gesellschaft gewesen. Er betont, es sei *eine* Sache, Schwarze mit Anstand zu behandeln, und eine ganz *andere*, sie als Familienmitglieder willkommen zu heißen. Das Verhältnis seiner Mutter zu ihrem Vater auf Hawaii beschreibt er als gespannt – nicht speziell wegen ihrer Gefühle für den schwarzen Studenten Barack Hussein Obama, sondern eher wegen der psychischen Instabilität von Gramps und seinen mitunter rüden Manieren. Sie ist nicht sein Wunschkind. Ihre frühe Ehe ist für Ann auch eine Fluchtmöglichkeit, eine Gelegenheit, sich von zuhause abzunabeln.

Barack sieht in der Verbindung seiner Eltern mehr das Ergebnis des unbeirrbaren Willens seiner Mutter als der vorbehaltlosen Billigung ihrer Eltern. Er kann sich nicht erinnern, je Bilder einer Hochzeitsfeier gesehen oder vom Austausch von

Ringen oder einer Torte gehört zu haben. Eine kurze zivile Zeremonie vor dem Friedensrichter, das war alles. Wie Toot später in einem Interview verrät, heirateten die beiden Ende 1960 heimlich auf der Nachbarinsel Maui – ganz ohne Eltern oder Verwandte. Die Familie in Kansas lässt man im Vagen. Die Eltern sehen in dieser Verbindung offenbar keinen Anlass, stolz zu sein. Erst viele Jahre später, als die Mutter ihn in New York besucht, kann Barack mit ihr offen über ihre Eheprobleme sprechen. Es ist eines der wenigen Gespräche, in dem der abwesende Vater nicht idealisiert wird. Darin gibt Ann offen zu, dass die Eltern auf beiden Seiten gegen ihre Heirat waren, sowohl die Dunhams auf Hawaii als auch Barack Husseins Vater in Kenia. Der habe sich sogar in einem Brief darüber beschwert, dass das Obama-Blut durch eine weiße Frau verdorben werde. Er erinnert seinen Sohn daran, dass dieser formal noch in Afrika verheiratet sei, auch wenn er von seiner ersten Frau getrennt lebe. Zusätzlich droht der Vater, seinen Einfluss geltend zu machen, damit Barack Husseins kenianisches Ausreisevisum zum Studium in den USA widerrufen werde. Großmutter Toot macht in Gesprächen mit Journalisten während Barack Obamas Senatswahlkampf 2004 keinen Hehl daraus, dass sie gegen diese Ehe war und Barack Senior für einen unzuverlässigen Ehemann und Vater hielt. Doch die jungen Leute setzten ihren Kopf durch.

Einige Monate später ist der Enkel da: ein süßes milchkaffeebraunes Baby mit Hunger nach Nahrung und Zuneigung, das den vollen Namen seines Vaters bekommt. Durch die Trennung seiner Eltern wird Barack Hussein Obama Junior zum schwarzen Kind seiner weißen Großeltern. In dieser Konstellation sieht sich Gramps nach ein paar Jahren wohl zu Recht in der Avantgarde der sozialen Umbrüche in den USA. Er versteht sich als Verkörperung von Martin Luther Kings «I have a dream». Er sieht sich in vorderster Front von John F. Kennedys Reformpolitik und besucht, mit seinem schwarzen Enkel auf den Schultern, den Empfang der Apollo-Astronauten auf der Hickam Air Force Base. Er ist dazu bereit, bei der rassenübergreifenden Eroberung der New Frontier dabei zu sein.

Der Vater – zwischen Wunschbild und Wirklichkeit

Seinen Vater wird Barack Junior erst wiedersehen, als er zehn Jahre alt ist, um die Weihnachtszeit 1971. Barack Hussein Obama kommt für einen ganzen Monat nach Hawaii, um die Folgen eines Autounfalls in Kenia auszukurieren. Der junge Barack lebt bereits seit Monaten wieder bei seinen Großeltern. Auch die zweite Ehe von Mutter Ann, mit dem indonesischen Gaststudenten Lolo Soetoro, ist gescheitert. (Sein Nachname wird manchmal auch als Sotero transkribiert.) Sie hatte Barack 1967 für gut drei Jahre nach Djakarta gebracht. Die Mutter kehrt mit Maya, Baracks Halbschwester, gegen Jahresende 1971 nach Hawaii zurück – zwei Wochen vor der Ankunft von Vater Barack.

Dieser eine Monat ist die einzige Zeit, in der Barack seinen Vater bewusst als realen Menschen wahrnimmt. Zuvor war er eine Sagengestalt gewesen, das Zentrum von Erzählungen und Anekdoten. Für den jungen Barack war er kein Mann aus Fleisch und Blut, zum Toben und Anfassen, keine Zuflucht, kein Ratgeber. Sohn Barack war erst zwei Jahre alt gewesen, als sein Vater Hawaii 1963 verließ, um in Harvard zu studieren. Und genauso unverhofft, wie er aus dem Nichts gekommen war, entschwindet er nach dem ausgedehnten Weihnachtsbesuch 1971 auch wieder. 1982 erhält Barack, inzwischen 21 Jahre alt, in New York den Anruf einer ihm unbekannten Tante Jane aus Nairobi. Sie informiert ihn darüber, dass sein Vater bei einem erneuten Autounfall in Kenia ums Leben gekommen sei. Zu diesem Zeitpunkt, schreibt Barack später, «war mein Vater ein reiner Mythos für mich».

Erst seine spätere Reise zu den Halbschwestern und -brüdern in Kenia samt der Reflexion über diese Erlebnisse in «Dreams from My Father» werden einen Teil des Rätsels für ihn lösen. In diesen Gesprächen ist Barack Hussein Senior für die Kinder «The Old Man»: ein vom Postkolonialismus enttäuschter und gebrochener Mann, der es sich wegen seiner vorlauten Selbstsicherheit und Aufmüpfigkeit mit den autoritären Machthabern in Kenia verscherzt hat und deswegen schließlich seiner guten Positionen enthoben wurde.

Ein weiteres Mal noch wird Barack seinen Vater sehen: in einem vielsagenden Traum, der mit einer versöhnlichen Umarmung endet und mit dem Bekenntnis des Vaters: «Barack, ich wollte dir noch sagen, wie sehr ich dich immer geliebt habe.»

Ansonsten ist der Vater nur in den Erzählungen von Mutter und Großeltern präsent. Und in ihren Vergleichen mit ihm: Selbstvertrauen und der Glaube an die eigenen Begabungen sind das eine Erbe, sagen sie Barack immer wieder. Auch den Charme und die Fähigkeit, auf andere Menschen zuzugehen, sie zu bezaubern oder, wenn nötig, zu entwaffnen, habe er von seinem Vater geerbt. Barack Hussein hatte zum Beispiel versprochen, ein afrikanisches Lied zum Internationalen Musikfestival der Universität beizusteuern. Vor ihm sang ein Hawaii-Mädchen mit Stimmausbildung und einer professionellen Band. «Es war ein Moment, wo jeder andere einen Rückzieher gemacht hätte», so erzählt Gramps die Geschichte. «Aber nicht dein Vater. Er ging nach vorn und gab sein Lied zum Besten, vor all den Leuten. Dazu gehörte Mut. Es klang nicht gerade großartig, aber er tat es so selbstbewusst, dass er das Publikum für sich einnahm und genau so viel Applaus einheimste wie die Profis.»

Die einzige überlieferte unerfreuliche Erfahrung wegen seiner Hautfarbe auf Hawaii war die Auseinandersetzung mit einem Weißen in einer Waikiki-Bar. Alle feierten ausgelassen bei Gitarrenmusik, als ein Weißer sich plötzlich beim Barkeeper beschwerte, was für eine Zumutung das sei, dass er seinen Drink «direkt neben einem Nigger» trinken müsse. Abrupt wurde es still, viele befürchteten Handgreiflichkeiten. Doch Barack Hussein ging lächelnd auf den Mann zu und hielt aus dem Stegreif einen Vortrag über die Garantien der Verfassung und die Versprechen des American Dream. Der Typ «war so beschämt, dass er eine 100-Dollar-Note aus der Tasche zog, sie Barack gab und sogar noch alle Getränke für ihn und seine Begleiter bezahlte». Barack Obama traf später einen anderen Augenzeugen dieser Szene, der ihm Gramps' Version bestätigte.

«The Old Man» war ein Apostel des Glaubens an ein neues Zeitalter, in dem die Vernunft regiert. Mit der Verbreitung von Bildung, Modernisierung und Rationalität würden Hunger, Krieg, Kolonialismus und andere Geißeln der Menschheit bald der Vergangenheit angehören, so glaubte er. Als kleiner Junge hatte Barack Hussein noch die Ziegen seines Vaters gehütet. Doch in der von den britischen Kolonialherren erbauten Volksschule hatte man seine Begabung erkannt und ihm den Besuch des Gymnasiums in Nairobi ermöglicht. Dort wählten ihn die nächsten Talentsucher für ein Stipendium in den USA aus.

Sein Narzissmus konnte freilich überhandnehmen – wie an jenem Abend, als er einen jüngeren Stipendiaten fast von der Aussichtsplattform Pali Lookout stieß. Er hatte dem Neuankömmling Hawaii zeigen wollen, immer die Pfeife in der Hand, auf die er enorm stolz war. Er benutzte sie als Zeigestock wie der Kapitän auf der Brücke seines Schiffes. Die Pose der Selbstsicherheit beeindruckte den jungen Kollegen – und er fragte, ob er auch mal rauchen dürfe. Der erste Zug brachte ihn so sehr zum Husten, dass ihm die Pfeife aus der Hand glitt und über das Geländer das Kliff hinabstürzte. Barack Hussein verlangte, er solle hinabklettern und ihm die Pfeife zurückholen. Er akzeptierte noch nicht einmal das Angebot, eine neue Pfeife zu kaufen. Die hier sei ein Geschenk von Gramps gewesen, also unersetzlich. Er packte den Neuankömmling am Kragen und schob ihn langsam über das Geländer, bis Ann ihn eindringlich beschwor, das Drama zu beenden. Nach einigen endlos scheinenden Augenblicken zog er den Gaststudenten wieder zurück auf den sicheren Boden, brach plötzlich in Lachen aus und schlug vor, sie sollten alle zusammen ein Bier trinken gehen. Ann sprach den Rest des Abends kaum ein Wort mit ihm. «Beruhige dich», habe Barack Hussein sie gebeten. «Ich wollte dem Typ doch nur eine Lektion erteilen, dass er auf fremdes Eigentum besser achtgeben muss.»

Dieser eine Monat um Weihnachten 1971, in dem Barack seinen Vater bewusst erlebt, ist mit viel zu vielen Erwartungen überladen. Das konnte nicht gut gehen. Mutter Ann, selbst gerade erst zurück von der zweiten gescheiterten Ehe in Indonesien, versucht den Zehnjährigen auf die Begegnung vorzubereiten, indem sie ihm von der Familie in Afrika erzählt und mit ihm Bücher über Kenia anschaut. Barack träumt sich daraus seine Märchenwelt zurecht. Sein Großvater sei ein Häuptling, erzählt er in der Schule, der Vater also ein Prinz, der die Herrschaft anschließend übernehmen werde. Auf die Frage eines Klassenkameraden, was das für ihn eines Tages bedeuten könnte, gibt es nun kein Zurück mehr. «Klar, wenn ich will, kann auch ich Häuptling werden», prahlt er – mit einem unangenehmen Gefühl in der Magengrube. «Es ist ein bisschen kompliziert. Die Luo sind harte Krieger, genau wie jeder Obama, was in unserer Sprache ‹Brennender Speer› bedeutet. Jeder will ganz nach oben, und mein Vater müsste erst die Rivalitäten schlichten, damit ich gefahrlos kommen kann.»

Barack fühlt, wie ihm die kleine Schwindelei Anerkennung verschafft. Aber umso mehr fürchtet er nun den Tag, an dem sein Vater, wie versprochen, in die Schule kommen soll, um der Klasse von Kenia zu erzählen.

Am Ankunftstag des Vaters darf er früher nach Hause gehen. Der Heimweg ist eine Qual, Barack fürchtet sich vor der Konfrontation von Wunschbild und Wirklichkeit. Aber es gibt kein Entrinnen. Er klingelt, die Wohnungstür geht auf – «und da stand er im unbeleuchteten Flur, eine hohe, dunkle Gestalt, die beim Gehen leicht hinkte. Er kam zu mir, nahm mich in die Arme, ich ließ meine Arme hängen. ‹Well, Barry, es tut gut, dich nach so langer Zeit wiederzusehen.›» Schon bei diesem ersten Wortwechsel vermisst der Junge den richtigen Ton. Er spürt Erwartungsdruck statt Geborgenheit. «Ich höre, du bist gut in der Schule.» Barack zuckt mit den Schultern. Toot versucht zu vermitteln. «Er ist ein bisschen schüchtern.» Gute Leistungen seien kein Grund für Schüchternheit, entscheidet der Vater. «Habe ich dir schon erzählt, dass deine Brüder und deine Schwester auch gut in der Schule sind? Das liegt im Blut.» Drei Holzfiguren hat er für den Sohn mitgebracht: einen Löwen, einen Elefanten und einen Stammeskrieger, der die Trommel schlägt. An solche Szenen kann Barack sich noch Jahre später erinnern. Aber daran, was sich Vater und Sohn zu sagen hatten in diesem Monat, daran erinnert er sich nicht mehr. Nur dieses: In Vaters Anwesenheit sei ihm nicht nach Reden zumute gewesen.

Barack beobachtet die viel gerühmte Ausstrahlung. Gramps wird lebhafter und macht sich mehr Gedanken. Toot verkriecht sich nicht mehr so oft «in ihrem Fuchsbau», dem Schlafzimmer, in das sie oft flüchtete, um Streitigkeiten mit ihrem Mann aus dem Weg zu gehen. Sie verdient in ihrem Bankjob mehr als er, der erfolglose Versicherungsvertreter. Das ist eine Ursache der Spannungen. Jetzt hat sie Freude an Gesprächen mit Baracks Vater über Politik und die Finanzwelt. Dessen Präsenz scheint alle um zehn Jahre zu verjüngen und in die Aufbruchsstimmung unter John F. Kennedy und Martin Luther King zuversetzen. Das ist die eine Seite. Barack erlebt die Kraft einer Persönlichkeit.

Doch es gibt auch eine Kehrseite: Die Wohnung ist zu klein für die unterschiedlichen Temperamente, die Platzverhältnisse sind ohnehin so beengt, dass der Vater ein paar Stockwerke tiefer bei Bekannten einquartiert werden muss. Er bringt zudem Unruhe in den Alltag und die Rollenverteilung in der Familie. Nach ein paar Tagen beschwert sich Gramps, sein Sessel sei ständig besetzt. Toot murmelt, sie sei keine Bedienstete, die allein für Waschen und Spülen zuständig sei. Und dann kommt der Abend, an dem Barack eine Lieblingssendung im Fernsehen einschaltet. «Barry, du hast schon genug geguckt. Geh in dein Zimmer, lerne fleißig und lass uns Erwachsene in Ruhe reden», befiehlt der Vater. Toot will vermitteln: «Er kann den Apparat in seinem Zimmer benutzen.» Nein, beharrt der Vater, es sei Zeit, sich über die Schulbücher zu beugen. Es sind doch Weihnachtsferien, ergreift Mutter Ann Partei, das Kind habe sich so auf die Sendung gefreut, und sie dauere auch nicht lang. «Nonsens», wird der Vater resolut. «Wenn er die Hausaufgaben schon erledigt hat, kann er sich an die nächsten Kapitel für die Zeit nach den Ferien machen. Barry, du arbeitest nicht hart genug. Geh in dein Zimmer, bevor ich ärgerlich werde.»

Während er den Raum verlässt und die Tür zuschlägt, hört Barack den Machtkampf drinnen mit an. Gramps sagt, dies sei immer noch seine Wohnung. Toot beschwert sich, der Vater habe kein Recht, alle herumzukommandieren. Und der verteidigt sich, sein Sohn werde zu sehr verwöhnt und brauche eine feste Hand.

Barack urteilt rückblickend: «Ein Spalt war zwischen uns aufgebrochen. Das Weihnachtsmärchen im Fernsehen, wo der böse Geist, der das Fest ruinieren will, von einem guten Geist vertrieben wird, erschien mir plötzlich als Schwindel. Ich begann die Tage zu zählen, bis mein Vater abreisen würde und alles zur Normalität zurückkehrt.»

Zwei beglückende Erlebnisse tarieren die emotionale Waage wieder ein wenig aus. Es bleibt freilich eine prekäre, instabile Balance, die Baracks Gefühle in Unruhe lässt. Weder kann er mit dem Vater abschließen, weil der eine reine Enttäuschung ist. Noch kann er ihn als Vorbild akzeptieren.

Das eine Erlebnis ist der Kenia-Vortrag in der Klasse. Die Nacht zuvor kann Barack kaum schlafen. Die Angst, als Lügner entlarvt zu werden, hält ihn wach. Doch der Auftritt seines Vaters steigert sogar sein Ansehen in der Schule. Alle Zuhörer sind begeistert, als der Vater von Afrika erzählt, der Wiege der Menschheit, von wilden Tieren und den Stammessitten, nach denen ein Junge einen Löwen töten muss, um als Mann anerkannt zu werden. Vom überlieferten Respekt vor den Alten, die unter weiten Baumkronen Rat halten. Von der Freiheitsliebe der Kenianer, die sich kaum unterscheide vom Ringen der Schwarzen in den USA um gleiche Bürgerrechte. Und vom Selbstbestimmungswillen seiner Heimat nach der britischen Kolonialherrschaft. «Du hast einen tollen Vater!», hört Barack von Klassenkameraden.

Das andere Erlebnis: Am Tag der Abreise, beim Packen, taucht ein vergessenes Mitbringsel aus dem Koffer auf. Zwei Singles, Vinylplatten mit Klängen aus Afrika. Gitarre, Hörner, Trommeln, Gesang. «Komm, Barry, jetzt lehrt dich ein Meister», nimmt der Vater ihn an die Hand, wiegt sich vor und zurück, lässt die Füße rhythmisch über den Boden gleiten, die Arme wirbeln durch die Luft. «Ich schloss die Augen und versuchte die ersten Schritte, ließ mich von der Musik leiten. Und noch immer habe ich es im Ohr: sein Schrei, hoch und breit zugleich, als ich ihm in den Sound hinein folge. Ein Schrei, in dem so viel Zurückgelassenes anklingt und die Verheißung von so vielem, was noch folgt.»

Kandidat Obama als Vollendung von Sklavenbefreiung und schwarzer Bürgerrechtsbewegung

Wie ein Pfarrer auf der Kanzel steht er am Rednerpult, schwarzer Anzug, weißes Hemd, silbrig weiße Krawatte. «Let's praise the Lord» – «Lasst uns Gott loben», beginnt er den Auftritt, der beides zugleich ist, Predigt und Wahlkampf. Die Stadt Selma, Alabama, begeht den 42. Jahrestag des «Bloody Sunday». Die Brown Chapel, eine der traditionsreichsten schwarzen Gemeinden der Südstaaten, hat Barack Obama als Redner eingeladen. Selma ist ein zentraler Ort der Bürgerrechtsbewegung. Am 7. März 1965 wollten Schwarze von hier aus nach Montgomery marschieren. Diese Großdemonstration hatte die Durchsetzung gleicher Stimmrechte für schwarze Bürger zum Ziel. Doch Gouverneur George Wallace verhängte ein Demonstrationsverbot. An der Edmund Pettus Bridge wurden die 500 Marschierenden von Polizisten mit Tränengas und Schlagstöcken blutig gestoppt.

Jahr für Jahr reisen Politiker an, um die Erinnerung gemeinsam mit der Widerstandsikone John Lewis und Veteranen der Bürgerrechtsmärsche der 60er Jahre hochzuhalten. Immer muss es ein Sonntag sein, auch wenn er nicht auf den 7., sondern diesmal auf den 4. März fällt. Anderswo in den USA gibt es Halls of Fame für die größten Baseball- oder Football-Spieler. Selma besitzt eine Ruhmeshalle für die Helden der schwarzen Emanzipation. 2007 wird Bill Clinton aufgenommen. Manche Schwarze nennen ihn «den ersten schwarzen Präsidenten» der

USA. Dank des Wirtschaftsaufschwungs in seinen zwei Amtszeiten fanden sie Jobs, und es ging ihnen wirtschaftlich gut.

Im März 2007 sind es noch anderthalb Jahre bis zur nächsten Präsidentenwahl. Doch die Konkurrenz um die Nominierung der Demokratischen Partei ist bereits in vollem Gang. Es ist lange her, dass die Chancen so rosig standen, den Republikanern das Weiße Haus wieder abzunehmen. Aus diesem Grund sprechen beide Spitzenreiter an diesem Sonntag in Selma. Hillary, die Frau des Lieblings so vieler Schwarzer, Bill Clinton. Und Barack Obama, der ihr erster richtiger Präsident werden will, der erste mit dunkler Hautfarbe. Beide Kandidaten sprechen am gleichen Tag, mit dem gleichen Ziel, in zwei Kirchen, nur wenige hundert Meter auseinander.

Es ist der erste große Test zwischen den beiden – der Favoritin in den Umfragen und ihrem Herausforderer. Insgesamt stellen die Schwarzen rund 13 Prozent der Einwohner der USA. Doch da die meisten, wenn sie wählen, demokratisch wählen, sind sie eine wichtige Klientel der Partei. In manchen Südstaaten haben sie den entscheidenden Einfluss bei den Primaries, den Vorwahlen, in denen die Demokraten ihren Kandidaten oder ihre Kandidatin nominieren. Wer gewinnt The Black Vote, Hillary oder Obama?

Bis vor wenigen Tagen wollte Bill nicht persönlich zur Aufnahme in die Hall of Fame kommen, sondern Hillary die Ehrung für ihn entgegennehmen. So hätte sie in seinem Glanz gestanden, ohne dass seine Anwesenheit ihr die Aufmerksamkeit stiehlt. Seine Popularität ist nicht unbedingt zu ihrem Vorteil. Er ist so viel beliebter als sie, außerdem wirkt er viel natürlicher. Deshalb ließen die Clintons sich selten gemeinsam sehen, seit Hillary ihre Kandidatur erklärt hat. Doch als bekannt wurde, dass auch Obama in Selma spricht, ist Bill Clinton plötzlich mit an Bord. Es wird ihr erster gemeinsamer öffentlicher Auftritt seit Hillarys Bewerbung um die Präsidentschaft. Sie leiht sich sein Charisma. Wenn sie alleine auftritt, sinken ihre Umfragewerte.

Bei der schwarzen Bevölkerung lag Hillary im Januar 2007 mit 60 zu 20 Prozent vor Obama. Dafür gab es Gründe: Barack

Obama war noch nicht so bekannt und hatte zu wenig um die Unterstützung schwarzer Autoritäten geworben. Es hieß sogar, er sei «nicht schwarz genug». Als Sohn einer weißen Mutter und eines Einwanderers aus Kenia sei er weder ein Nachkomme von Sklaven, noch habe er deren typische Diskriminierung erfahren. Inzwischen ist Obama fast täglich im Fernsehen zu sehen, und 70 Prozent der Schwarzen haben ein positives Bild von ihm. Hillarys Vorsprung in dieser Bevölkerungsgruppe ist auf ein Verhältnis von 44 zu 33 Prozent geschrumpft.

Der strategische Ansatz beider Lager an diesem Tag in Selma: Barack Obama und Hillary Clinton wollen sich jeweils als die wahren Bannerträger der schwarzen Bürgerrechtsbewegung darstellen. Doch ihre direkte Konkurrenz führt dazu, dass beide in diesem Bemühen etwas zu weit gehen und angebliche persönliche Gemeinsamkeiten mit Ursprung und Erbe des «Bloody Sunday» erfinden, die sich mit den Fakten nicht so ganz in Einklang bringen lassen.

Barack Obama beherrscht den Singsang schwarzer Prediger. Er kann den Slang schwarzer Ghettos einfließen lassen. Bei ihm klingt es authentisch, zumal er ja in Chicagos South Side als Community Organizer gearbeitet hat. Seine 35-minütige Rede wird immer wieder von zustimmenden Rufen der Zuhörer unterbrochen. So wie Obama die Abläufe erzählt, ist er ein direktes Produkt der Bürgerrechtsbewegung. Er erinnert an die Zeiten, als die Weißen allein das Sagen hatten, als Schwarze nicht nur Bürger zweiter Klassen waren, sondern Menschen zweiter Klasse, die man nur mit dem Vornamen anredete und nicht als Mister oder Misses.

Ähnlich erging es seinen afrikanischen Vorfahren in Kenia unter der britischen Kolonialherrschaft, schlägt Obama die Brücke zu seiner Biografie. Sein Großvater – der Mann, den er sich in der Kindheit als mächtigen Häuptling erträumt hatte – sei ein Koch bei den Briten gewesen. Noch im ehrerbietigen Alter von 60 Jahren hätten die weißen Machthaber ihn nur als «boy» angeredet. «Auch ich habe eine Art Sklavenvergangenheit», predigt der Politiker und wird energisch. «Erzählt mir nicht, ich hätte keine Verbindung zu diesem Ort», Selma, Alabama.

Der Bürgerrechtsbewegung, sagt Obama, habe er alles zu verdanken, was er heute ist. «Weil *sie* marschiert sind», konnte *er* später eine gute Ausbildung bekommen. «Weil *sie* marschiert sind», durfte *er* in Harvard studieren. «Weil *sie* marschiert sind», konnte *er* Senator werden, erst auf regionaler Ebene in Illinois, dann auf nationaler in Washington. «Weil *sie* marschiert sind, stehe *ich* heute hier» – und jeder versteht, ohne dass er es aussprechen muss: ein Schwarzer als aussichtsreicher Bewerber um das höchste Amt im Staat. Jetzt füllt das zustimmende, kehlige «Yeah, yeah» den holzgetäfelten Kirchenraum.

Barack Obama bewegt sich zwischendurch in biblischen Gleichnissen, spricht von Moses, dem großen Propheten, der sein Volk aus ägyptischer Gefangenschaft befreit, durch die Wüste geführt und ihm Gottes Gesetze gegeben hat. Und von seinem Nachfolger Joshua, der das Volk aus seiner Lethargie wecken und zu neuen Ufern führen musste. Im übertragenen Sinn heißt das: Die Marschierenden gehören zur Moses-Generation. Die heute Anwesenden bilden die Joshua-Generation, sie müssen die Aufgabe zu Ende bringen. Und Obama ist ihr Joshua. Die Gleichberechtigung ist nicht vollendet, solange nicht Schwarze und Weiße denselben Zugang zu Bildung, Krankenversicherung oder Aufstiegschancen haben. Und auch zu Katastrophenhilfe nach einer Heimsuchung wie dem Hurrikan «Katrina», bei der George W. Bushs Regierung so schändlich versagte.

Barack Obama lässt sich immer weiter forttragen von seiner anrührenden Geschichtslektion und von der Zustimmung, die sie ihm einträgt. Er lässt sich zu weit forttragen. Ohne die Demonstranten von Selma «wäre meine Existenz nicht möglich gewesen». Nur dank der neuen gesellschaftlichen Atmosphäre, erkämpft von der Bürgerrechtsbewegung, hätten seine Eltern zueinander finden können: ein weißes Mädchen aus Kansas und ein schwarzer Mann aus Afrika. Nur weil einige tapfere Menschen am 7. März 1965 bereit waren, über die Brücke zu marschieren, kamen sie zusammen, und nur deshalb wurde Barack Obama Junior geboren.

Wo er schon dabei ist, seine Biografie mit neuen, ortsgerechten Details auszuschmücken, folgt noch ein familiäres Bekenntnis. Es ist die Antwort auf einen Zeitungsbericht zwei Tage zuvor: Ein Vorfahre mütterlicherseits habe schwarze Sklaven gehabt. Aber so wie Obama diese Information einordnet, erscheint sie nicht als Makel, sondern als Beleg einer wunderbaren Wendung, erkämpft von der Bürgerrechtsbewegung! Auch Obama ist plötzlich ein indirekter Nachkomme der Sklavenzeit. Ein Vorfahre der Mutter besaß Sklaven, aber Obama steht heute als freier schwarzer Mann am Rednerpult. «Erzählt mir nicht, dies sei nicht auch mein Zuhause!» Die Kirchengemeinde hat er mitgerissen. Hunderttausende Fernsehzuschauer im ganzen Land ebenfalls. Der Gottesdienst endet mit der Freiheitshymne «We shall overcome». Alle haben sich von den Sitzen erhoben und die Arme ineinander verhakt – ein Bollwerk, das kein Zurück erlaubt.

Erst am nächsten Tag und in den folgenden Wochen werden nüchterne Geister in den Analysespalten der Zeitungen und Nachrichtenmagazine beide Deutungen hinterfragen. Selma, Alabama 1965 als Wendepunkt, der Obamas Eltern zusammenbrachte? Sie hatten sich doch bereits gut fünf Jahre zuvor auf Hawaii getroffen und waren am «Bloody Sunday» längst wieder geschieden. Selma als Vorläufer, ohne den er nicht auf der Welt wäre? Barack war an jenem Tag drei Jahre und sieben Monate alt. Auch seine Behauptung, ein indirekter Nachfahre der Sklavenzeit zu sein, hält einer kritischen Begutachtung nicht stand. Abgesehen von der Frage, wie gut sich der Sklavenbesitz eines Vorfahren seiner Mutter aus Kansas überhaupt belegen lässt: Wie soll das weiße Blut eines Sklavenhalters in seinen Adern ihn zu einem Angehörigen der Gegenseite, der Versklavten, machen?

Doch der Wirkung seines Auftritts tut diese nachgelieferte Kritik kaum Abbruch. Die Wirkung der Bilder im Fernsehen ist weitaus stärker. Sie zeigen einen schwarzen Präsidentschaftsbewerber in einer berühmten schwarzen Kirche, der das Erbe von Selma unter der hörbaren Zustimmung der versammelten Gläubigen für sich reklamiert.

Hillary Clintons Auftritt in der nahen First Baptist Church ist in dieser Hinsicht auch nicht ehrlicher. Sie erklärt sich ebenfalls zu einem Teil der Selma-Bewegung – und zu deren Epigonin. 1963 sei sie mit der Jugendgruppe ihrer Kirche zu einem Auftritt Martin Luther Kings in Chicago gegangen, um die Ikone der Bürgerrechtsbewegung selbst zu erleben. Selma ist in ihrer Deutung der Ausgangspunkt, der es einer Frau erlaubt, für die Präsidentschaft zu kandidieren. Der Voting Rights Act von 1965, der die Gleichberechtigung aller Menschen an der Wahlurne forderte, war das erklärte Ziel der Demonstranten am «Bloody Sunday». Dieser Tag habe «Senator Obama die Gelegenheit eröffnet, sich um das Präsidentenamt zu bewerben», führt Hillary Clinton ihre Argumentation fort. In diesem Geist und aus dieser Logik heraus habe auch Gouverneur Bill Richardson mit seinem hispanischen Hintergrund heute dieselbe Chance. Sie hält einen Moment lang inne, um dann mit doppelter Leidenschaft fortzufahren: «Und dieser Tag hat auch für mich den Weg geöffnet.»

Das ist eine anfechtbare Logik. Laut Hillary Clinton soll die schwarze Bürgerrechtsbewegung der Ursprung sein, ohne den eine weiße Frau bis heute keine politische Karriere machen könnte? Sie stand früher auch nicht auf Seiten Martin Luther Kings, wie sie das jetzt behauptet. In ihrer Biografie schreibt sie, sie sei 1964 ein «Goldwater Girl» gewesen, also eine Anhängerin des konservativen Senators und republikanischen Präsidentschaftskandidaten Barry Goldwater, der den Civil Rights Act ablehnte.

Auch ihr schaden solche Widersprüche am Schauplatz in Selma nicht. Die aufmerksamen Zeitungskommentare erscheinen erst einen Tag später. Wie Obama in der Brown Chapel erhält sie für ihre Rede breite Zustimmung in der First Baptist Church. Später am Tag reihen sich beide in den Zug ein, der wie jedes Jahr über die geschichtsträchtige Brücke führt. Die Kandidaten marschieren natürlich fernsehgerecht in der ersten

Reihe, Hand in Hand mit den Veteranen von 1965, rechts vorne Barack Obama, links vorne Hillary und Bill Clinton.

Wirklichen Schaden nehmen beide Lager nicht durch die Überzeichnungen am Jahrestag des «Bloody Sunday». Der schwarzen Gemeinde sind sie ohnehin nicht übel aufgestoßen. Es ist ja ein Kompliment, dass ihre Bewegung nicht nur die Bürgerrechte der eigenen Gruppe erkämpft haben soll, sondern die der Frauen und der Latinos sowie anderer Minderheiten noch dazu. Auch weiße Anhänger der Demokraten nehmen wenig Anstoß daran. Es waren schließlich Wahlkampfauftritte, da sollte man nicht allzu streng sein.

Die Schwindelei liegt zudem im Detail, in der Übertreibung. Im Kern ist die Interpretation ja nicht völlig falsch, dass alle Gruppen, die benachteiligt wurden, indirekt von der Bürgerrechtsbewegung der 60er Jahre profitiert haben – weil sie die politische Atmosphäre generell verändert hat. Und so gesehen ist Obamas Biografie dann doch ein gutes Beispiel für die Geisteshaltungen jener Ära: für deren Wandel ebenso wie für die Beharrlichkeit alten Denkens.

Auf Hawaii waren die Rassenkonflikte weit weg. Sie erreichten die Familie im Wesentlichen über die Fernsehnachrichten, wie Bilder und Worte aus einer fernen Welt. Hawaii war schon in den 60er Jahren ein relativ toleranter Schmelztiegel. Seine erste, bis tief in die Kinderseele reichende Konfrontation mit seiner Hautfarbe erlebte der neunjährige Barack Obama in der amerikanischen Botschaft in Djakarta. Mutter Ann war ihrem zweiten Ehemann, Lolo Soetoro, in seine Heimat gefolgt. Sein Gehalt dort reichte jedoch hinten und vorne nicht aus, um die Familie zu ernähren. So musste die Mutter dazuverdienen. Barack begleitete sie in die Botschaft und stieß in der Bibliothek auf eine Sammlung «Life»-Magazine. In einer dieser Illustrierten entdeckte er das ihn verstörende Bild eines schwarzen Mannes, der krank aussah, fast wie ein Gespenst. Dieser Mann, stand im Begleittext zu lesen, hatte versucht, seine Haut durch eine chemische Behandlung aufzuhellen. Doch die Behandlung war schiefgegangen. Der Mann war kein Einzelfall, Tausenden Schwarzen war es ähnlich gegangen. Die Herstellerfirma hatte ihnen in der Werbung ein glückliches Leben als Weiße versprochen. Die Folgen der Behandlung aber waren unumkehrbar. Barack Obama wird diese Bilder nie vergessen, die Erinnerung daran jagt ihm Schauer über den Rücken. Er fragt sich, was Menschen dazu bringt, ihre Hautfarbe verändern zu wollen. Er versteht nicht, was falsch daran sein soll, dunkel zu sein, wie so viele Menschen in Indonesien – und wie er selbst. Der Neunjährige traut sich nicht, mit der Mutter darüber zu reden. Die hat schon genug Sorgen und bereitet in dieser Zeit bereits ihre Rückkehr in die USA vor.

Lolo – sein indonesischer Vorname bedeutet in der Sprache Hawaiis «der Verrückte», was Gramps immer wieder belustigte – hatte Ann zwei Jahre lang den Hof gemacht, nachdem Barack Hussein Obama Senior aus ihrem Leben verschwunden war. Ein nicht sehr großer Mann mit einer bronzefarbenen Haut und schwarzen Haaren, der gut als Mexikaner hätte durchgehen können. Er hatte gute Manieren und eine freundliche Natur. Mit Gramps spielte er häufig Schach. Barack Junior unterrichtete er im Ringen. Als Lolo 1966 plötzlich nach Indonesien zurückkehren musste, machte er Ann einen Heiratsantrag und bat sie, bald nachzukommen. Doch es dauerte fast ein ganzes Jahr, bis ihm die Familie folgen konnte. Wie drei, vier Jahre später bei der Einstimmung auf die Begegnung mit dem Vater aus Kenia bestand die Vorbereitung auf Indonesien im Wesentlichen in der Lektüre von Atlanten und Sachbüchern aus der Bibliothek: Java, Borneo, Sumatra, die Gewürzinseln – exotische Namen voller Verheißungen. Tiger sollte es dort noch geben und sogar Kopfjäger. Die praktische Toot ließ sich vor Anns und Baracks Abreise vom State Department versichern, dass die Lage «unter Kontrolle» sei, und stopfte Unmengen Milchpulver und Ölsardinen ins Gepäck. Schließlich könne man ja nie wissen, was es zu essen gibt, lautete ihr Rat.

1967 geht es endlich los. Lolo erwartet sie am Flughafen von Djakarta, um einige Kilos schwerer und nun mit einem dichten

Schnurrbart. Er ist inzwischen beim Militär. Erst später – und auch nur in Andeutungen – werden Ann und Barack erfahren, dass er nach seiner Rückkehr 1966 Schlimmes durchgemacht hat. Im Grunde ist Anns Verbindung mit Lolo eine Wiederholung der gescheiterten Liebe zu Barack Senior. Auch hier ist die romantische Verklärung einer persönlichen Teilnahme am Entkolonialisierungsexperiment ein Hauptmotiv – nach Kenia nun angewandt auf Indonesien. Im Unabhängigkeitskrieg waren Lolos Vater und Bruder umgekommen. Die niederländischen Kolonialtruppen hatten ihr Haus abgebrannt. Die Mutter musste nach und nach ihren gesamten Schmuck gegen Lebensmittel eintauschen. Nach dem Studium in den USA hofft Lolo auf eine Karriere als Universitätsdozent in der Heimat. Doch während seiner Abwesenheit hat Sukarno, der Führer der «Nationalisten» und der erste Präsident Indonesiens, vermehrt mit der Linken sympathisiert. Das beunruhigt die Amerikaner. Sie sehen überall in Indochina die Kommunisten auf dem Vormarsch. Schließlich putscht das Militär unter General Suharto, unterstützt von der CIA, wie es heißt. Es folgt eine blutige Säuberungskampagne gegen alle, die man der Sympathie mit Kommunisten verdächtigt. Die im Ausland studierenden Indonesier werden zurückgerufen, vom Militär verhört, eingezogen und in Unruheprovinzen geschickt. Lolo hat noch Glück, er wird im Urwald von Neuguinea eingesetzt. Er kommt nicht vom Studium in einem kommunistischen Ostblockland zurück, sondern aus den USA, der Schutzmacht der neuen Herren. Trotz der vergleichsweise glücklichen Umstände muss Lolo Schreckliches erlebt haben. Die schmerzlichen Erinnerungen, über die Ann und er nicht offen miteinander sprechen können, wachsen zu einem unüberwindlichen Hindernis für ihre Liebe. «Schuldbewusstsein ist ein Luxus, den sich nur westliche Ausländer leisten können», weist er ihre Fragen zurück, ob all die Gerüchte wahr seien, dass die Armee – und damit auch er – schlimme Menschenrechtsverletzungen auf dem Gewissen habe.

Rückblickend kann Barack Obama ihn gut verstehen. Ann und er besitzen einen amerikanischen Pass, mit dem sie das

Land sofort verlassen können, wenn es hart auf hart kommt. Lolo ist abhängig von «der Macht», die in seinem Land herrscht. Ihn schützt nichts und niemand, wenn er sich nicht mit den Umständen arrangiert.

Der Dschungel als neues Zuhause

Die neue Umgebung war für den Sechsjährigen ein großes Abenteuer: Die Straßen führten durch Dschungel, gleichaltrige Jungen ritten auf Wasserbüffeln, und geheimnisvolle Heilige wie der Affenkönig Hanuman bewohnten die Tempel. Zuhause bekommt er ein Äffchen an der Leine als Spielkameraden, Babykrokodile bevölkern einen nahen Teich. Gleich am Ankunftstag wird er Zeuge, wie das Hühnchen für das Abendessen im Hinterhof geköpft wird.

Lolo ist ein liebevoller Stiefvater, der Barack aber zugleich brutalere Umgangsformen beibringt. Sein Rat an den Stiefsohn lautet: «Das Leben ist ein Kampf, deshalb lerne, dich zu verteidigen.» Eines Tages kommt Barack mit einer dicken Beule am Kopf nach Hause. Ein Nachbarsjunge hatte ihm den Fußball weggenommen. Als Barack ihn verfolgte, warf der andere mit Steinen nach ihm – unfair, gemessen an den Regeln daheim auf Hawaii. Barack muss lernen, dass Konflikte in Indonesien handgreiflich ausgetragen werden. Lolo kauft ihm Boxhandschuhe und trainiert ihn: «Immer bewegen, dem Gegner kein Ziel bieten. Los, schlag zurück!»

Barack kostet Hundefleisch, Schlangenfleisch und geröstete Heuschrecken. Er sieht Bettler, die sich die Nase oder andere Gliedmaßen abgeschlagen haben, um mehr Mitleid zu erregen. Lolo verlangt von ihm und Mutter Ann, auf so ein emotionales Kalkül nicht zu reagieren. «Wie viel Geld hast du in der Tasche? Wie viele Bettler siehst du allein in dieser Straße? Siehst du, es reicht eh nicht. Also spar es lieber, damit du nicht selbst in der Gosse endest!»

Mutter Ann habe ein weiches Herz, erklärt Lolo Barack, das sei in Ordnung bei einer Frau. «Du aber wirst ein Mann sein, da musst du vernünftig handeln.» Das habe nichts mit Gut oder Böse zu tun. Man müsse sich mit der Welt abfinden, wie sie eben sei. Ja, er habe selbst gesehen, wie ein Mensch getötet wurde, gibt Lolo schließlich zu, nachdem Barack immer wieder danach fragt. Warum er sterben musste? «Weil er schwach war.» Menschen seien in dieser Hinsicht wie Staaten: Sie nutzen die Schwäche anderer aus. Wenn ein schwacher Mann eine hübsche Frau hat, wird ein starker sie ihm wegnehmen. «Achte darauf, dass du zu den Starken gehörst», lautet Lolos Rat für das Leben seines Stiefsohnes. So erzählt es Barack Obama im Rückblick.

Lolos Wechsel in das Verbindungsbüro der Regierung zu einer amerikanischen Ölgesellschaft verbessert zwar die finanzielle Lage der Familie, nicht aber die Beziehung zwischen Ann und Lolo. Mehrfach bittet Lolo Ann, zu den Geschäftsessen mitzukommen, da auch die anderen Angestellten ihre Frauen mitbrächten. Er empfindet es als peinlich, allein zu gehen, und argumentiert: «Schließlich sind es deine Leute.» Für Ann, die Gegnerin großer US-Konzerne, ist das eine Provokation. Sie reagiert zornig: «*Die* sind *nicht* meine Leute!» Die Kluft zwischen den Eheleuten wird immer größer. Auch die Geburt von Maya, Baracks Stiefschwester, kann die Ehe nicht mehr retten.

Ann steckte ihre Energien nun in zwei Ziele: Ihr Sohn sollte nicht nur nach den indonesischen Darwinismus-Regeln für den Kampf der Starken gegen die Schwachen aufwachsen. Sie wollte ihm *ihre* Werte vermitteln. Die Werte, an die die weiße Mittelklasse in Kansas glaubte und in deren Tradition sie selbst erzogen worden war: Ehrlichkeit, Fairness, Aufrichtigkeit und eigenständiges Denken. Sie erklärte es Barack mit praktischen Beispielen.

Ehrlichkeit: Man versteckt den neuen Kühlschrank nicht vor den Steuerfahndern, selbst wenn es jeder so macht und die Kontrolleure das erwarten.

Fairness: Die Eltern reicher Schüler sollten den Lehrern keine Fernseher schenken, damit ihre Kinder bessere Noten bekommen.

Aufrichtigkeit: Wenn du das Hemd nicht magst als Geburtstagsgeschenk, sag es gleich, anstatt es ganz unten im Schrank zu verstecken.

Eigenständiges Denken: Wenn die anderen einen armen Jungen wegen seiner Frisur hänseln, brauchst du noch lange nicht mitzumachen.

Anns zweites Ziel: Ihr Sohn sollte eine so gute Schulbildung erhalten, dass er damit jederzeit in die USA zurückkehren und dort Karriere machen könnte. Da das Geld für die Internationale Schule fehlte, besuchte Barack eine lokale moslemische Schule. Rechte US-Fernsehsender haben daraus im Präsidentschaftswahlkampf den Vorwurf abgeleitet, er habe eine Fundamentalistenschmiede besucht. Sie weisen auf seinen zweiten Vornamen Hussein hin und fragen, ob Obama in Wahrheit ein «Osama» sei?

Die Mutter schreibt ihn jedenfalls in einen «Korrespondenzkurs» ein, eine Art Fernstudium für amerikanische Schulkinder im Ausland. Für Barack bedeutet das, drei Stunden früher aufzustehen, um mit der Mutter die Lektionen der amerikanischen Schulbücher zu pauken, bevor die indonesische Schule beginnt und sie zur Arbeit geht. In Lolos Weltbild mag die Scheidungslinie zwischen Stark und Schwach verlaufen. In Anns Augen hängen die Zukunftsperspektiven davon ab, ob ein Kind Bildung genießt oder nicht.

Doch langsam macht sich die Furcht breit, dass einer von ihnen sterben könnte. Die Neigung der Indonesier, ihr Schicksal ergeben hinzunehmen, anstatt zu handeln, um die Folgen eines Unglücks abzuwenden, macht Ann Angst. Als Barack eines Tages heimkommt, hat er eine feuchte, dreckverschmierte Socke um den Unterarm gewickelt. «Was ist los?», will die besorgte Mutter wissen. «Ach, nichts, habe mich geschnitten», lautet Baracks lapidare Antwort. «Lass sehen», beharrt Ann. Die Wunde, die er ihr zeigt, reicht vom Handgelenk bis zum Ellbogen. Er war mit einem Freund spielen, als der Regen einen Abhang in eine wunderbare Schlammrutsche verwandelte, und dann hatte er einfach diesen Stacheldraht übersehen.

Lange muss Ann auf den Nachbarn einreden, bis der sie zum Krankenhaus fährt. Dort ist der Empfang nicht besetzt. Sie irrt durch die Gänge, bis sie zwei Ärzte beim Dominospiel antrifft. Sie bestehen darauf, die Partie zu beenden, ehe sie Zeit haben, die Wunde am Arm ihres Jungen anzuschauen – und zu nähen. Die besorgte Mutter fragt sich, was ein Leben in dieser Welt überhaupt noch wert ist.

Tausende Kilometer von Amerika entfernt lernt sie, die zuvor die Dritte Welt idealisiert hat, die guten Seiten ihrer Heimat zu schätzen.

Der einzige Verbündete, den sie bei der Erziehung ihres Sohnes hat, ist die Autorität des abwesenden Vaters, der in den Erzählungen fast zu einem Heiligen wird. Ein Märchenheld, vielleicht, aber einer, der Barack nachhaltig beeindruckt. Sein Vater hatte sich nicht angepasst wie Lolo. Barack Senior folgt Prinzipien und Überzeugungen, einer Art höherer Macht, die keine falschen Kompromisse zulässt. Sie argumentiert mit seinem genetischen Erbe. Die Begabung, die Intelligenz und den Charakter, all das habe er von seinem Vater. Zur Verehrung Barack Seniors kommt die Verherrlichung anderer Schwarzer hinzu: der Bürgerrechtler Martin Luther King. Thurgood Marshall, der begnadete Jurist, der 1967 zum ersten schwarzen Richter am Obersten Gerichtshof der USA ernannt wird und der so viele wichtige Siege für Minderheiten erringt, zum Beispiel das Ende der Rassentrennung in den Schulen. Auch Schauspieler Sidney Poitier, der als erster Schwarzer einen Oscar für die beste Hauptrolle bekam, diente als Vorbild. Und Harry Belafonte war für Ann ohnehin der attraktivste Mann der Welt.

Im Alter von neun Jahren sieht Barack Obama keinen Grund dafür, sich seiner Hautfarbe zu schämen oder sich sogar einer chemischen Behandlung zu unterziehen. Er geht jetzt mit offeneren Augen durchs Leben. Ihm fällt auf, dass Bill Cosby zwar der Held in «I spy» sein darf, aber nie das hübsche Mädchen bekommt. Der schwarze Mann in «Mission Impossible» bleibt immer im Untergrund. Santa Claus ist ein Weißer, ebenso die Kinder und Erwachsenen in den Weihnachtskatalogen der großen Kaufhäuser, die Toot und Gramps ihnen schicken. Doch die persönliche Erfahrung, dass die Hautfarbe eine Gesellschaft spalten kann, die macht er erst Jahre später als Jugendlicher – lange nach der dreijährigen Episode in Indonesien. Lange auch nach seiner Rückkehr zu den Großeltern, wo der amerikanische Pass ihm, dem Schwarzen, bei der Einreise eine privilegierte Behandlung sichert, während Asiaten und Europäer mit anderen Pässen lange warten müssen.

Ganz nah am Abgrund – Obama zwischen Selbstfindung und Drogenrausch

«Ein Junkie, ein Haschkopf, auf dem Trip war ich: zur Endstation eines jungen, schwarzen Möchtegern-Aussteigers», bekennt Barack Obama in seinem Buch «Dreams from My Father» beim Rückblick auf seine letzten zwei Highschool-Jahre auf Hawaii. Wenn er darüber spricht oder schreibt, verfällt er in den typischen Jargon der schwarzen Ghetto-Kids, des Rauschgiftmilieus. Vor der Nadel schreckte er dann doch zurück – nicht aus Angst, sondern weil die Kollegen, die ihn zum Initiationsritus überreden wollten, nicht wirklich überzeugend waren. Micky zum Beispiel prahlte, er könne die Nadel mit verbundenen Augen vorbereiten. Aber er zitterte, als er da zwischen Roastbeef und Salami im Kühlraum des Delikatessenladens stand, in dem er aushalf. Und es sah nicht danach aus, als zittere er vor Kälte.

Inhaliert hat Barack dagegen sehr wohl, um das geflügelte Wort eines anderen, früheren Präsidentschaftsbewerbers aufzunehmen, Bill Clinton. Der hatte in seinem Wahlkampf zwar zugegeben, er habe Hasch geraucht, redete sich jedoch damit heraus: «I didn't inhale.» Er habe nur gepafft, aber nicht auf Lunge geraucht. Später verteidigte Bill Clinton seine Aussage, er habe «keinen Sex mit dieser Frau» – gemeint war Monika Lewinsky – gehabt, mit der Haarspalterei, es komme darauf an, was man darunter verstehe. Für ihn sei nur richtiger Geschlechtsverkehr Sex. Oralverkehr falle nicht darunter – weshalb er also auch nicht gelogen habe. «You see, the difference was:

I did inhale», sagt Obama bei politischen Auftritten und erntet mit dieser Anspielung stets ein vielsagendes Gelächter.

Barack Obama war auf dem Weg nach ganz unten, aber er hat sich vor dem Absturz gerettet. Diese Tatsache macht aus den Bekenntnissen keine Belastung, sondern eine Erfolgsstory, wie Amerika sie liebt. In den USA kriegt jeder seine zweite Chance. Obama hat sie genutzt, und dadurch dient seine Geschichte als Vorbild für andere gefährdete Jugendliche.

Es war eine Mischung aus mehreren Faktoren, die ihn bedrohlich nahe an den Abgrund geführt hatte: das Ringen um die eigene Identität, die Pubertät, die ersten Erfahrungen, wegen der Hautfarbe benachteiligt zu werden, und zwar sowohl von den weißen Mädchen als auch vom Trainer seines Basketballteams. Sein Vater fehlt Barack zu diesem Zeitpunkt besonders. Er nimmt ihm seine Abwesenheit übel. Notgedrungen vertraut er auf seine Stärke: «Ich hatte mir vorgenommen, mich selbst zu einem Schwarzen in Amerika zu erziehen, auch wenn niemand in meiner Umgebung genau zu wissen schien, was das bedeutete, abgesehen von meiner Hautfarbe.»

Nachdem Ann aus Indonesien zurückgekehrt war, hatte Barack drei Jahre lang mit ihr und Schwester Maya in einer kleinen Wohnung auf Hawaii gelebt. Die Mutter machte an der Universität ihren Master in Anthropologie, um anschließend in die Entwicklungshilfe zu gehen. Die Lebensverhältnisse in diesen Jahren sind bescheiden: Die Wohnung ist eng, das Geld knapp. Das Schulgeld für die renommierte Punahou-Schule bezahlen die Großeltern, obwohl auch sie nicht viel haben. Wenn Barack Klassenkameraden mit nach Hause bringt, mokieren sie sich darüber, dass der Kühlschrank leer und die Wohnung nicht aufgeräumt sei. Ann schweigt dazu, erklärt dem Sohn aber hinterher, nachdem die Gäste gegangen sind, dass sie eine alleinerziehende Mutter mit zwei Kindern sei, die obendrein auch noch studiere. Da gehörten weder Putzen noch Plätzchenbacken zu ihren Prioritäten. Auch hier vermittelt sie Barack ihre Werte. Sie ist zum Beispiel stolz darauf, dass er eine gute Ausbildung an einer der besten Schulen Hawaiis erhält. Aber das bedeute nicht, dass sie sich von ihm oder jemand anders freche Bemerkungen gefallen lassen müsse. «Ist das klar?», fragt sie. Ja, erzählt er, es war für ihn auch schon mit 13 Jahren klar. Bisweilen lehnt er sich auf, wie Jungen das in der Pubertät tun, doch insgesamt behält er ein enges, vertrauensvolles Verhältnis zur Mutter. Er hilft ihr, passt auf «Maya mit ihren wissenden, dunklen Augen» auf, wenn Ann an der Uni ist, kauft Lebensmittel ein und stellt auch mal die Waschmaschine an. Nach drei Jahren hat die Mutter ihren Magister-Abschluss in der Tasche und fragt Barack, ob er mit ihr und Maya nach Indonesien zurückgehen wolle. Sie möchte nicht zurück zu ihrem Ex-Mann Lolo. Diesmal geht sie als voll verdienende ausländische Expertin nach Indonesien, um zu helfen. Jetzt reicht das Geld auch, um den Sohn auf die Internationale Schule zu schicken.

Doch Barack bleibt lieber in Amerika. Er bezweifelt, dass Indonesien ihm etwas attraktives Neues zu bieten habe. Außerdem möchte er nicht schon wieder aus seiner Umgebung gerissen werden und seine Freunde verlieren. Vor allem aber lockt ihn die weitgehend selbstbestimmte Freiheit. Er weiß, dass er bei den Großeltern leben kann, und er ahnt, dass sie ihn in Ruhe lassen, solange er sich nicht selbst in Schwierigkeiten bringt, die ihr Eingreifen erfordern. Die Großeltern wohnen in einer bescheidenen Wohnung in der zehnten Etage eines großen Apartmenthauses im Innenstadtbereich von Honolulu. Links vom Eingang liegt eine offene Küche, dahinter ein nicht sehr großes Wohn- und Esszimmer, dessen Glastüren sich zu einem Balkon öffnen, auf den nur wenige Stühle passen. So beschreibt es David Mendell von der «Chicago Tribune», der Toot dort im Herbst 2004 interviewt hat. Rechts führt ein Gang zu zwei beengten Schlafzimmern, von denen eines nun wieder Baracks kleines Reich wird, wie schon im Jahre 1971, als er einige Monate vor Mutter Ann und Schwester Maya aus Indonesien nach Hawaii zurückgekehrt war.

Barack Obama ist nun oft mit «Ray» zusammen, einem zwei Jahre älteren Afroamerikaner, erzählt er in seinem Buch «Dreams from My Father». Zusammen bilden sie annähernd die Hälfte der schwarzen Schülerschaft von Punahou. «Ray» ist einer jener falschen Namen in Obamas Buch, die von findigen Journalisten später entschlüsselt wurden. In Wirklichkeit heißt er Keith Kakugawa, wie die amerikanische Öffentlichkeit im April 2007 erfährt. Keith ist obdachlos und hofft auf etwas Hilfe von seinem berühmt gewordenen Schulkameraden. «Ray» (Keith) bestätigt jedoch Obamas Geschichten aus der gemeinsamen Schulzeit. «Rays» Vater ist bei der Armee und von Los Angeles nach Hawaii versetzt worden. Barack imponieren die Hollywoodstorys von Filmstars und Frauen, die angeblich immer noch hinter Ray hertelefonieren. Ray weiß stets, wo die besten schwarzen Partys stattfinden, ob an der Universität oder in der Kaserne. Ihre Gespräche drehen sich um Mädchen, die nur leider lieber mit weißen Jungen gehen, um Akne und um den Führerschein, den man in den USA bereits im Alter von 16 Jahren machen darf. Auch über ihre Nebenjobs in einem Fast-Food-Restaurant unterhalten sich die Freunde – und natürlich über ihre Sehnsüchte, sowohl die körperlichen als auch die seelischen.

Großvater Gramps ist in dieser Zeit ebenfalls ein wichtiger Bezugspunkt in Baracks Leben. Gramps hat ein paar schwarze Freunde, Poker- und Bridgepartner, mit denen er sich im Zigarrendunst von Kneipen trifft oder auch mal in einer Bar in Honolulus Rotlichtbezirk, in der Gramps der einzige Weiße ist und einer seiner Freunde Barack immer eine Cola spendiert. Hier sammelt der Jugendliche erste Einblicke in die unbekannte Erwachsenenwelt, die ihm zuvor verschlossen war.

Dann ist da noch Frank, ein 80-jähriger schwarzer Poet aus Chicago und Anhänger der Black-Power-Bewegung, den es nach Waikiki verschlagen hat. Mit Frank kann Barack über Erfahrungen und Rassenprobleme sprechen, die Gramps nicht versteht.

Seit dem 14., 15. Lebensjahr bekommt der Begriff White Folks einen immer abschätzigeren Beigeschmack für Barack. Einzelne, relativ unbedeutende Erlebnisse summieren sich allmählich zu einem diffusen Gefühl der Diskriminierung. Der persönlich erlebte Rassismus hinterlässt Narben. Da ist der weiße Tennisspieler, der ihm sagt, er solle den Matchplan am Aushang nicht anfassen, weil seine Haut abfärben könne, und der sich dann darüber empört, dass Barack keinen Spaß verstehe, als der ihm eine offizielle Beschwerde androht. Obama erinnert sich auch an die ältere Frau, die ängstlich aus dem Fahrstuhl im Wohnblock der Großeltern floh, als Barack hinter ihr einstieg. Sie beschwerte sich sogar beim Portier darüber, dass der schwarze Junge sie verfolge, und war noch nicht einmal zu einer Entschuldigung bereit, als sie hörte, dass Barack hier wohne.

Schließlich drang der Rassenkonflikt sogar in die heile Welt der Großeltern ein. Barack hörte Toot und Gramps darüber streiten, ob er sie nicht mit dem Auto zur Arbeit bringen könne. Es dauerte einige Zeit, bis Barack verstand, worum es ging. Beide Großeltern versuchten es vor ihm zu verheimlichen. Der Anlass war ihnen peinlich. Toot, die immer mit dem Bus zur Bank fuhr, hatte Angst vor einem schwarzen Bettler, weil der immer aggressiver Almosen verlangte. Gramps meinte, wer in dieser Situation gleich das Schlimmste befürchte, fördere rassistische Vorurteile.

Der Streit verstört Barack. Er fährt zu Frank. «Ich mag deinen Großvater», tröstet ihn der greise Poet. «Wir kommen beide aus Kansas, aus der Gegend um Wichita, aber das hat er dir wahrscheinlich nie erzählt, weil ihm das peinlich ist.» Gramps, so meinte Frank, werde den Unterschied zwischen ihnen nie verstehen. «Wenn wir uns damals auf der Straße begegnet wären, hätte ich zur Seite treten müssen, um ihm Platz zu machen.» Gramps erzähle auch gerne mit Gönnermine, dass sie früher eine junge schwarze Frau damit beauftragt hatten, auf die kleine Ann aufzupassen. «Sie war wie Familie für uns.» Diese Einstellung verletzte Frank am meisten. Er verstand nicht, wie Gramps von Familie sprechen konnte, wenn eine schwarze Frau auf ein weißes Kind aufpassen und deren Wäsche waschen müsse, um überhaupt überleben zu können. Den Unterschied zwischen Weiß und Schwarz erklärte Frank so: «Gramps kann nach ein paar Gläsern Whisky sorglos im Schaukelstuhl auf meiner

Veranda einschlafen.» Er selbst dürfe sich das umgekehrt niemals bei einem Weißen zuhause erlauben: «Als Schwarzer musst du immer wachsam bleiben.» Zum Streit zwischen Toot und Gramps gibt Frank Barack den Rat: Beide haben Recht. Man müsse Toots Furcht ebenso verstehen wie Gramps' Warnung vor Klischees. «Das Problem ist: Viele Schwarze haben gute Gründe für ihren Hass. Und die meisten Weißen wissen das. Gewöhn dich daran!» An diesem Abend fühlt sich Barack sehr allein.

Gemessen an anderen Städten in den USA, sind die Erlebnisse, von denen Barack Obama in seinem Buch berichtet, relativ harmlos. In Chicago, Los Angeles, der Bronx oder in Harlem sind die Umgangsformen in jenen Jahren deutlich härter. Barack erlebt zudem den Luxus, dass er nach Belieben zwischen zwei Welten hin und her wechseln kann. Einerseits lebt er in der weißen Welt seiner Großeltern, andererseits taucht er, auf der Suche nach seiner Identität, immer tiefer in die Welt der Schwarzen ein. Der Zwiespalt seines Seelenlebens aber wird nicht kleiner – im Gegenteil, er wächst. Barack weiß genau, wie er sich verhalten muss, um Anerkennung von seinen Lehrern und anderen Autoritätspersonen zu erhalten. Ein ordentlicher Schüler ist er ja ohnehin – jedenfalls jetzt noch, ehe seine Junkiephase auch seine Leistungen beeinträchtigt. Aber ihn plagt die Frage, ob er sich nicht zu sehr anpasst, wenn er sich so benimmt, wie es seine Umwelt von ihm erwartet.

Die weiße Gesellschaft belohnt die Anpassung an ihre Welt, und damit gleichzeitig die Abkehr von der schwarzen Identität. Barack fragt sich, was wohl passiert, wenn er sich dieser Erwartungshaltung verweigert. Sich betont nichtweiß zu geben, hieße nach den geltenden Rassenspielregeln, seinen Zorn zu zeigen und aufzubegehren – und damit gleichzeitig das Vorurteil neu zu bedienen vom paranoiden, militanten, gewalttätigen Nigger.

Barack Obama geht sein Ziel, sich aus eigener Kraft zu einem Schwarzen in den USA zu erziehen, überaus systematisch an. Dabei stehen ihm jedoch seine genossene Erziehung und Bildung ironischerweise im Weg.

Auf der Suche nach Anpassung an eine Welt, die von der schwarzen Unterschicht bestimmt wird, kann er die akademische Prägung durch Vater und Mutter nicht verleugnen. Er leiht sich Bücher in der Bibliothek aus: Baldwin, Ellison, Hughes, Wright, DuBois. Die Literaten geben ihm keine befriedigenden Antworten. An «Malcolm X'» Biografie fasziniert ihn die Kompromisslosigkeit, die Disziplin, das Bemühen um sein Selbstverständnis als Schwarzer und die Kraft, die er aus dem Islam schöpft. Eines Tages ergibt sich nach dem Basketballspiel eine Debatte unter schwarzen Freunden. «Malcolm X?», fragt einer. «Ich gehe nicht so schnell nach Afrika zurück. Was soll ich mit Arabern auf Teppichen sitzen?» Ein anderer ergänzt: «Und auf Schweinerippchen verzichten? Nein danke.» – «Der redet doch auch von sexueller Enthaltsamkeit», ergänzt ein Dritter. «Nichts für mich. Nein, so kann das nichts werden.»

Rauchen, trinken, Party. Frühe Morgenstunden mit Billie Holiday, Weltschmerz, an die Decke geblasene Zigarettenringe. Und regelmäßig Hasch oder Marihuana. Barack glaubt, sein Leben und seine Süchte im Griff zu haben. Seiner Mutter erklärt er, dass man nur etwas Glück braucht, um nicht erwischt zu werden, aber schließlich sei das Glück ja auf der Seite des Tüchtigen. Die Verfehlungen in seinem Freundeskreis versteht er nicht als Warnung. Pablo sei selbst schuld daran, dass ihn die Polizei gefasst hat, schließlich hatte er seinen Führerschein nicht bei sich; das brachte die Polizisten dazu, seinen Kofferraum zu inspizieren. Auch Bruce's Verhaftung ist für Barack nur eine Geschichte von eigener Dummheit. Der fand den Weg nach Hause nicht mehr, weil er ein paar Trips zu viel eingeworfen hatte. Oder Duke erst, dieser Blödmann, bleibt nach dem Unfall einfach im Auto sitzen, anstatt abzuhauen.

Die Mutter wurde schließlich aufmerksam und redete ihm ins Gewissen. «Du gehst zu leichtfertig mit deiner Zukunft um!» Auch diesen Dialog hat Barack in «Dreams from My Father» nacherzählt. Er tat so, als verstehe er gar nicht, was sie meine. Ann blieb beharrlich: «Das weißt du ganz genau. Deine Noten lassen nach, deine Freunde werden wegen Drogenbesitz verhaftet. Du hast dich noch um keinen Collegeplatz beworben. Und wenn ich mit dir reden will, tust du so, als wäre ich Big Brother, der dich nur überwachen will. Du kannst nicht ewig ein Herumtreiber bleiben.»

Die Vorstellung, das Glück allein entscheide über den weiteren Lebensweg, ist Häresie für Mutter Ann. Ihrer Meinung sind es Bildung, Disziplin und Fleiß, die ihrem Sohn neue Perspektiven eröffnen. Doch Barack opponiert: «Vielleicht reicht mir genau das: mir eine gute Zeit machen. Gramps hat auch kein College absolviert.» Der Vergleich trifft die Mutter schwer. Dass ausgerechnet ihr Vater, der erfolglose Versicherungsvertreter, als warnendes Beispiel für Barack herhalten soll, treibt ihr Tränen in die Augen. «Du hast schon heute eine bessere Ausbildung, als er je bekam.» Mit diesen Worten verlässt sie das Zimmer.

Es ist wohl ihre Liebe und Fürsorge, die Barack rettet. Und das Schuldbewusstsein, das der Wortwechsel bei ihm hinterlässt. «Ihr Trick, ihr letzter Trumpf im Ärmel», nennt er es. Und erinnert sich an ihren Ausspruch: «Eine gesunde Dosis Schuldbewusstsein hat noch niemandem geschadet. Sie ist das Fundament, auf dem unsere Zivilisation ruht. Eine völlig unterschätzte Kraft.»

Der andere wichtige Zuspruch in dieser Zeit kommt von Frank, dem schwarzen Poeten. Er nennt das College einen «höheren Abschluss in Kompromissbereitschaft». Die Bürgerrechtler haben aufopferungsvoll für das Recht Schwarzer auf höhere Bildung gekämpft und «sind über jedes Negerkind glücklich, das ins College aufgenommen wird. Aber sie sagen dir nichts über den wahren Preis. Dass du nämlich deine Rasse am Eingang abgeben musst.» Colleges und Universitäten, so meint er, funktionieren nach den Regeln der Weißen: «Dort wirst du nicht ausgebildet, sondern dressiert.» Barack ist von so viel Skepsis verwirrt und fragt seinen Freund, ob er besser auf das College verzichten solle. «Nein», antwortet Frank. «Du sollst gehen. Aber halt deine Augen offen!»

Durch Askese und Bescheidenheit zu Erfolg und Gleichberechtigung

Barack fängt sich wieder und beendet die Punahou-Highschool mit guten Noten. Gleich mehrere Colleges bieten ihm einen Platz an. Er entscheidet sich für das Occidental, ein geisteswissenschaftlich geprägtes «Liberal Arts College» mit einem moderaten Anteil an Schwarzen in Los Angeles. Ausschlaggebend für diese Wahl war vor allem ein Mädchen, das er in deren Hawaii-Urlaub kennen gelernt hat und das ebenfalls dort studiert. Diese Bekanntschaft bleibt folgenlos, nicht dagegen die Wahl seines Studienortes. Außerdem erhält Barack ein volles Stipendium von Occidental.

Herbst 1979 in Kalifornien, nahe Pasadena, Palmen, Sandstrände, spanische Architektur. Es ist das letzte Jahr des liberalen Präsidenten Jimmy Carter. 1980 wird der Konservative Ronald Reagan die Präsidentenwahl gewinnen.

Über seine Studieninhalte erzählt Barack wenig. Das amerikanische College ist nicht mit einer deutschen Universität zu vergleichen. Generell entsprechen die beiden Collegejahre inhaltlich in etwa dem letzten Jahr auf dem Gymnasium und einem ersten Studienjahr, in dem es hauptsächlich um allgemeinbildende Pflichtfächer geht. Erst die nächste Stufe, die so genannten Graduate Studies, gleicht einem deutschen Fachstudium. Baracks Collegelaufbahn verlief nicht ganz so gradlinig, wie die vieler Kommilitonen. Nach zwei Jahren nutzt er ein «Transferprogramm» von «Oxy» (Occidental) an das Columbia College in New York, die «Undergraduate»-Filiale der Columbia University.

Noch immer beschäftigt ihn die Frage nach seiner Identität und nach der Rolle, die Hautfarbe und Rasse für sein Leben spielen. Ein Teil der schwarzen Kommilitonen in «Oxy» ist «schwärzer» als er. Sie stammen aus den Innenstadtvierteln von Los Angeles, in denen kein Weißer wohnt. Das College ist ihr Ticket in eine neue Freiheit. Aber viele von ihnen grenzen sich in der Black Students Association von den Weißen ab.

Daneben gibt es Kommilitonen, deren Eltern dem Rassenghetto bereits entkommen sind und den nächsten Schritt auf der Leiter geschafft haben: den Umzug in einen rassisch gemischten Vorort. Diese Studenten sind es gewohnt, Kompromisse zu schließen, und sie lehnen es ab, sich ausschließlich über ihre Hautfarbe definieren zu lassen. Barack Obama berichtet zum Beispiel von einer Schönheit namens Joyce, hinter der die meisten seiner Freunde her waren. Als Barack sie eines Tages fragt, ob sie zum Treffen schwarzer Studenten komme, reagiert sie empört: «Ich bin keine Schwarze, ich bin ‹multiracial›.» Ihr Vater sei Italiener und ihre Mutter habe schwarzes, französisches und indianisches Blut, antwortet Joyce, mit einem für ihn überraschenden Selbstverständnis. Sie wirft ihm vor: «Es sind nicht die Weißen, die uns in Schubladen einteilen. Ihr Schwarzen seid es, die aus allem eine Rassenfrage machen wollen.» Als Individuum will sie behandelt und nicht nach ihrer Hautfarbe kategorisiert werden.

Die andere Erschütterung bewirkt Regina, die aus Chicagos South Side stammt. Wie Barack ist sie ohne Vater und mit einer um die Zukunft der Kinder kämpfenden Mutter aufgewachsen. Barack ist beeindruckt davon, was für ein klares Bild Regina von sich selbst hat und davon, wo sie hingehört. Zwei Mal wäscht sie ihm energisch den Kopf, zunächst nach einer politischen Solidaritätsaktion mit den Opfern der Apartheid in Südafrika auf dem Campus. Zu diesem Anlass hält Barack eine flammende Rede, bis einige weiße Männer dazwischengehen und ihn zu Boden ringen. Diese Unterbrechung war abgesprochen und sollte die Unterdrückung in Südafrika symbolisieren. Eine inszenierte Provokation also, die zu einem Erfolg wird, die Aufmerksamkeit auf sich zieht und viel Applaus findet. Dennoch ist Barack abends niedergeschlagen, er kämpft mit seinen Empfindungen. Er hat sich selbst an seinem Auftritt berauscht und echten Zorn gespürt, als er so rüde am Sprechen gehindert wurde. Doch nach dieser theatralischen Einlage sind alle wieder zu ihrem Alltag zurückgekehrt: die Frisbeespieler auf der Wiese genauso wie der Stiftungsrat der Universität, der aus der Ferne zusah. Das habe doch alles keinen Sinn, ändere nichts in Südafrika und sei bestenfalls ein Spiel, damit sie sich selbst gut fühlen, zweifelt er im Nachhinein an der ganzen Aktion. Das macht Regina ärgerlich: «Und ich dachte, dir geht es um die Sache. Immer denkst du nur an dich. Wie du dich fühlst, was es für dich bedeutet. Und was ist mit denen, die deine Hilfe brauchen?» Sie erwartet von ihm mehr Demut, mehr Bescheidenheit und weniger Selbstbezug. Er gibt ihr Recht.

Der andere Anlass ist die Prahlerei seines Kumpels Reggie. In Reginas Anwesenheit erzählt er, was für tolle Partys er und Barack im Wohnheim gefeiert haben. Nach dem letzten Wochenende zum Beispiel bedeckten leere Flaschen, am Boden ausgedrückte Zigarettenkippen, Zeitungsschnipsel und die Zeugnisse revoltierender Mägen den Flur. Am Montagmorgen stolperten die mexikanischen Putzfrauen unter «Dios-mio»-Rufen über die Alkoholleichen. Reggie lacht schallend, Barack grinst betreten. «Das findet ihr also komisch», explodiert Regina. «Meine Großmutter hätte eine dieser Putzfrauen sein können. So sieht also euer Mitgefühl für die Benachteiligten und Unterdrückten aus. Ihr findet es komisch, ihnen extra Arbeit zu machen!» Bis heute hat Barack Obama diese Lektion nicht vergessen.

1981 verlässt Barack das Occidental College und macht sich zum Columbia College in New York auf. Zu diesem Zeitpunkt deutet noch nichts darauf hin, dass er 2007 als Symbol für ein «postracial» Zeitalter herhalten soll und seine Karriere als Beleg für den Erfolg der schwarzen Bürgerrechtsbewegung gelten wird. Zwischen seinem ersten Semester an der Columbia University 1981 und der Verkündung seiner Präsidentschaftskandidatur im Jahr 2007 liegt noch ein Vierteljahrhundert, in dem sich nicht nur die einzelnen Menschen, sondern auch die gesamte Gesellschaft mit ihren Vorurteilen und Denkmustern weiterentwickelt.

Barack selbst hat dank Joyce, Regina und anderen einen Weg gefunden, mit seiner Hautfarbe zurechtzukommen, ohne in Selbstzweifel und selbstzerstörerische Grübeleien zu verfallen. Aus seiner Identität ist die Rasse als eine definierende Tatsache nicht wegzudenken. Sie ist der Ausgangspunkt, aber nicht mehr der Endpunkt. Sie allein würde nicht über sein Leben bestimmen – und er sich nicht wegen seiner Hautfarbe in vorgefertigte Schublädchen zwängen lassen. Von New York erhofft er sich eine weitere Erfahrung, nämlich das Leben mitten im Schwarzenviertel einer Großstadt.

In New York wird Barack Obama vollends erwachsen. Im Grunde ist er zu ernst für sein Alter: Er schlägt nicht mehr über die Stränge und fasst kein Rauschgift mehr an, nur das Zigarettenrauchen kann er sich nicht abgewöhnen. Er joggt, fastet am Sonntag und arbeitet für sein Studium so hart wie nie zuvor. Er verschlingt stapelweise Bücher, darunter Nietzsche und Marx, und schafft sich damit eine solide theoretische Grundlage für den politischen Diskurs. Mit dem Vater in Kenia wechselt er wieder Briefe – nachdem zuvor eine vierjährige Sendepause zwischen ihnen geherrscht hatte. Nach seinem Studienabschluss solle er «heim»kommen und so lange bei ihm bleiben, wie er wolle, schlägt der Vater vor. So könne er sein Volk kennenlernen und erfahren, wo er hingehört. Für Barack hört sich das verführerisch einfach an. Aber er hat seine Zweifel, er ist als Afroamerikaner aufgewachsen, nicht als Afrikaner. Er nimmt sich vor, nach Kenia zu reisen. Doch vorerst wird nichts daraus. 1982 überbringt eine ihm unbekannte Tante aus Nairobi ihm am Telefon die Nachricht vom Unfalltod seines Vaters.

Barack macht seinen Abschluss in Politikwissenschaft, spezialisiert sich auf internationale Beziehungen und graduiert 1983. Er möchte nun Community Organizer werden und anderen Schwarzen helfen, ihre Zukunft selbst in die Hand zu nehmen: Jobs für sie organisieren und sie motivieren, sich in politischen Fragen selbst zu vertreten. Der Wandel im Land muss von unten kommen, von jedem Einzelnen, sagt er. Als er aber auf seine Bewerbungen bei verschiedenen Bürgerrechtsorganisationen nicht einmal eine Antwort erhält, beschließt er, zunächst einen konventionellen Job anzunehmen, um etwas Geld zu verdienen und seine Studienschulden abzubezahlen. Die Business International Corporation in Mid-Manhattan stellt ihn im Januar 1984 als Assistenten ein. Die Firma erstellt «Newsletter» zum Welthandel und berät Konzerne bei ihren Auslandsgeschäften. Doch sein Ehrgeiz, Community Organizer zu werden, lässt ihn nicht los. Wenn er in der Firma darüber spricht, hält ihn selbst Ike, der schwarze Wachmann, für verrückt: «Das ist doch irgendwas mit Politik, oder? Mr. Barack, Sie haben Talent und können gut reden. Wir brauchen Schwarze, die Karriere machen und Geld verdienen. Was wir nicht brauchen, sind noch mehr Typen, die herumlaufen und Leuten helfen wollen, die es doch nie zu etwas bringen werden.»

Obama führt kein schlechtes Leben: Er wird zum Financial Writer mit eigenem Büro und Sekretärin befördert, und auch sein Bankkonto füllt sich langsam. Zwischen den Verhandlungen mit japanischen Geschäftsleuten und deutschen Wertpapierhändlern bewundert er sich im Spiegel des Aufzugs im schicken Anzug und mit einer Aktentasche unter dem Arm.

Wieder beeinflusst ein Schicksalsschlag in seiner afrikanischen Familie seinen Lebensweg. So jedenfalls schildert Barack Obama die Abläufe. Auma, seine Schwester aus Kenia, die in Heidelberg studiert, möchte zu Besuch kommen. Er bereitet alles vor und kauft sogar neue Bettwäsche. Zwei Tage vor der geplanten Ankunft sagt sie ihren Besuch jedoch ab, da ihr Bruder David bei einem Motorradunfall in Kenia tödlich verunglückt ist und sie deshalb nach Hause fliegen muss. Die weinende Halbschwester am Telefon, die er noch nie gesehen hat, und der tote Halbbruder in Afrika, den er nie kennenlernen wird, erneuern seinen Wunsch, etwas für die schwarze Gemeinschaft in den USA zu tun. Im Januar 1985 verlässt er Business International. Diesmal bekommt er nach vielen unbeantworteten Bewerbungen die Einladung zu einem Vorstellungsgespräch. Seine Erfahrung in der Finanzwelt macht Eindruck. Aber die ersten Versuche politischer Organisationsarbeit in New Yorks Armenvierteln sind ernüchternd für den ehrgeizigen Obama. In wenigen Monaten sieht er eine Kampagne nach der anderen zusammenbrechen und muss erneut den Job wechseln. Auch seine finanzielle Lage verschlechtert sich zusehends, seine Ersparnisse schrumpfen.

Dann erhält er einen Anruf von «Marty Kaufman», einem jüdischen Politaktivisten Ende 30, der seit fünfzehn Jahren Zielgruppen mobilisiert. So jedenfalls beschreibt es Obama in «Dreams from My Father». Lynn Sweet, eine findige Reporterin der «Chicago Sun-Times», fand im Jahr 2004 heraus, dass es «Marty Kaufman» gar nicht gibt. Wie zuvor «Ray» gehört auch «Marty» zu dem fiktiven Personal aus Obamas erstem Buch. Der wahre Name seines damaligen Chefs lautet Gerald Kellman. Auch er bestätigt jedoch, dass Obama die entscheidenden Szenen und Abläufe seiner Jahre als Community Organizer korrekt wiedergegeben habe.

Generell besteht die Hauptaufgabe solcher «Organizer» darin, Menschen dabei zu helfen, sich selbst politisch zu organisieren und ihre Interessen eigenständig zu vertreten. Es gehört nicht zu ihren Aufgaben, ihnen diese Eigenvertretung abzunehmen. Der erste Schritt besteht meist darin, bei einer Vielzahl von Gesprächen und Hausbesuchen herauszufinden, was die Betroffenen als ihre dringlichsten Probleme empfinden. Das gravierendste Problem für Chicagos gesamte South Side in jener Zeit lag allerdings auf der Hand: Betriebsschließungen und Massenentlassungen.

Das neue Projekt von «Marty» (Gerald Kellman) versuchte zu diesem Zeitpunkt Schwarze und Weiße sowie Innenstadtviertel und Vororte zusammenzubringen, um mit vereinten Kräften Industriejobs zu retten. Viele Stahlwerke und Großbetriebe in Illinois und dem benachbarten Indiana hatten in den Jahren zuvor ihre Tore geschlossen. Kellman brauchte einen Afroamerikaner in seinem Team, um die schwarzen Kirchengemeinden für sein Projekt zu gewinnen. Kellman selbst hatte als Weißer und Jude in diesen Kreisen keine Chance. Das Selbstbewusstsein der Schwarzen war dank der Wahl Harold Washingtons zum ersten afroamerikanischen Oberbürgermeister von Chicago im Jahr 1983 gewachsen. «Marty» bietet Barack 10000 Dollar Gehalt für das erste Jahr an und stellt ihm eine Erhöhung für das zweite Jahr in Aussicht, wenn alles gut läuft. Außerdem bekommt Barack einen Reisekostenvorschuss von 2000 Dollar, damit er sich ein gebrauchtes Auto kaufen kann. Diese Summen sind bescheiden im Vergleich zu Baracks Verdienst zuvor in der Finanzwelt von Manhattan. Aber er ist nicht auf Geld aus. Eine sinnvolle Arbeit ist ihm wichtiger. Eine Woche später macht er sich in seinem frisch erworbenen winzigen Honda auf den Weg nach Chicago. Über das kleine Auto mit dem engen Innenraum wird er in Zukunft noch viel Spott zu hören bekommen.

«Meine Biografie ist nur in den USA möglich»: Der (fast) perfekte Weg nach oben

Fragt man heute in Altgeld Gardens nach Barack Obama, dann hört man gemischte Reaktionen. Manche Anwohner sagen, er habe sie nur benutzt, um nach oben zu kommen. «Seit er in Harvard war, hat er sich bei Mom nie mehr gemeldet», klagt zum Beispiel Cheryl Johnson. Dabei habe die den jungen Community Organizer damals umsorgt wie ihren eigenen Sohn. Andererseits gibt sie zu, dass Barack viele Dinge vorangebracht hat. So besorgte er zum Beispiel Fördergelder für den Selbsthilfeverein, den ihre Mutter Hazel Johnson gegründet hatte, als herauskam, dass ihre Haussiedlung auf verseuchtem Land gebaut worden war. Auch der Linienbus, der das vergessene Viertel anbindet, sei Obamas Wirken zu verdanken, erinnert sich Cheryl Johnson.

Altgeld Gardens ist eine schäbige Siedlungsinsel aus zweistöckigen Backsteinhäusern, die zwischen Stadtautobahnen, Gewerbegebieten und Mülldeponien im Süden Chicagos liegt. Sie wurde 1945 für Kriegsheimkehrer auf einem Sumpfgebiet gebaut. Als die Fabrikschornsteine rundherum noch rauchten, galt sie als eine ordentliche Arbeitergegend. Doch als die Fabriken schlossen, zog jeder weg, der es sich leisten konnte. Industrieabfälle wurden in der Brache entsorgt und mittellose Schwarze hier angesiedelt. Ein sozialer Sumpf ist es bis heute geblieben. Wenn ein Weißer dorthin will und bei der Anfahrt nach dem Weg fragt, warnen ihn besorgte Afroamerikaner: «Da wollen Sie nicht wirklich hin.» Und sie raten: «Bloß nicht aus dem Auto aussteigen. Sie wollen doch nicht überfallen werden.»

Altgeld ist ein Ghetto der Schwarzen. Der Drogenhandel floriert, und nachts ist es gefährlich, auf die Straße zu gehen – jeden Monat gibt es zwei, drei Morde. «Schießt nicht! Ich will erwachsen werden», bitten aufgeklebte Poster hier und dort. Zustände, die Barack Obama dringend ändern wollte.

Diese Gegend wurde zu Barack Obamas Sprungbrett in die Politik, bestätigt James Meeks. Aber der Pfarrer der nahen Salem Baptist Church, in die an Sonntagen bis zu 20000 schwarze Gläubige kommen, versteht das nicht als Vorwurf. Obamas Erfolg bedeute keine Abkehr von Altgeld, sondern komme den armen Afroamerikanern dort zugute. Es sei gut, dass Barack zu einem Helden aller Amerikaner aufgestiegen und kein schwarzer Nischenpolitiker geblieben ist wie Jesse Jackson oder Al Sharpton. Die hätten zwar mediale Berühmtheit erlangt und als Gewissen der Gesellschaft viel erreicht für die diskriminierten Minderheiten. Aber weil sie Lobbypolitik für nur eine Gruppe betreiben, die Schwarzen, hätten sie keine Chance, zum Präsidenten gewählt zu werden. Obama dagegen verkörpert für Meeks den amerikanischen Traum, den Aufstieg vom Ghetto zur Eliteuniversität Harvard. Sein Beispiel belegt: Egal, woher du kommst, und egal, wer deine Eltern sind – in den Vereinigten Staaten kannst du alles erreichen.

Die USA als Land der unbegrenzten Möglichkeiten – genau so erzählt Barack Obama seine Lebensgeschichte immer wieder im Präsidentschaftswahlkampf. «Meine Biografie ist nur in den USA möglich.» Amerikaner lächeln dann beglückt. Sie sind stolz auf ihre tolerante Gesellschaft, die diesen Aufstieg ermöglichte: von den «Slums» in Chicago an die Eliteschmiede Harvard, von dort in die hohe Politik und nun vielleicht sogar ganz an die Spitze. Obamas Weg ist für die meisten US-Bürger Beweis genug, dass der amerikanische Traum in der Praxis funktioniert. Das ist allerdings eine oberflächliche Betrachtungsweise. Tatsächlich ist Obama kein Kind der Slums. Nach Altgeld kam er vorübergehend – eine ungewöhnliche Entscheidung, aber eine freiwillige Zwischenstation auf seinem unbeirrbaren Weg an die Spitze der Gesellschaft.

Europäer dürfen mit Recht einwenden: Obamas Weg ist doch gar nicht so singulär amerikanisch. Auch an europäischen Hochschulen studieren Kinder von Einwanderern, und auch sie haben Zugang zur Politik. Im Deutschen Bundestag sitzen gleich mehrere Deutschtürken, im US-Senat dagegen ist Barack Obama der einzige Schwarze. Frankreich hat 2007 ein Einwandererkind mit einem fremdländisch klingenden Namen zum Präsidenten gewählt: Nicolas Sarkozy, dessen Vater aus Ungarn stammt. Eine halbe Generation zuvor lag der Ostblock ebenso weit außerhalb des Blickwinkels der Franzosen wie Kenia außerhalb des Blickwinkels der Amerikaner.

Als Sarkozy 2007 gewählt wird, steht in den USA der Beweis noch aus, ob ein schwarzes Einwandererkind den Sprung in das mächtigste Amt tatsächlich schafft. Und wenn Hillary Clinton das Rennen machen sollte und Amerikas erste Präsidentin wird, dann wäre das Neuland für Amerika, nicht aber für Europa. In Großbritannien regierte Margaret Thatcher, in Deutschland ist Angela Merkel an der Macht.

Die USA freilich schauen nicht so genau hin, schon gar nicht, wenn es um das Ausland geht. Unbeeindruckt predigen sie ihren Exceptionalism, ihre angeblich globale Ausnahmerolle in politischer Emanzipation und Toleranz.

Reden, organisieren, Gräben überbrücken: Der Kandidat der nationalen Versöhnung

Barack Obamas späterer Erfolg als Politiker lässt sich auf drei Talente zurückführen, die er in den sechs, sieben Jahren als Community Organizer in Chicago, beim Jurastudium in Harvard, als erster schwarzer Präsident der «Harvard Law Review» und nach der Rückkehr nach Chicago als Civil-Rights-Aktivist an sich entdeckt und perfektioniert. Erstens seine rhetorischen Fähigkeiten, zweitens sein Organisationstalent und drittens sein Gespür dafür, wie man trennende Gräben überbrückt und

Menschen aus gegnerischen Parteien, Lagern und Gesellschaftsgruppen zusammenführt.

Chicago ist ein Ort der Konfrontation, als Barack Obama im Juni 1985 seine Arbeit dort aufnimmt. Zwei Jahre zuvor wurde Harold Washington zum ersten afroamerikanischen Oberbürgermeister gewählt. Seine Hautfarbe spielte bei der Stimmenverteilung eine wichtigere Rolle als seine Parteizugehörigkeit. Chicago ist zwar fest im Griff der Demokraten, aber viele weiße Parteimitglieder unterstützen eher den weißen republikanischen Gegenkandidaten als den schwarzen Bewerber ihres eigenen Lagers. Seinen Sieg – zunächst aber die vorentscheidende Nominierung zum offiziellen Kandidaten der Demokraten – hatte Harold Washington der Organisationskraft der Bürgerrechtsbewegung zu verdanken. Sie brachte mehr als 100000 Afroamerikaner dazu, sich in die Wählerlisten einzutragen. Das war die eine Voraussetzung für Washingtons Sprung an die Spitze mit 37 Prozent der Delegiertenstimmen. Die andere Voraussetzung war der so genannte «split of the white vote», die Aufteilung der weißen Wählerschaft auf zwei Gegenkandidaten. Amtsinhaberin Jane Byrne, die 1979 das erste weibliche Stadtoberhaupt wurde, kam auf 33 Prozent und ihr Herausforderer, Richard M. Daley, der Sohn des legendären früheren Oberbürgermeisters Richard J. Daley, auf 30 Prozent.

Jahre später, als Barack aus Harvard zurückkehrte, beherzigte er die Lehre dieses Wahlkampfes und leitete seine eigene politische Karriere auf ähnliche Weise ein. Er bringt 150000 Bürger in Cook County dazu, sich in die Wählerlisten für die Präsidentschafts- und Kongresswahl 1992 einzutragen. Dieser Erfolg legt den Grundstein für seinen Sprung in den Senat von Illinois im Jahr 1996. In seiner weiteren Karriere spielt «split of the white vote» eine wichtige Rolle.

Als er nach 1985 Chicago kommt, setzt sich der Konflikt um Harold Washingtons Wahl im erbitterten Kampf um Posten und Pfründe fort. Der neue Oberbürgermeister will mehr Schwarze in seine Verwaltung holen, doch die Weißen verteidigen beharrlich ihre Stellung. Der Demokrat Ed Vrdolyak ist einer seiner erbittertsten Gegenspieler. «Rassismus soll das sein, wenn wir ein paar wenige, bisher weiße Jobs bekommen?», hört Barack empörte Kommentare afroamerikanischer Bürger bei seinem ersten Friseurbesuch. «Als Daley lauter katholische Iren ins Rathaus holte, hat sich niemand über Rassismus beschwert!» Harold Washington stirbt kurz nach seiner triumphalen Wiederwahl 1987 an einem Herzinfarkt. Doch er hat eindrucksvoll bewiesen, dass ein Schwarzer diese Großstadt regieren kann, ohne dass sie dabei auseinanderfällt.

Die überkommenen Vorurteile und Feindschaften entwickelten sich zu den größten Hindernissen für Baracks Auftrag, einerseits die Opfer von Betriebsschließungen in der South Side zu einen und andererseits den Sozialmietern in Altgeld zu helfen, sich gegen die Wohnungsbehörde durchzusetzen, die die Reparaturen und Pflege der Mietshäuser schon vor Jahren eingestellt hatte. An einem der ersten Tage fährt sein Boss «Marty» (Gerald Kellman) mit ihm zum alten Wisconsin-Stahlwerk. «Schwarze, Weiße und Latinos haben hier Seite an Seite gearbeitet. Ähnliche Leben, gleiche Hoffnungen und Probleme. Doch außerhalb gehen sie getrennte Wege», berichtet ihm Kellman. Ihre Pfarrer soll Barack zu einer Kooperation bewegen und über diese dann auch die einzelnen Menschen erreichen. Einige Kirchengemeinden hatten sich bereits in «Martys» Calumnet Community Religious Conference (CCRC) und im Developing Communities Project (DCP) zusammengeschlossen, das zu Baracks Organisation wird. Die CCRC hatte erst kürzlich einen viel beachteten Erfolg erzielt, als der Staat Illinois 500 000 Dollar für eine computergestützte Jobbörse bereitstellte.

Immer wieder stieß Barack in jener Zeit auf die Schwierigkeiten konkurrierender Interessen. Chicago, die Stadt am Michigansee, trägt in jenen Jahren wegen ihrer ethnischen und religiösen Zerrissenheit den Spitznamen «Beirut am See». Lutheraner, Baptisten und Katholiken, die Gewerkschaften und die Einwanderer ganz unterschiedlicher Nationalitäten – alle beäugen sich misstrauisch. Ihre jeweiligen Vertreter sind nicht ohne weiteres bereit, Barack zu unterstützen, nur weil das Ziel so erstrebenswert erscheint. Sie wollen wissen, welcher Nutzen für sie oder ihre Gruppe konkret herausspringt. Die allgemeine Formel, ein Erfolg bei der Ansiedlung neuer Arbeitsplätze komme am Ende allen zugute, überzeugt sie nicht mehr. Sie mussten zu oft zusehen, wie versprochene Vorteile sehr gezielt Einzelnen zugeschanzt wurden. Auf der Stirn mancher Gesprächspartner meint Barack die Überlegung zu lesen, wie sie den Spieß umdrehen können: dass nicht er ihre Kontakte zu ihren Kirchen- oder Gewerkschaftsmitgliedern nutzt, sondern sie umgekehrt von seinen Organisationsbemühungen für ihre Zwecke profitieren.

Möglichst viele Hausbesuche solle er machen, hatte ihm «Marty» eingeschärft, um ein Gefühl für die soziale Zusammensetzung seiner Zielgruppen zu bekommen. Aus diesen «Interviews» sollte er eine politisch verwertbare Datenbank erstellen. In den meisten Fällen lernte er harte Arbeiterschicksale kennen. Ihre Hoffnungen und kleinen Erfolge erinnerten ihn an die Erzählungen seiner Großeltern aus Kansas. Schwarze schilderten ihm ähnliche Lebensgeschichten. Irgendwann reichten die Ersparnisse, um aus den alten Ghettos in Chicagos Westen auszubrechen, in denen es an Heizung, Licht und frischer Luft fehlte. Dann wurde eine Hypothek aufgenommen und ein bescheidenes Häuschen gekauft. Einige von ihnen zogen sogar in eine weiße Gegend, nicht weil sie unbedingt dorthin wollten, sondern weil es dort gerade möglich war. Doch anders als in den Erzählungen seiner Großeltern zerbrechen in Chicago viele dieser Hoffnungen. Steine fliegen, und mit verschiedenen Drohungen und Druckmethoden werden die Einwohner ganzer Straßenzüge oder sogar Wohnviertel in wenigen Monaten vertrieben. Schwarz und Weiß, das geht nicht zusammen, lautet die Erfahrung dieser Menschen. Die Farbe der Haut spaltet die Gesellschaft ebenso wie die Sitten und Sprachen der verschiedenen Herkunftsländer oder auch die Religionszugehörigkeit. Alle diese Faktoren fördern die Segregation, lernt Obama.

Sein Versuch, nach einer Schießerei ein Treffen zwischen den beteiligten Jugendbanden und der Polizei zu organisieren, wurde von dem schwarzen Pfarrer, Reverend Smalls, unterbunden. Er sagt Barack ins Gesicht, dass er auf der falschen Seite stehe, wenn er sich mit den Weißen, dem Juden «Marty» und anderen Kirchengemeinden zusammentue. Nach der Wahl eines afroamerikanischen Oberbürgermeisters bräuchten Schwarze keine Hilfe von außen mehr.

Viele Monate vergingen, ohne dass Obama Fortschritte seiner Arbeit erkennen konnte. Wegen Eingabe- und Programmierfehlern hatte die groß angekündigte Jobbörse noch niemandem zu Arbeit verholfen. Bald wurde der Argwohn laut, «Marty» habe die 500000 Dollar für ganz andere Zwecke verwendet. Die Gewerkschaften kamen nicht an Bord, sie vertraten lieber die Mitglieder, die noch Jobs hatten, und nicht die armen Teufel draußen vor der Tür. In Roseland, einem benachbarten Viertel, verkündete Wally Thompson, der zum Islam konvertiert war und sich nun Rafiq al Shabazz nannte, ähnliche Parolen wie der schwarze Reverend Smalls: Black Empowerment sei die Lösung. Ihre Wut und Vorwürfe richteten die Anhänger dieser Bewegung gegen die Koreaner und andere nichtschwarze Geschäftsinhaber, die den Schwarzen angeblich das Geld abknöpften. Die müsse man dazu bringen, ihre Läden zu einem fairen Preis an Schwarze zu verkaufen. Dann würden auch mehr Jobs für die Schwarzen abfallen. Einige Häuser weiter hatte der schwarze Chef der örtlichen Handelskammer ganz andere Erfahrungen gemacht. Er musste aufgeben, weil niemand seine Bemühungen unterstützte. Die Koreaner, hörte Obama von ihm, seien die Einzigen, die ihre Beiträge zuverlässig bezahlten. Und sie waren auch die Einzigen, die zusammenhielten und sich gegenseitig vor dem Bankrott bewahrten.

Schließlich hatte Obama doch noch Erfolg. Das Treffen mit einem Vertreter des städtischen Amtes für Arbeit und Umschulung MET (Mayor's Office of Employment and Training) führte ihn eines Tages weit weg von Altgeld, raus aus der South Side, in den Wahlbezirk des einflussreichen weißen Demokraten Edward Vrdolyak. Der Gesprächspartner ließ den Termin platzen, und die Sekretärin versuchte, Obama mit MET-Prospekten abzuwimmeln. «Jetzt haben wir den weiten Weg ganz umsonst gemacht», klagten seine Begleiter. «Nicht doch», munterte der sie auf. «Jetzt haben wir ein Projekt gefunden.» Er deutete auf die Karte mit den MET-Filialen. «Nicht eine einzige liegt südlich der 95. Straße.» Tags darauf schrieben sie an Cynthia Alvarez, die Direktorin des Programms. Tatsächlich erschien sie einige Tage später zur Bürgerversammlung in der South Side. Mehr als hundert Leute hatte Obama aufgetrieben, und unter dem Druck dieser Menge verspricht sie, binnen sechs Monaten auch hier ein Vermittlungs- und Trainingscenter zu eröffnen.

Der Erfolg sprach sich rasch herum und veränderte Baracks Position. Wally Thompson alias Rafiq al Shabazz, der ihm kürzlich noch das Verständnis dafür abgesprochen hatte, welche Kräfte in Chicago wirkten, suchte plötzlich die Kooperation. Bis vor Kurzem hatte Wally propagiert, Schwarze müssten allein auf Schwarze setzen. Jetzt will er dabei sein, wenn ein Trainingscenter in der Gegend aufmacht – am besten im Gebäudekomplex in Roseland, wo er sein Büro hat. Auch Reverend Smalls, der Gespräche mit der Polizei zur Verhinderung neuer Gewalt unter Jugendbanden abgelehnt hatte, möchte unbedingt kommen, wenn Oberbürgermeister Harold Washington die MET-Filiale eröffnet. Nun muss Barack seine eigenen Mitarbeiter davon überzeugen, wie wichtig es für die Zukunft ihrer Arbeit ist, den Erfolg zu teilen und die Kräfte zu bündeln, so schwierig das auch sein mag angesichts der unterschiedlichen Interessen, Temperamente und Philosophien.

Einige Monate später folgte der nächste Erfolg. Dieser Konflikt betraf Chicagos Wohnungsverwaltung CHA. Obama erzählt die Geschichte so: Anwohner hätten eine Zeitungsnotiz entdeckt, der zufolge die CHA den Auftrag ausschrieb, Asbest aus ihrer Bürofiliale in Altgeld Gardens zu entfernen. Damit stellt sich aber auch die Frage, ob die Wohnungen im gleichen Gebäude ebenfalls asbestbelastet waren. Die zuständige Behörde spielte wochenlang Katz und Maus mit den Betroffenen. Angeblich hatte sie Messungen vornehmen lassen, und das Ergebnis sei unbedenklich. Doch als die Mieter darum baten, die Zahlen zu sehen, wurden sie immer wieder vertröstet. Erst eine größere Demonstration mit Medienbegleitung im Hauptbüro der CHA brachte Bewegung. Wie sich herausstellte, hatte es die angeblichen Tests nie gegeben. Vor laufenden Kameras mussten die Behördenvertreter versprechen, die Messungen nachzuholen.

Bis heute erinnert sich Barack Obama gern an den Stolz der Menschen im Bus bei der Heimfahrt nach Altgeld. Zum ersten Mal hatten sie erfahren, dass sie nicht wehrlos waren, sondern ihr Schicksal beeinflussen konnten.

Die Asbestsanierung kam tatsächlich bald in Gang, doch eine starke Mieterbewegung formierte sich nicht daraus. Zu viele Anwohner zogen sich wieder zurück, weil der Kampf mit dem Alltag ihre Energien aufzehrte.

Die Asbestgeschichte ist eine der wenigen bewiesenen Beispiele dafür, dass Barack in «Dreams» auch mal geflunkert hat. Gerald Kellman korrigierte seine Darstellung: Nicht die Anwohnerin «Sadie» fand die Zeitungsanzeige, die alles auslöste, und zog die richtigen Schlüsse daraus. Sondern das war Barack Obama selbst.

Widerspruch kam auch von anderer Seite: Hazel Johnson behauptete, ihr Umweltverein habe im Zentrum des Asbest-Protests gestanden und Obama schmücke sich mit fremden Federn. Kellman und andere Zeitzeugen bestreiten das. Nach ihrer Erinnerung trug Barack Obama die entscheidenden Kämpfe aus. Er übte sogar mit den Betroffenen vor jeder Begegnung mit Vertretern der Stadt die Dialoge ein, und zwar in allen erdenklichen Varianten des anzunehmenden Gesprächsverlaufs.

Vorausschauendes Planen, nichts dem Zufall überlassen – auch das ist ein Charakterzug Barack Obamas, der zu seinem politischen Erfolg beiträgt.

Die Jahre in Altgeld Gardens, in Roseland und in den verschiedenen Bezirken der South Side waren ein Crashkurs in Lebenserfahrung für Barack Obama. Er war losgezogen auf der Suche nach sich selbst. Er hoffte, seine Identität zu finden, indem er sich zum Interessenvertreter schwarzer Underdogs erklärte. Doch die Begegnung mit realen Schicksalen lenkte seinen Blick weg von der Beschäftigung mit dem eigenen Inneren und öffnete ihn für die Nöte anderer Menschen. Er stellte fest, dass die Kämpfe, die er mit sich selbst und seiner Familie austrug, unbedeutend waren, gemessen an den Schicksalsschlägen, die andere verkraften mussten. Obama ist vergleichsweise behütet aufgewachsen. So unvollkommen seine Familie gewesen sein mag, vor existenziellen Bedrohungen hat sie ihn stets beschützt.

Im Umgang mit seinen Mitstreitern lernte Obama den Wert einer Gemeinschaft schätzen. Die beharrliche gemeinsame Arbeit an kleinen Verbesserungen verband Menschen stärker miteinander als die oberflächlichen Partyfreuden der Schul- und Collegejahre. Er empfindet Respekt für die Motive der Mitstreiter, die fast alle älter sind als er mit seinen 25 Jahren.

Die Crenshaws zum Beispiel: Mutter und Vater hatten beide jahrelang hart in der Fabrik gearbeitet, damit ihr Sohn Jura in Yale studieren konnte. Doch dann erkrankte der an Schizophrenie. Ihre Lehre aus dem Schicksalsschlag war, dass sie nun alles daransetzten, anderen Arbeiterkindern eine Chance zu ermöglichen.

Oder Mrs. Stevens, die sich so vehement für eine bessere Gesundheitsversorgung in den Armenvierteln einsetzte, weil sie selbst im Alter von 20 Jahren fast erblindet wäre. Sie verheimlichte die Krankheit vor ihrem Chef, bis sie genug Geld für die Operation gespart hatte. Oder die Geschichte des Busfahrers Marshall, der mit Mitte 30 zur treibenden Kraft hinter den Programmen gegen Alkohol- und Drogenmissbrauch unter Teenagern wurde. Auch dahinter steckt eine eigene bittere Erfahrung. Alle diese Menschen litten unter ihren Schicksalsschlägen und fanden schließlich einen Lebenssinn darin, sich zusammenzuschließen, um andere Menschen vor ähnlichem Leid zu bewahren. Vielleicht gibt Obama auch ihnen im Buch falsche Namen, auf solche Detailfragen lässt er sich nicht ein. Aber er betont, dass die Geschichten stimmen.

Es gibt auch Freundinnen in jenen Jahren, mit einer von ihnen zieht Barack sogar vorübergehend zusammen, doch darüber schweigt er. Offen erzählt er dagegen in seinem Buch von den vielen alleinstehenden Müttern, die ihre Kinder großziehen und dennoch im DCP mithelfen. Sie sind auch seine Ersatzmütter, bekochen ihn, beraten ihn in Kleidungsfragen. Die Erfahrungen in Altgeld und Roseland konfrontieren Obama mit den harten Realitäten des Alltags, mit Immobilienpreisen, Versicherungsprämien oder Kreditraten, mit dem Kleingedruckten in Verträgen und den Tricks der Rechtsabteilungen.

Im Laufe der Zeit stellte Obama fest, dass es wenig half, Posten, auf denen bisher Weiße saßen, mit Schwarzen zu besetzen, ganz gleich, ob in der Schulverwaltung oder im Wohnungsamt. Ein höherer Anteil schwarzer Mitarbeiter in der Stadtverwaltung macht vielleicht Einzelne glücklich, ändert aber wenig an den Strukturen. Enttäuscht musste Obama zusehen, wie rasch die Koalition des schwarzen Bürgermeisters Harold Washington wieder zerfiel, als der kurz nach seiner Wiederwahl 1987 einem Herzinfarkt erlag und keinen starken Nachfolger hinterließ. Noch größer ist Obamas Enttäuschung aber, als er erfahren muss, wie wenig Verlass auf den Zusammenhalt der schwarzen Politiker ist.

Obamas später Zugang zur Religion

In den Jahren als Community Organizer beginnt Obama ein weiteres Geheimnis zu faszinieren, das ihm früher verschlossen war. So viele Menschen schöpfen offenkundig Kraft aus einer Religion. Pfarrer, die er um Unterstützung für seine Projekte bat, fragten ihn nach seiner Konfession. «Ich gehe mal hier, mal da in den Gottesdienst», antwortete Barack dann ausweichend. «Bin wohl noch auf der Suche.» Doch ein älterer Pfarrer hielt ihm entgegen: «Du bittest uns um einen Vertrauensvorschuss, um Glauben an deine Sache. Das fällt leichter, wenn wir wissen, wo du hingehörst und aus welchem Glauben du deine Kraft schöpfst.»

Nach drei Jahren Arbeit in der South Side erhielt Barack Obama im Februar 1988 die Nachricht, dass die Harvard Law School seine Bewerbung angenommen und ihm ein Promotionsstudium zugesprochen hat. Es ist der gleiche Studienplatz, der schon seinem Vater so wichtig war. Die Bildungschance, die sein Vater über alles andere stellte, sogar über seine junge Familie. Die Mutter hatte Barack an einem Abend in New York erzählt, dass sein Vater damals sogar die Wahl hatte. Die New School in New York bot ihm sowohl ein Stipendium als auch einen Wohnraum für seine kleine Familie an. Aber für den Vater kam nur Harvard in Frage.

Wie viel Vater-Sohn-Psychologie darf man in Baracks Bewerbung in Harvard vermuten? Er äußert sich nicht direkt dazu. Aber in «Dreams» schreibt er, dass sowohl das Vorbild als auch die Fehler seines Vaters eine herausragende Triebkraft in seinem Leben gewesen seien: «Jeder Mann bemüht sich, entweder die Erwartungen des Vaters zu erfüllen oder seine Irrtümer zu korrigieren. Auf mich trifft beides zu.»

Den Abschied von Chicago hat er in diesem Buch emotional und symbolisch stark aufgeladen und zu einem Wendepunkt in seinem Leben erklärt. An jenem letzten Sonntag fand Obama den Weg in die Trinity-Kirche. Der Pfarrer dieser Gemeinde, Jeremiah Wright, ein schwarzer Mittvierziger mit silbrigem Haar und Ziegenbart, hatte ihn mit seinem sozialpolitischen Ehrgeiz und seinen weisen Ratschlägen schon bei den Gesprächen über die Sozialprojekte beeindruckt. Besserung, so argumentierte Wright, könne nur aus der schwarzen Gemeinde selbst kommen. Die Kirchenmitglieder sollen den Aufstieg, den ökonomischen Erfolg der Mittelklasse und den Umzug in ihre Wohngegenden ruhig anstreben – aber ohne ein Mittelklassebewusstsein zu übernehmen, ohne zu vergessen, woher sie kommen, und ohne plötzlich zu trennen zwischen «die» und «wir». An diesem Abschiedssonntag predigte Jeremiah Wright über Hannas Gebet aus dem Buch Samuel, über die Zuversicht, die Bestand haben muss, auch wenn alles Erlebte und alle Erfahrung dagegen sprechen. Wie üblich in schwarzen Kirchen wird der Pfarrer immer wieder durch zustimmende oder bekräftigende Zwischenrufe aus der Gemeinde unterbrochen: «Wie Hanna haben wir Enttäuschung erfahren. Zurückweisung. Hoffnungslosigkeit. Aber Hanna hofft. Sie hat den Mut, trotz allem zu hoffen. Sie wagt es, zu hoffen.» Barack Obama merkt gar nicht, wie ihm die Tränen die Wangen hinunterlaufen. Bis ihn am Ende der Predigt eine kleine Hand anstößt und sein Banknachbar, ein Junge, ihm ein Taschentuch reicht. «The Audacity of Hope», 18 Jahre später wird das Thema dieser Predigt zum Titel seines programmatischen Buches, ein Bestseller im Herbst vor dem Beginn des Präsidentschaftswahlkampfs. In «Dreams from My Father» schließt er das Kapitel mit dem Stoßseufzer einer älteren Frau am Ende der Predigt: «Oh Jesus. Dank dir, dass du uns sicher bis hierher geleitet hast!»

Sein Auto dagegen gibt just jetzt den Geist auf. Von einem Polizisten kauft er für 500 Dollar einen rostigen gelben Datsun 210 mit Fließheck. Im Bodenbrett klafft ein Loch, aber er fährt – und er ist geräumiger als sein alter Honda. Barack nennt ihn «meine überreife Banane».

Griff nach den Sternen: Obama in Harvard und als erster schwarzer Chef der «Law Review»

Wenige Städte Amerikas sind schöner gelegen als Boston. Das macht auch den besonderen Charme eines Studiums an der Harvard University aus. Das Campusleben bietet eine legendäre akademische Vielfalt. Am Charles River mit seinen grünen Uferwegen kann man die Seele baumeln lassen. Barack Obama scheint wenig von diesen Reizen genossen zu haben. Im Zentrum seiner Erinnerungen steht trockene Kost.

Er habe «unzählige Abende in schlecht beleuchteten Bibliotheken über Bücher mit Vorschriften und Prozessakten gebeugt» verbracht, klagt er. Doch er begeistert sich an der Klarheit der Formulierungen der Unabhängigkeitserklärung, der Verfassungsartikel und an den machtvollen Worten der Gründerväter über die Grundrechte jedes Individuums.

In Harvard macht Barack Obama erstmals landesweit von sich reden. Dabei geht es aber weder um die Studieninhalte noch um den Abschluss seiner Promotion mit der Auszeichnung «magna cum laude» 1991. Viel bedeutsamer für seine weitere Karriere ist die Wahl zum ersten schwarzen Präsidenten der renommierten Fachzeitschrift «Harvard Law Review» im Jahre 1990. Er verdankt diese Sensation einer politischen Begabung: Auch in Zeiten harter Parteienkämpfe kann er über den Lagern stehen und sich als Kandidat des Ausgleichs und des größten gemeinsamen Nenners profilieren.

Die Stimmung im Land kommt Obama zugute: Affirmative Action ist allgemein akzeptiert. So nennen die Amerikaner die gezielte Förderung der Schwarzen und anderer Minderheiten, um deren historische Benachteiligung auszugleichen. Erst ein gutes Jahrzehnt später schlägt die Stimmung wieder um. Die weiße Mittelschicht beschwert sich, dass ihre Kinder es schwer hätten, attraktive Studienplätze zu bekommen, weil zu hohe Anteile von vornherein für Minderheiten reserviert seien. Aus der berechtigten Bevorzugung von Minderheiten sei in der Praxis die Diskriminierung der Mehrheit geworden – so der Vorwurf zu Beginn des 21. Jahrhunderts. Doch Anfang der 90er Jahre stehen der Minderheitenschutz und die Affirmative Action hoch im Kurs.

Die Wählerschaft in Harvard, die den Präsidenten der «Law Review» bestimmte, ist mehrheitlich weiß, aber sie ist politisch gespalten in Linke, Rechte und Moderate.

Barack Obama ist von seinen Grundüberzeugungen eher links einzuordnen. Doch auch mit Konservativen, die sich in der Federalist Society organisiert hatten, findet er einen gemeinsamen Nenner. «Wir wussten, dass er nicht dachte wie wir, dass er keiner von uns war», erinnerte sich Bradford Berenson, ein Jahrgangskollege Obamas, der später unter George W. Bush im Weißen Haus arbeitete. «Aber Obama unterschied sich vor allem in einem deutlich von den Studenten, die ähnliche Ansichten vertraten wie er: Er dämonisierte die Gegenseite nicht. Er kam nicht gleich mit dem Rassismusvorwurf, nur weil jemand eine andere Meinung zur Praxis von Affirmative Action hatte.»

Als stark polarisiert beschreiben Mitstudenten und Professoren die Atmosphäre jener Zeit. Es gab scharfe Debatten um die Besetzung von Posten mit Frauen oder Minderheitenvertretern. Christine Spurell, die es selbst als sehr schwierig empfand, sich als schwarze Frau in Harvard durchzusetzen, erzählte, sie habe häufig an Demonstrationen und Protesten teilgenommen, um die Forderung nach mehr schwarzen Dozenten zu unterstützen. «Barack war kein Barrikadenstürmer. Er hatte zwar ähnliche Ansichten, aber er hat sie nicht lautstark vertreten.»

Obama fiel auf in dieser Eliteschmiede. Die meisten Studenten waren stark von sich eingenommen und bastelten an ihrer Karriere, aber Barack war eben «kein Streber», erinnert sich Martha Minow, eine Juraprofessorin. «Er dachte nicht nur an sich selbst, sondern ließ Verantwortungsgefühl für die Gemeinschaft erkennen.» Auch sie war beeindruckt von seiner Fähigkeit, die Meinungen anderer aufzunehmen. «Er konnte sich über den Streit stellen, die Argumente zusammenfassen und damit der Debatte eine neue Richtung geben.»

Barack Obama stand in dem Ruf, ehrgeizig zu sein. Die «Law Review» war *ein* Weg, förderliche Bekanntschaften zu machen. Bereits im ersten Studienjahr hatte man ihn in das Redaktionsteam aufgenommen. Frühe Kontakte zu angesehenen Kanzleien waren ein *anderer*. Als die Wahl anstand, kam Obama gerade von seinem Praktikum bei Sidley Austin in Chicago zurück, wo eine gewisse Michelle Robinson seine Betreuerin war. Drei Jahre später heirateten die beiden. Michelle hatte ebenfalls die Harvard Law School absolviert. Für Obamas Kommilitonen war seine Kandidatur eine Überraschung. Auch er selbst beschreibt seinen Entschluss als plötzliche Eingebung: «So ein Moment, wo du dir sagst: Zum Teufel, warum sollst du es nicht versuchen?» Mit 28 Jahren war er bereits einer der älteren Studenten. Seine Kollegen, die im Eiltempo College und Universität durchlaufen hatten, waren um einige Jahre jünger. Doch gerade seine praktische Lebenserfahrung verlieh seinen Argumenten in den Debatten ein besonderes Gewicht, das erkannten auch anders denkende Studenten an.

Die Wahl des Präsidenten der «Review» ist ein Ritual, das mindestens einen ganzen Tag in Anspruch nimmt. In Obamas Fall dauerte es sogar bis in die folgende Nacht. Die Bewerber versammeln sich in der Küche, machen erst das Frühstück und später eine warme Mahlzeit für die Wähler drinnen im Saal. Die diskutieren derweil die Vorzüge und Nachteile der Kandidaten. Zwischendurch gibt es Abstimmungen, wer aus diesem Rennen ausscheiden soll, um das Feld zu lichten. Die Betroffenen kommen dann aus der Küche und schließen sich den Wählern an. 19 Bewerber waren in diesem Jahr angetreten, rund ein Viertel aller Redakteure. Nach vielen Stunden war auch der letzte Konservative aus dem Rennen. Die Anhänger der Federalist Society mussten beraten, wen sie nun unterstützen wollten. Obama, so glaubten sie, werde noch am ehesten ein offenes Ohr für ihre Anliegen haben. Er hatte sie bereits in der Vergangenheit mit Respekt behandelt, selbst wenn er ihre Meinung nicht teilte. Dank ihrer Unterstützung gewann Obama schließlich die Wahl. Und er enttäuschte sie nicht. Einige der begehrtesten Aufgaben verteilte er an Konservative.

Das trug ihm damals Ärger von den Linken ein. Auch Christine Spurell reagierte mit Unmut. Die Afroamerikanerin hatte gehofft, persönlich von der Wahl eines Schwarzen zu profitieren. Heute sieht sie Obamas Entscheidung gelassener. Seine Strategie sei am Ende erfolgreich gewesen. Sie habe damals «enormen Stolz» nach seinem Triumph empfunden: «Der Präsident der ‹Law Review› galt so ziemlich als der klügste Kopf auf dem Campus. Dass ein Schwarzer das erreicht! Ich war sehr bewegt.»

Barack Obama öffnen sich nun viele Türen. Die Wahl des ersten Schwarzen auf diesen Posten ist eine landesweite Sensation. Verschiedene Kanzleien machen ihm Jobangebote. Sogar ein Buchvertrag winkt: Er soll seine Lebensgeschichte erzählen. Er willigt ein. Doch «Dreams» verkauft sich zunächst nur in einigen tausend Exemplaren. Sein Name ist noch nicht in aller Munde. Erst die Neuauflage des Buches nach seiner berühmten Rede auf dem Parteitag 2004 wird zu einem Bestseller, der Barack Obama zu einem vermögenden Mann macht. Der Erfolg in Harvard macht zunächst nur die Fachwelt auf ihn aufmerksam. Angesehene Bundesrichter laden ihn ein, «Clerk» bei ihnen zu werden – der übliche Einstieg in diese Laufbahn und in jedem Fall ein Karrieresprungbrett. Doch Obama lehnt sämtliche Angebote ab, was viele wundert. Er bleibt fest entschlossen, nach Chicago zurückzukehren, um Politiker zu werden.

Nicht ohne meinen Gott: Die Rolle der Religion in Obamas Leben

In den USA glauben mehr Menschen an die Engel im Himmel als an die Evolutionstheorie von Charles Darwin. Diese Lehre wird zwar an den Schulen unterrichtet, aber mehr als die Hälfte der Bürger misstraut ihr. Laut Umfragen glauben 95 Prozent der Amerikaner an Gott, mehr als zwei Drittel gehören einer religiösen Gemeinschaft an und gehen regelmäßig in die Kirche. Jeder Dritte meint, man müsse die biblische Schöpfungsgeschichte wörtlich nehmen: Gott erschuf die Erde in sieben Tagen, und das geschah vor ziemlich genau 6000 Jahren. Dieses Datum ergibt sich, wenn man die Angaben im ersten Buch Mose über die Abfolge der Stammväter und Generationen sowie ihre jeweilige Lebensdauer addiert.

Zugleich wird aber die Trennung von Staat und Kirche in wenigen Ländern der Erde so konsequent praktiziert wie in den USA. Die Verfassung garantiert nicht nur die absolute Religionsfreiheit, nämlich das Recht, die eigene Konfession ungehindert auszuüben, ohne Nachteile befürchten zu müssen. Sondern sie gibt Atheisten die gleiche Freiheit: Niemand darf sie zwingen, Gottesdienste zu besuchen. Anders als in Deutschland organisiert der Staat keinen Religionsunterricht an den Schulen und treibt auch keine Kirchensteuern ein. Die Verfassung verbietet das.

Der Präsident ist in der Regel ein bekennender Christ, aber er verschickt seine Weihnachtsgrüße konfessionsneutral: «Happy Holiday Season!», nicht «Fröhliche Weihnachten», denn das würde Juden, Moslems, Hindus, Buddhisten und andere, die nicht an Jesus Christus als Gottes Sohn glauben, ausschließen. Zum Flaggeneid gehört die Wendung «one nation under God», aber dieser Gott muss kein christlicher Gott sein. Selbst in den

Jahren des Kampfes gegen den Terrorismus islamischer Extremisten sagen viele Amerikaner, sie hätten mehr Vertrauen zu einem moderaten Moslem, der regelmäßig die Moschee besucht, als zu einem Europäer, der an gar keinen Gott glaubt.

Die gelebte Frömmigkeit der Bürger sowie die weltanschauliche Neutralität der Obrigkeit erklären sich aus der Gründungsgeschichte. Als die ersten britischen Siedler in Amerika an Land gingen, hatte ihr Mutterland Großbritannien eine Staatskirche. In den ersten Siedlungen der neuen Kronkolonie Virginia mussten alle den anglikanischen Gottesdienst besuchen. Wer mehrfach fehlte, wurde mit dem Tod bestraft. Zum Gründungsmythos der USA gehören auf der anderen Seite die «Pilgrim Fathers», die frommen Gründungsväter, die Europa verlassen hatten, um religiöser Verfolgung zu entkommen und ihren Glauben ungestraft in der Neuen Welt zu pflegen. Sie gingen weiter nördlich, in Plymouth, an Land. Beide Erfahrungen gehören zusammen, sie führten zur doppelten Religionsfreiheit: Jeder darf, niemand muss glauben.

Konservative Republikaner betonen die religiösen Wurzeln Amerikas. Sie fordern morgendliche Schulgebete überall im Land und ein Abtreibungsverbot. Sie wittern einen Verfall der Moral und sehen die Ursache dafür in einer angeblichen Verweltlichung. Konfessionsneutrale Festwünsche empfinden sie als eine modische Verirrung.

Progressive Demokraten halten sich an die säkulare Tradition. In dem Wunsch der Republikaner, die Rolle der Religion im öffentlichen Leben mit staatlicher Hilfe auszudehnen, sehen sie einen Verfassungsbruch. Religion ist Privatsache, der Staat muss sich da heraushalten.

In Barack Obamas Augen ist Religion viel zu wichtig, als dass man sie den Republikanern überlassen dürfte. Die Demokraten sollen offen sagen, dass auch sie an Gott glauben. Er warnt seine Partei davor, den Konservativen in die Falle zu gehen, wenn sie der üblen Nachrede nicht entgegentreten, eine Partei ohne Glauben, ohne religiöse Werte und ohne höhere Moral zu sein. Bei

Barack Obama kommen hier die persönliche Überzeugung und das wahlstrategische Kalkül auf wunderbare Weise zusammen.

Obama hält es für gefährlich, die Debatte um die Rolle der Religion im öffentlichen Leben als Abwehrkampf gegen die konservative Rechte zu führen, denn damit schrecken die Demokraten potenzielle Wähler ab. Nach seiner Meinung sind auch Bürger, die demokratisch wählen, in ihrer Mehrheit religiöse Menschen. In der Scheu seiner Partei vor einem Predigerton sieht er eine wichtige Ursache für die Wahlniederlagen des letzten Jahrzehnts. Karl Rove, der Politstratege George W. Bushs, hatte richtig kalkuliert: Das Bündnis mit weißen Evangelikalen und prominenten Predigern wie Jerry Falwell und Pat Robertson trieb seiner Kampagne eine Armee christlicher Fußsoldaten zu. Rove nannte sie gut organisierte Heere, die in den Massengottesdiensten der Mega Churches und über die christlichen Fernsehnetzwerke leicht zu lenken sind. In die Gottesdienste solcher Mega Churches, die über die ganzen USA verbreitet sind, kommen Sonntag für Sonntag Tausende, zu besonders redegewandten Predigern sogar an die 20 000 Gläubige. Es sind Millionenunternehmen, die meist auch Kindergärten, Schulen, Ehe- und Erziehungsberatungen sowie soziale Dienste anbieten.

Früher war es nicht selbstverständlich, dass die strenggläubigen Bürger in erdrückender Mehrheit republikanisch wählten. Jimmy Carter, der Südstaaten-Demokrat aus Georgia, bewies mit seinem Sieg bei der Präsidentenwahl 1976, dass auch betont christliche Demokraten Mehrheiten gewinnen können. Bill Clinton schreckte vor religiösen Redewendungen nie zurück. Obama hält das für richtig. Politische Rhetorik dürfe auf die wirkungsmächtigen Sprachbilder aus der Bibel und der Welt des Glaubens nicht verzichten. Der Bürgerkriegspräsident Lincoln sei ohne sein Vertrauen auf «das Urteil des Herrn» ebenso wenig denkbar wie Martin Luther Kings Rede «I have a dream» ohne den Hinweis darauf, dass wir alle Kinder Gottes sind.

Bushs Siegeszug führt Obama darauf zurück, dass Bush die vielen kleinen gesellschaftspolitischen Debatten zu einem Grundsatzkonflikt um «values», um die Werte, bündelte. Bush wählte die Themen so, dass er die Mehrheit stets auf seiner Seite hatte und den Demokraten nur die Minderheitsposition blieb. Zum Beispiel die homosexuellen Partnerschaften. Viele Amerikaner wären wohl bereit, Schwule und Lesben ein zivilrechtliches Bündnis schließen zu lassen. Aber die klare Mehrheit will die Institution der Ehe für den Lebensbund von Mann und Frau reservieren. Wenn die Demokraten geringfügige zivilrechtliche Verbesserungen für Homosexuelle vorschlagen, diskreditieren die Republikaner selbst solche kleinen Ansätze immer wieder erfolgreich als «Homo-Ehe».

Auch bei den Themen Abtreibung und Sterbehilfe würden die Demokraten und würde Obama gerne eine ruhige und nachdenkliche Debatte über die Gewissensnöte in jedem Einzelfall führen. 2005 erregte der Fall von Terri Schiavo Aufsehen, einer Frau, die seit Jahren ohne jede Hoffnung auf Besserung im Koma lag. Ihr Mann wollte die lebenserhaltenden Geräte abschalten lassen. Für viele Demokraten ging es dabei auch um das Recht auf einen würdigen Tod. Die Republikaner aber beherrschten die Debatte mit dem Schlachtruf «Recht auf Leben!» und verleumdeten den Ehemann als Egoisten, der seine kranke Frau aufgeben und vermutlich mit einer Freundin zusammenleben wolle.

«Recht auf Leben» – diese Formel steht auch für das Ziel der Konservativen, jede Abtreibung zu verbieten, selbst nach einer Vergewaltigung oder bei gesundheitlichen Bedenken für Mutter und Kind. Tatsächlich haben die USA ein weit liberaleres Abtreibungsrecht als Deutschland. Aber die Demokraten tun sich schwer, diese Tradition zu verteidigen, wenn die Republikaner sie erfolgreich als Gegner eines Rechts auf Leben brandmarken.

Keine Kapitulation vor der religiösen Rechten

Barack Obama meint, dass die Demokraten sich in der Wertedebatte mit ihren vielen Fronten vom Abtreibungsrecht über

Sterbehilfe bis zu homosexuellen Partnerschaften nur behaupten werden, wenn sie öffentlich über ihren eigenen Glauben sprechen. Der Sieg der Demokraten in der Zwischenwahl im November 2006, bei der das gesamte Abgeordnetenhaus, ein Drittel der Senatoren und viele Gouverneure in Einzelstaaten neu gewählt wurden, gibt ihm Recht.

Im Jahr 2004 war Ohio der entscheidende Bundesstaat im Rennen um die Präsidentschaft. Der religiöse rechte Flügel der Republikaner gab damals den Ausschlag *für* George W. Bush und *gegen* John F. Kerry. Dort stellten die Demokraten 2006 Ted Strickland als Gouverneur auf. Der ehemalige Methodistenpfarrer und bekennende Waffennarr gewann tatsächlich diese Wahl. Landesweit brachte jener Wahltag 2006 sehr viele unterschiedliche Einzelergebnisse, aber in manchen Gegenden und für manche Wählergruppen waren Religionsfragen noch wichtiger als der Irakkrieg. Die religiöse Rechte war enttäuscht von Bush, weil er seine Wahlversprechen an sie nicht erfüllt hatte. Bush hatte weder ein Abtreibungsverbot noch ein Verbot der Ehe zwischen homosexuellen Partnern eingeführt. Die Quintessenz der Wählerbotschaft lautete: Wenn die Religiösen von den Republikanern enttäuscht sind, dann gehen sie nicht zur Wahl. Und wenn die Demokraten zugleich Glaubensfragen ansprechen, ziehen sie Wechselwähler auf ihre Seite und gewinnen.

Als bekennender Christ ist Barack Obama ein glaubwürdiger Kandidat für diese Klientel. Dass er erst als Erwachsener zum Glauben fand, tut seiner Authentizität keinen Abbruch. Im Gegenteil: Es macht seine Religiosität nur umso anrührender und überzeugender, weil er selbst seinen Glauben erst finden musste. Seine Eltern haben ihn nicht bewusst zur Religion oder einer Glaubensgemeinschaft geleitet. Barack Obama musste seinen Gott alleine und aus eigenem Antrieb suchen. Ob Mutter, Vater oder die Großeltern aus Kansas – keiner von ihnen war besonders gläubig. Sie hielten Distanz zur Institution Kirche. Gramps war zwar bei frommen baptistischen Großeltern aufgewachsen, nachdem sein Vater die Familie verlassen und seine Mutter sich das Leben genommen hatte. Auch Toots Eltern waren praktizierende Methodisten. Aber Gramps blieb zeit seines Lebens ein rebellischer Geist, und Toot war zu nüchtern veranlagt, um glauben zu können; sie vertraute nur auf die Dinge, die sie sehen und berühren konnte. Zudem verbanden alle beide keine sonderlich positiven Erinnerungen mit den Pfarrern und den Kirchgängern. Nach ihrer Heirat hatten sie mehrfach den Wohnort gewechselt: Kansas, Oklahoma, Texas und Washington State. Überall machten sie abschreckende Erfahrungen mit Konformitätsdruck, Doppelmoral und Scheinheiligkeit. So schlugen sie weder im Glauben Wurzeln noch in den örtlichen Kirchengemeinden.

Mutter Ann dagegen war eine spirituelle Person. Sie schärfte Baracks Gespür für die Weite der Seele, die Wunder der Natur und das Bedürfnis nach einer Welt jenseits der reinen Vernunft. Sie habe ihn manchmal nachts geweckt, um ihm einen besonders schönen Mond zu zeigen, erzählt Barack. Und auf gemeinsamen Spaziergängen ließ sie ihn mitunter die Augen schließen, damit er mit allen Sinnen die Natur erfassen konnte und dem Rascheln der Blätter lauschte. Die Mutter war eine emotionale Person. Über ein herausragendes Landschaftspanorama oder ein bewegendes Musikstück konnte sie Tränen vergießen. Ihren Kindern Barack und Maya brachte sie bei, über die Wunder des Lebens zu staunen, aber sie verband diese Wunder nicht mit einer Konfession. Für Ann war die Welt voller großer Geheimnisse, und selbst wenn es Gott gab, dann war er viel zu groß, um sich in eine einzige Religion zwängen zu lassen. In ihrem Bücherregal sah Barack neben der Bibel den Koran stehen, die Bhagawadgita und einige Bücher über griechische, nordische und afrikanische Mythologie. Für Ann war es eine Frage der Kultur und der umfassenden Bildung, zumindest Grundkenntnisse über die großen Weltreligionen zu besitzen. Vielleicht gab es eine überirdische Macht als Urquell allen Lebens, wahrscheinlich eher nicht, dachte sie sich. Die studierte Anthropologin in ihr hielt die verschiedenen Religionen eher für ein Produkt des menschlichen Geistes und der Sehnsucht nach einer höheren Instanz.

Der Islam spielte in Baracks ersten Lebensjahren keine Rolle. Sein Vater war zwar offiziell Moslem, aber erstens war Obama Senior nicht gläubig, und zweitens lebte er nicht bei der Familie. Religion war für ihn ein ähnlicher Hokuspokus wie die Rituale der Medizinmänner aus seiner Jugend in Kenia.

Zu Weihnachten und Ostern ging Mutter Ann mit Barack in die Kirche. Sie führte ihn genauso zu alten Begräbnisstätten auf Hawaii oder zu chinesischen Neujahrsfeiern. Mit demselben Interesse besuchten sie auf ihrer Reise nach Indonesien die buddhistischen Tempel und die Shinto-Schreine in Japan. Ann ging es dabei um die Kultur-, nicht um die Glaubensfrage. Rückblickend berichtet Obama, die Mutter habe ihm die Religion oder die Kirche jedenfalls nicht als höhere Autoritäten nahe gebracht, die bindende Regeln vorgeben und gegenüber denen ein gläubiger Mensch gewisse Verpflichtungen habe.

In Indonesien besuchte Barack zuerst eine katholische und später eine moslemische Schule. In seinem Buch «Dreams from My Father» erzählt er nicht, wie der Alltag dort aussah oder welche Rolle die Religion im Unterricht spielte. Aber er betont, dass es für seine Mutter keine Rolle spielte, ob er den Katechismus beherrschte oder den Ruf des Muezzins verstand. Stiefvater Lolo hatte zwar Gebetsketten über seinem Bett hängen, liebte aber Schweinespeck, was sich mit dem Islam nicht ohne weiteres in Einklang bringen lässt.

Seine Kindheit und Jugend waren also nicht darauf ausgerichtet, Barack zu einem gläubigen Christen zu erziehen. Doch die Berührungspunkte mit verschiedenen Religionen hatten die Grundlagen gelegt, selbst einmal eine solche Entscheidung treffen zu können. Seine Erfahrungen als Community Organizer in Chicagos Armenvierteln halfen ihm, seinen eigenen Glauben zu finden, erinnert sich Obama. Es beeindruckte ihn, wie andere ihre Kraft aus der Gemeinschaft einer Kirche schöpften. Das spirituelle Erlebnis schwarzer Gottesdienste empfand er als anziehend. Zudem war die afroamerikanische Kirche nicht wegzudenken aus der Identität, die Barack für sich anstrebte, nämlich ein richtiger African American zu werden.

Aus den Gesängen und der Liturgie dieser Gottesdienste hörte er die unverkennbaren Traditionen afrikanischer Kultur heraus. Und er war gerührt, dass die Pfarrer kaum einen Unterschied zwischen Seelsorge und Politik machten. Allein wegen der puren Not ihrer Schäflein musste sich die afroamerikanische Kirche um die ganze Person kümmern. Wegen der miserablen Lebensverhältnisse der meisten Gemeindemitglieder ließen sich individuelle und kollektive Erlösung schwer voneinander trennen. Den Hungrigen zu essen zu geben, den Nackten Kleidung zu schenken, den Bedürftigen ein Obdach anzubieten – diese Gebote der Bibel waren in Altgeld und Roseland keine Parabeln, an diesen Orten waren sie wörtlich zu nehmen.

Anziehend wirkte auf Obama zudem der Typus des schwarzen Pfarrers. Diese Prediger waren keine besseren Menschen, und sie gaben auch nicht vor, über ihren Gefühlen oder Versuchungen zu stehen. Im Gegenteil, sie sprachen aus, dass auch sie Gier, Ärger, Lust und Wut empfanden, und sie setzten diese Gefühlsregungen gezielt ein. Das Singen und Tanzen, die Tränen und Schreie machten die schwarzen Gottesdienste für Obama zu einer tiefer gehenden und emotionaleren Erfahrung als die Gottesdienste der Katholiken, Anglikaner oder Protestanten.

So «konnte ich schließlich eines Tages in der Trinity United Church of Christ den Gang hinuntergehen und mich taufen lassen», erzählt Barack Obama in seinem zweiten Buch «Hoffnung wagen». Und er beschreibt diesen Schritt als bewusste Entscheidung, nicht als Bekehrung: «Meine Fragen verschwanden nicht auf wundersame Weise. Aber als ich dann in der Kirche unter dem Kreuz kniete, spürte ich den Geist Gottes in mir. Ich unterstellte mich Seinem Willen und machte es mir zur Aufgabe, Seine Wahrheit zu erkennen.»

Jeremiah Wright: Obamas Pfarrer

Immer wieder haben amerikanische Medien gerätselt, ob politische oder strategische Überlegungen den Ausschlag gaben, als Obama seine Kirche auswählte. Er äußert sich dazu nicht. Die

Trinity-Gemeinde schafft eine Verbindung zwischen Unter- und Mittelschicht, da sie in der South Side an der 95. Straße liegt. Nach Süden wird die Gegend immer ärmer, nach Norden hin wohlhabender. Die Obamas wohnen heute gut 40 Straßenblocks weiter nördlich, im schmucken Universitätsviertel, an der Ecke Hyde Park Boulevard, die in der Systematik des Stadtplans der 51. Straße entspricht, und Greenwood Avenue, in einer zweistöckigen Backsteinvilla mit weißer Pergola und dichten Nadelbäumen als Sichtschutz. Gut 30 Blocks südlich der Trinity-Kirche liegen die Notquartiere von Altgeld.

Die meisten Kirchenmitglieder wohnen irgendwo dazwischen, ihnen ist der Aufstieg aus den Armenvierteln gelungen. Diese Beobachtung machte Barack anfangs skeptisch. Er fragte sich, ob Pfarrer Jeremiah Wright nicht zu weit abgekommen war von seiner eigenen Vorstellung, dass die Rettung der Schwarzen ganz unten, also bei den ärmsten Mitgliedern, beginnen müsse. Doch der Pfarrer überzeugt ihn. Nach Wrights Meinung sind ökonomischer Erfolg und sozialer Aufstieg in Ordnung, solange das Bewusstsein, woher man komme, dabei nicht verloren geht. «Middleclassness» ist für ihn ein Schimpfwort, ein Synonym für selbstsüchtige Individuen mit einem Mangel an Verantwortungsgefühl. Wem viel gegeben wird, der hat auch die Verpflichtung, seiner Gemeinschaft einen Teil davon wieder zurückzugeben.

In seinen Predigten verbindet Wright die Auslegung von Bibelworten mit seinem Zorn über den Alltag draußen vor der Kirchentür: die Armut, den Rassismus und die imperiale Außenpolitik der USA. Der Pfarrer predigt, dass die Heilige Schrift die Leidensgeschichte der Schwarzen und ihren Kampf um Gleichberechtigung erzählt. Und weil Schwarze mehr gelitten haben als Weiße, sei ihr Glaube tiefer und authentischer. In jedem Gottesdienst spricht der Pfarrer ein ganz spezielles Glaubensbekenntnis: «Wir sind die Nachkommen einer großen Kultur, die nicht in Sklaverei begann. Wir stammen aus Afrika, wo die Wiege der Menschheit stand und wo die erste menschliche Zivilisation geschaffen wurde.»

Ein typischer Gottesdienst dauert bis drei Stunden. 600 bis 800 Gläubige füllen den Raum, viele in farbenfrohen afrikanischen Gewändern. Der Boden ist mit rotem Teppich ausgelegt, darauf stehen helle Holzbänke. Es wird viel gesungen und getanzt. Ein Kirchenchor und eine Trommlergruppe sind stets dabei.

Jeremiah Wright hatte bereits mehrfach Afrika besucht, als Obama ihn kennenlernt. Die Reiseerfahrungen verbinden die beiden. Und der Pfarrer versteht Baracks familiäre Hintergründe auf Anhieb. In Kuba hatte er 1984 über den Wert gewaltfreien Widerstands gesprochen. Gemeinsam mit Louis Farrakhan, dem afroamerikanischen Führer der Schwarzen-Bewegung «Nation of Islam», hat er Muammar al-Gaddafi in Libyen besucht. Pfarrer Wright machte seine Trinity-Kirche zu einem progressiven Sozialforum, das sowohl Kinderbetreuung und Drogenberatung übernahm als auch Nachhilfe für Kinder mit Lernschwierigkeiten organisierte und Rechtshilfe leistete. Randgruppen, Minderheiten und Homosexuelle hieß er ausdrücklich willkommen.

Wer unbedingt ein politisches Kalkül Obamas bei der Wahl seiner Kirche sehen will, hat es also leicht: Trinity symbolisiert einerseits seine Arbeit in der South Side und öffnet ihm andererseits den Zugang zur schwarzen Mittelschicht. Zudem stellt Trinity mit 8.500 Mitgliedern die größte Gemeinde im Verbund der United Church of Christ dar, die wiederum eine von Weißen dominierte protestantische Konfession ist. Das schlägt eine weitere Brücke für Obama – von seiner eigenen einflussreichen schwarzen Gemeinde zu den weißen Brüdern.

Barack stellt die emotionale Überwältigung in dem Gottesdienst 1988 in den Vordergrund, als er sich von Altgeld verabschiedete und nach Harvard aufmachte. Auch er nennt ein praktisches Argument für die Wahl seiner Kirchengemeinde. In seiner Zeit als Community Organizer sei er mit vielen Pfarrern und Kirchen in Kontakt gekommen, und es hätte nur zu Komplikationen und womöglich zu Vorwürfen einer heimlichen Begünstigung geführt, wenn er sich für eine Gemeinde entschieden hätte, die aktiv an der Arbeit seines DCP (Developing Communities Project) beteiligt war.

Was auch immer damals den Ausschlag gab – in Obamas Politikerleben ist die Nähe zu Jeremiah Wright über weite Strecke opportun, aber sie stellt ihn auch vor Probleme. Sein Pfarrer ist in Fragen des Rassismus, der schwarzen Befreiungstheologie oder der weltpolitischen Rolle der USA weit radikaler als er selbst. Als Barack Obama 2007 seine Bewerbung um das Präsidentenamt plant, soll Jeremiah Wright seinen Auftritt in Springfield mit einer Segnung einleiten. Doch die wird im letzten Moment wieder aus dem Programm genommen, weil die Medien den Pfarrer wegen seiner radikalen Thesen kritisieren. Wright wirft zum Beispiel allen Weißen pauschal einen latenten Rassismus vor. Die Terroranschläge vom 11. September ordnet er als Folge der gewaltbereiten amerikanischen Außenpolitik ein. Dieser kämpferische Ton passt schlecht zu Obamas Selbstdarstellung als Versöhner.

So will es Obama natürlich nicht sehen. Von Distanzierung könne keine Rede sein, behauptet er. Er habe seinen Seelsorger nur vor zu viel Mediensturm schützen wollen. Wright sei extra nach Springfield gekommen und sie hätten gemeinsam gebetet, ehe Obama ans Mikrofon trat, um seine Präsidentschaftskandidatur anzukündigen. Er respektiere die Parteinahme des Pfarrers für die Armen und seinen Kampf gegen die Ungerechtigkeit. «Aber wir sind nicht in jedem Detail einer Meinung.»

Bei seinen politischen Auftritten bemüht sich Obama, alle anzusprechen: Liberale, die der Kirche skeptisch gegenüberstehen, so wie er selbst einst, und gläubige Gottesdienstbesucher, zu denen er sich nun zählt. Der Verfassungsjurist Obama betont, wie wichtig ihm die Trennung von Kirche und Staat ist. Der Wahlkämpfer Obama hält sich an seinen eigenen Rat, ohne Scheu über Gott, Religion und Moral zu sprechen. Politische Reden leitet er manchmal mit der Begrüßungsformel schwarzer Gottesdienste ein: «Giving all praise and honor to God.» Und der Politprediger Obama nennt die Ausbreitung der Immunschwächekrankheit Aids eine «moralische Krise» und fordert nachdrücklich, man müsse der Jugend wieder mehr Respekt vor der Intimität des Geschlechtsakts beibringen. Enthaltsamkeit sei ebenso wichtig im Kampf gegen Aids wie der Schutz durch Kondome.

Trinity bleibt das religiöse Zentrum der Familie Obama und Jeremiah Wright eine wichtige Bezugsperson. Er hat Barack und Michelle 1992 dort getraut, er hat ihre Töchter Malia und Sasha getauft und ihr neues Haus am Hyde Park Boulevard gesegnet. Wright wache darüber, «dass ich so wahrhaftig wie möglich bleibe in meinen Versprechen, was politisch erreichbar ist», betont Obama.

In der Präsidentschaftskampagne werden die beiden freilich zu einem Risiko füreinander. Die Öffentlichkeit trennt nicht so scharf, wie es nötig wäre, zwischen dem, was der eine, und dem, was der andere gesagt hat. Auf Internetseiten werden Wrights Äußerungen Obama zugeschrieben, und umgekehrt erhält die Trinity-Gemeinde vermehrt hasserfüllte Drohungen, seit ihr Mitglied landesweit Karriere in den Medien macht.

Pfarrer Jeremiah Wright sagt, er habe bereits mit Barack über den Ernstfall gesprochen und ihm prophezeit: Wenn Obama die Vorwahlen siegreich bestehe und offizieller Kandidat der Partei sei, werde er sich womöglich von seinem Pfarrer distanzieren müssen. Und laut Jeremiah Wright hat Barack geantwortet: Yeah, so weit könne es kommen.

Fördern, aber, mehr noch, fordern: Obamas Antwort auf die Rassenfrage

Mitte August 2007 riss Obamas Ehefrau Michelle der Geduldsfaden. «Stoppt diesen Nonsens endlich!», forderte sie in Zeitungen und Fernsehsendern. Seit Wochen wurde ihr Mann nun schon mit einer Frage konfrontiert, die auf den ersten Blick absurd klingt: «Ist er schwarz genug?» Ein Sender für Schwarze hatte sogar eine Expertenrunde dazu einberufen. Es ging dabei nicht um die Farbe seiner Haut, sondern um die Frage, ob dieser Kandidat angesichts seines Lebenswegs glaubwürdig die Interessen der Afroamerikaner vertreten kann? Ein Schwarzer, der in Harvard studiert hat, der im US-Senat sitzt und Aussichten hat, Präsident zu werden, der macht doch im Zweifel mit der weißen Elite gemeinsame Sache – über diesen angeblichen Argwohn unter schwarzen Wählern spekulierten die Nachrichtenmagazine ein knappes halbes Jahr vor Beginn der Vorwahlen in Iowa und New Hampshire.

Lächerlich seien solche Zweifel, beschwert sich Michelle Obama. Ihre Familie beginne darunter zu leiden. Und dann geht sie zum Gegenangriff über. Baracks Biografie sei eng mit dem Leidensweg und den aktuellen Problemen der Afroamerikaner verbunden. Die Kritiker sollten doch, bitte, mal überlegen, welche Verwirrung diese Debatte in den Köpfen schwarzer Kinder anrichte. Wie sollen die das verstehen, wenn einem Mann mit einer offenkundig dunkleren Hautfarbe vorgeworfen wird, er sei «nicht schwarz genug» – und das Hauptargument dafür sei, dass er beruflichen Erfolg habe. Soll das etwa heißen, es sei typisch weiß, Karriere zu machen. Und typisch schwarz, erfolglos zu bleiben?

Michelle nennt diese Diskussion einen Beweis dafür, dass die Gemeinschaft der Afroamerikaner immer noch mit ihren

Zweifeln an der eigenen Identität und ihrer Rolle in der Gesellschaft zu kämpfen hat und weniger mit den Zweifeln an Barack Obama.

Michelles Familie ist klassisch African American, sie wuchs in Chicagos South Side auf. Barack dagegen, das Kind aus einer schwarz-weißen Ehe, gilt als «biracial». Wenn er seine Biografie erzählt, klingt das zwar, als habe auch er all die Probleme junger Schwarzer in Amerika selbst durchlitten und kenne die Diskriminierungen und die Hindernisse, die einem Aufstieg im Weg stehen. Seine Zugehörigkeit zur schwarzen Gemeinde hat er zudem als Community Organizer und als Politiker bewiesen.

Aber seine Wahlkampfberater halten diese Debatte offenbar für gefährlich. Wenige Tage vor Michelles energischem Ausbruch stand Barack Obama der Nationalen Vereinigung schwarzer Journalisten explizit zu dieser Frage Rede und Antwort: Ist er schwarz genug? Er hat sich in dieser Runde bemüht, die Frage umzudrehen. Was ist falsch daran, wenn ein schwarzer Politiker auch bei weißen Wählern gut ankommt?

In vielen Herzen ist die Zeit der kämpferischen Auseinandersetzung zwischen Schwarz und Weiß auch 2007/2008 noch immer präsent. Und die Zahl der Bürger, die meinen, man lebe besser getrennt, ist nicht zu vernachlässigen. Obamas Anziehungskraft auf weiße Wähler bedroht zugleich seinen Erfolg bei den Schwarzen. Es hatte schon seinen Grund, dass vor ihm kein schwarzer Kandidat je Chancen hatte, Präsident zu werden. Seit 1984 war stets ein Afroamerikaner im Rennen. Doch all diese Kandidaten traten als Interessenvertreter der schwarzen Klientel an. Sie forderten, altes Unrecht zu korrigieren, womöglich durch ein milliardenschweres Reparationsprogramm. Nach ihren Vorschlägen sollte jeder Afroamerikaner daraus eine Entschädigung für die Sklavenzeit seiner Vorfahren erhalten. Diese Forderung war chancenlos bei den nichtschwarzen Bürgern, die zusammen etwa 87 Prozent der Bevölkerung ausmachen.

Barack Obama tritt anders auf. Deshalb mögen ihn so viele Weiße. Aber es irritiert viele Afroamerikaner, wenn ein schwarzer Politiker sich, sobald er den Mund aufmacht, *nicht* als Erstes über das Rassenunrecht beschwert und Geld für seine Bevölkerungsgruppe fordert.

Als Hurrikan «Katrina» Ende August 2005 New Orleans verwüstete und die Katastrophenhilfe der Bush-Regierung viel zu lange auf sich warten ließ, behaupteten viele Schwarze, dies sei ein neuer Beleg für den aktuellen Rassismus: Washington unternehme nichts, weil die meisten Opfer dieser Katastrophe Schwarze seien. Vereinzelt wurden sogar Stimmen laut, die Deiche seien absichtlich gesprengt worden, um die Bevölkerungszusammensetzung der mehrheitlich schwarzen Stadt aufzuhellen. Obama stimmte in diesen Chor nicht ein. Mit Rasse habe das Versagen des Staates nichts zu tun, sagte er im September 2005, als große Teile von New Orleans überflutet waren. Es lag an der Inkompetenz der Bundesregierung unter Bush. «Die Inkompetenz war farbenblind.»

Auch in die Debatte um die Rassenfrage an den Schulen hat Obama einen neuen, für schwarze Politiker ungewohnten Ton gebracht. Die Leistungen schwarzer Schüler sind im Schnitt deutlich schlechter als die der weißen oder asiatischen Schüler. Das liege daran, dass die Afroamerikaner diskriminiert werden, lautet die übliche Entschuldigung schwarzer Funktionäre. Obama lässt diese Erklärung für den Misserfolg Schwarzer nicht gelten. Schwarze Kinder müssen zwar mehr gefördert werden, stimmt er zu, sie müssen aber auch mehr gefordert werden. Die verbreitete Haltung unter afroamerikanischen Jugendlichen, Lernen sei «uncool» und «typisch weiß», nennt er inakzeptabel. Sein Appell an die Selbstverantwortung Schwarzer spricht vielen Weißen aus den Herzen. Unter den schwarzen Wählern jedoch bringt ihm seine Forderung keine Sympathien ein.

Noch offener und direkter darf Barack die Hintergründe dieser Seelenlage nicht ansprechen. Zu groß ist das Risiko, die Menschen, um die er wirbt, zu verprellen. Denn diese Aspekte reichen tief in die Seele jedes Einzelnen, konfrontieren ihn mit seiner persönlichen Erfolgsbilanz und werfen die Frage auf, was eigentlich Ursache von Karriere oder Scheitern ist, welche

Anteile man sich selbst zuschreiben muss und welche der Diskriminierung oder Förderung durch die Gesellschaft.

Sklaverei, Rassismus und Benachteiligung – so erklären die meisten Afroamerikaner, warum sie im Land der unbegrenzten Möglichkeiten bis heute nicht so erfolgreich sind wie die Weißen oder die Chinesen. Oder warum sie in den Spitzenjobs von Wirtschaft und Politik unterrepräsentiert sind und den überproportionalen Anteil an Sozialhilfeempfängern, Gefängnisinsassen und Schulabbrechern stellen. Das liegt am Rassismus der nicht-schwarzen Mehrheit, sagen die meisten heute noch, ein halbes Jahrhundert nach dem Ende der Rassentrennung und mehr als 40 Jahre nach der Gleichberechtigung in den Gesetzen.

Der Alltag und die Statistiken widerlegen die gängige Klage, dass Menschen anderer Hautfarbe in den USA wegen des Rassismus dort generell keine Chance haben. Einwanderern aus Asien, aus Mexiko und anderen lateinamerikanischen Ländern gelingt der Aufstieg, obwohl sie zumeist unter noch viel schlechteren Bedingungen starten. Selbst Immigranten aus Afrika sind erfolgreicher als die in den USA geborenen Schwarzen.

In Wahrheit gibt es «die Schwarzen» als geschlossene Wählergruppe gar nicht. Diese Menschen haben unterschiedliche soziale und ökonomische Interessen, die sich nach der individuellen gesellschaftlichen Stellung richten. Feine Trennlinien, die für die weiße Außenwelt nicht auf den ersten Blick sichtbar sind, spalten die seit Generationen ansässige afroamerikanische Gemeinschaft von den jüngeren Einwanderern aus Afrika. In einer für Außenstehende fast absurd anmutenden Unterscheidung werfen alteingesessene Schwarze den afrikanischen Immigranten vor, sie seien «nicht wirklich African American», weil ihnen die Erfahrung des Aufwachsens inmitten der Rassenprobleme fehle. Es ist der gleiche Vorwurf, der im Kern auf Barack Obama zutrifft, obwohl er seit seiner Geburt einen amerikanischen Pass besitzt. Es verstört die Traditionalisten, dass schwarze Zuwanderer keinen Kniefall machen vor der klassischen Opfer-Rhetorik schwarzer Führer. «Ihnen fehlt der eingebaute Chip rassischer Ressentiments, sie pflegen dagegen den für Neuankömmlinge in den USA typischen Optimismus», kommentierte «The New Media Journal» diese Debatte. Schwarze Immigranten haben in der Regel eine bessere Ausbildung als die Afroamerikaner, die bereits in den USA aufgewachsen sind. Hinter der Frage, ob Obama schwarz genug sei, resümiert «The New Media Journal», stehe in Wahrheit ein anderes Unbehagen: «Er ist gebildet, eloquent, geschmeidig und kommt gut mit Weißen zurecht.» Wenn Afroamerikaner ihm misstrauten, dann nicht, weil seine Haut kaffeebraun statt tiefschwarz sei, sondern «weil er fähig, erfolgreich und klug ist». Und das stehe im Widerspruch zum Bild des Afroamerikaners in der Populärkultur – der Rapper und Schläger, der die Ausbildung, gutes Benehmen und Karriere gering schätzt. Dieses Klischee dient auch dem Selbstschutz.

So offen und ehrlich wird der Zusammenhang in der Öffentlichkeit nicht diskutiert. Joe Biden, der demokratische Senator von Delaware und ein Rivale um die Nominierung, musste sich bei der schwarzen Gemeinschaft entschuldigen, nachdem er Baracks Vorzüge nach diesem Muster beschrieben hatte. Obama sei «der erste Mainstream-Afroamerikaner, der sich flüssig ausdrücken kann, helle ist, sauber und auch noch gut aussieht», sagte er im Januar 2007 in einer Talkrunde in scherzhaftem Ton.

Nur selten erlauben es sich amerikanische Medien, so ungeschützt über das Muster vom «guten Schwarzen» und dem «bösen Schwarzen» zu schreiben wie das «Time»-Magazin im Februar 2007. Die «bösen», weil zornigen und fordernden Schwarzen wie Al Sharpton, ein Prediger und aussichtsloser Bewerber um die demokratische Präsidentschaftsnominierung 2004, komme bei der schwarzen Basis gut an, nicht aber bei den Weißen. Bei Obama, dem «Guten», dem Versöhner, sei es umgekehrt: Die Weißen mögen ihn, weil er ein Übermaß an Selbstmitleid und Opferhaltung der Afroamerikaner kritisiert und ihnen mehr eigenes Bemühen abverlangt. Das wiederum koste Obama Sympathien in der schwarzen Wählerschaft.

Dank der Einwanderung und des Aufstiegs einer wachsenden Zahl Schwarzer erleben die USA freilich einen rasanten sozialen Wandel, der auch die gewohnten Gesellschaftsschichten in der afroamerikanischen Gemeinschaft verändert. Deshalb ist es eine offene Frage, ob diese etablierten Sichtweisen, was Schwarze anspricht und was sie abstößt, noch so stringent gelten. Al Sharpton, der klassische Typus des fordernden afroamerikanischen Politfunktionärs, kam schon 2004 bei den Schwarzen nicht gut an. In South Carolina, dem Südstaat mit den ersten Vorwahlen, in denen schwarze Demokraten eine bedeutende Rolle spielen, bekamen die weißen Kandidaten John F. Kerry und John Edwards doppelt so viele schwarze Stimmen wie der schwarze Bewerber Sharpton. Das spricht für die Vermutung, dass schwarze Erfolgsgeschichten vielleicht doch attraktiver sind als der altbekannte Kanon, die anderen seien schuld am afroamerikanischen Unglück.

Barack Obama setzt auf diesen Trend. Drei Faktoren sollen ihm zum Sieg unter den schwarzen Wählern verhelfen: ihr Stolz, dass ein Mann mit dunklerer Hautfarbe es ganz nach oben schafft, seine Erfahrungsbilanz als Community Worker und Politiker und schließlich das Versprechen, dass nur er als Schwarzer die Staaten im Süden für die Demokraten zurückgewinnen kann. Die Wahlbeteiligung der Afroamerikaner liegt im Süden besonders weit unter der der Weißen. So kommt ihr Bevölkerungsanteil in den Wahlen nicht recht zum Tragen. In Mississippi hatten die Wähler 1964 noch klar für den Demokraten Lyndon B. Johnson gestimmt. Doch seither konnten die Demokraten ihre Klientel nicht mehr dazu motivieren, an die Urne zu gehen, und so entwickelte sich der Süden in jüngerer Zeit zu einer verlässlichen Basis der Republikaner. «Wenn ich die Nominierung gewinne, werden 25 bis 30 Prozent mehr Schwarze wählen gehen», prophezeit Obama selbstbewusst. «Ich kann die parteipolitische Karte der USA auf Dauer verändern.» In der Tat, wenn Obama es schafft, die Afroamerikaner in Georgia und South Carolina zu mobilisieren und sie entsprechend ihrem Bevölkerungsanteil an der Wahl teilnehmen, dann kommen dort wieder die Demokraten an die Macht.

Die Hoffnung auf eine Post Racial Society, eine Gesellschaft ohne Rassenkonflikte, hält Obama in naher Zukunft für naiv.

Rasse spielt weiter eine Rolle. Aber es ist eine andere Rolle als noch vor ein paar Jahrzehnten. Bereits sein Wahlkampf für den US-Senat zeigte, wie viel sich in der afroamerikanischen Gesellschaft seit den Jahren der Bürgerrechtsbewegung verändert hat. Die Hälfte der ersten 500 000 Dollar Spendengelder kam von schwarzen Geschäftsleuten. Als Obama einen Privatjet brauchte, um die Ziele seiner vielen Wahlkampfauftritte zu erreichen, lieh ihm ein schwarzer Manager sein Geschäftsflugzeug. Schwarze haben heute eigene Radiostationen und Einfluss in politischen Magazinen. Und in Chicago gibt es unzählige schwarze Investmentbanker, Ärzte, Rechtsanwälte, Immobilienmakler, Architekten und Restaurantbesitzer.

Am Ende der Minderheitenförderung

Zur sozialen Realität der USA gehört aber auch dieser Aspekt: Die Kinder, die in schwarzen Problemgebieten aufwachsen, haben ein ungleich größeres Risiko, Opfer einer Gewalttat zu werden, ins Drogenmilieu zu geraten oder im Gefängnis zu landen. Daran hat sich trotz Affirmative Action, der gezielten Bevorzugung schwarzer und anderer Minderheiten, zum Beispiel im Bildungswesen, wenig geändert. Erfolg oder Misserfolg in der Gesellschaft verteilen sich noch immer in hohem Maße nach dem bekannten Rassenmuster. Das verdeutlichte die Debatte um eine höchst umstrittene Entscheidung des Verfassungsgerichts im Sommer 2007. Sie zeigt auch, mit welch komplizierten Zusammenhängen der Kandidat Barack Obama zu kämpfen hat, wenn er sich nicht in billige Parolen für die jeweilige Zielgruppe flüchten möchte.

Mit der denkbar knappsten Mehrheit von fünf zu vier kippte der Supreme Court im Juli 2007 ein gut 50 Jahre altes Urteil zur Förderung Schwarzer. Im Grundsatz stimmen alle Beteiligten darin überein, dass kein Mensch wegen seiner Rasse, seines Geschlechts oder seiner Religion benachteiligt werden darf. Damals sahen die Richter eine Benachteiligung der schwarzen Minderheit, heute erkennen sie eine Benachteiligung der weißen

Mehrheit. Das Urteil «Brown vs. Board of Education» von 1954 war ein Meilenstein der Verfassungsgeschichte und der Bürgerrechtsbewegung. Es verbot die Rassentrennung im Schulsystem, weil sie eine Diskriminierung der Schwarzen bedeute. Über Jahrzehnte bemühten sich die USA seither, die Chancen Schwarzer auf eine bessere Schulbildung zu erhöhen. Gegen manche Methoden wurden rechtliche Bedenken laut, andere erwiesen sich als ineffektiv, und deshalb wurden sie geändert. Aber das Prinzip der aktiven Förderung blieb bestehen.

Im Juli 2007 verboten die Obersten Richter jedoch in einem Doppelurteil die Praxis der gelenkten Klassenzusammenstellung zur Minderheitenförderung im Südstaat Kentucky und im Nordstaat Washington. Weiße Eltern hatten geklagt, weil sie darin eine Benachteiligung ihrer Kinder sahen. Die Mehrheit gab ihnen Recht, darunter die zwei neuen, von Präsident George W. Bush 2005 ernannten Richter John Roberts und Samuel Alito, aber auch das einzige schwarze Mitglied des Supreme Court, Clarence Thomas.

Ein Aufschrei der progressiven Kräfte Amerika war die Folge. Bushs Richter, so hieß es, führten das Land in die Vergangenheit zurück! In der weißen Mittelschicht dagegen machte sich Erleichterung breit. Dort kannten viele das Problem, dass ihre Kinder trotz guter Leistungen nicht mehr an die Wunschschulen oder -Universitäten kamen, weil zu viele Plätze für die Minderheiten reserviert werden. Dazu zählen neben den Schwarzen auch Asiaten, Mexikaner und Latinos, die die begehrten Ausbildungsplätze trotz schlechterer Noten bekamen.

Bemerkenswert an der Debatte war die Argumentation: Beide Lager behaupteten ihrerseits, den Geist von «Brown vs. Board» zu bewahren. Noch immer, so argumentierte die Minderheit, seien Schwarze in der Praxis benachteiligt. Deshalb dürfe man das Urteil von 1954 nicht konterkarieren. «1975, als ich dem Supreme Court beitrat, hätte kein einziges Mitglied die heutige Entscheidung mitgetragen», donnerte John Paul Stevens, mit 87 Jahren der Senior. Die neue Mehrheit der Richter hielt zwar die aktive Förderung von Minderheiten in den 70ern und 80ern für richtig. Heute dagegen sei sie falsch, so ihre Argumentation, weil sich Amerikas soziale Wirklichkeit verändert hat. Was als Minderheitenförderung aus guten Gründen begonnen hatte, sei inzwischen zu einer Benachteiligung der Mehrheit geworden. Der Grundsatz von damals müsse auch heute gelten, dass nämlich die Zulassung von Schülern nicht von ihrer Rasse abhängen darf.

Mit der Entscheidung «Brown vs. Board» versuchten die USA sich 1954 vom Erbe des Bürgerkriegs (1861–1865) zu befreien. Die Südstaaten hatten zwar die Kämpfe um die Abschaffung der Sklaverei verloren, aber zu dem oberflächlich vereinbarten Frieden gehörte, dass der Norden und der Süden ihre gegensätzlichen Rassenmodelle beibehalten durften. In 17 Südstaaten gab es in den 50er Jahren immer noch eine Rassentrennung zwischen weißen und schwarzen Einwohnern, von den Sitzplätzen in Bussen bis zu den Schulen. In 16 Nordstaaten war diese Trennung verboten. Die übrigen Staaten ließen diese Frage offen.

Auch für die Rassentrennung gab es ein richtungsweisendes Verfassungsgerichtsurteil, «Plessy vs. Ferguson» von 1896. Der Kernsatz lautete, das Schulwesen könne «separate but equal» sein. Die Rassentrennung widerspreche nicht dem Gleichheitsgrundsatz, hieß das.

1952 klagte der schwarze Pastor Brown in Topeca im Bundesstaat Kansas im Namen von 13 Eltern mit insgesamt 20 Kindern gegen dieses Urteil. Ein getrenntes Schulwesen verhindere sehr wohl die Chancengleichheit, argumentierte er. Und das Gericht gab ihm Recht. Wie revolutionär das Urteil im Fall «Brown vs. Board» von 1954 war, zeigten die Folgejahre. Die Bundesregierung musste 1957 Bundestruppen nach Arkansas schicken, um schwarzen Kindern den Zugang zu weißen Schulen gegen Massenblockaden der weißen Bürger zu ermöglichen. Die lokale Polizei hatte tatenlos zugesehen.

Die Klagen heute zeigen ein umgekehrtes Muster: Weiße dürfen nicht in eine Bildungseinrichtung, nur weil sie Weiße sind. Im Fall «Meredith vs. Board of Education» klagte eine weiße Familie aus Louisville, Kentucky, im Januar 2006, weil der Landkreis dem Kind verbot, in den gewünschten Kindergarten zu wechseln. Es müsse in seiner alten Einrichtung bleiben, um die Rassenbalance zu garantieren. In diesem Kreis sind zwei Drittel Weiße und ein Drittel Schwarze. Die Vorgabe der Behörden lautete, der Anteil der Schwarzen müsse in Kindergärten und Schulen zwischen 15 und 50 Prozent gehalten werden.

Parallel klagten Eltern aus Seattle im Staat Washington gegen die lokale Regel, dass Schulen bei zu vielen Bewerbern nach der Rasse entscheiden sollen. Hoch oben an der Pazifikküste im Nordwesten gab es nie zuvor eine Rassentrennung. Schwarze stehen dort nicht im Mittelpunkt der Debatte um die Minderheitenförderung. Die Gruppe der Asiaten ist mindestens ebenso groß, und hinzu kommen noch die Einwanderer aus Mittel- und Südamerika sowie die Nachkommen der indianischen Ureinwohner. Auch dort fragten weiße Eltern die Richter, warum Kinder anderer Rassen selbst bei schlechteren Noten den Vorzug bekommen sollen.

Zwischen den Urteilen von 1954 und 2007 liegen Jahrzehnte mit fragwürdigen sozialen Experimenten und widersprüchlichen Ergebnissen. Besonderen Widerstand erfuhr das «Busing»: Um die richtige Mischung zu erzielen, wurden Kinder jahrelang kreuz und quer durch die Schulbezirke gekarrt. Schwarze wie weiße Eltern protestierten gegen diese Belastung ihrer Kinder, deshalb wurde die Methode vor Jahren deutlich reduziert.

Trotz aller Förderung ist es bei großen Chancen- und Leistungsunterschieden geblieben. 50 Prozent der Schwarzen und der mexikanischen Schüler brechen die Highschool vorzeitig ab, bei Weißen bewegt sich diese «Dropout»-Quote im einstelligen Bereich. Trotz Affirmative Action besteht eine weitgehende Rassentrennung im Alltag fort. Weiße gehen in Schulen, die zu 80 Prozent weiß sind. Die Schwarzen stellen 13 Prozent der US-Bevölkerung, aber 70 Prozent der schwarzen Kinder besuchen Schulen, die zu zwei Drittel schwarz sind. Das progressive Amerika nimmt solche Zahlen als Argument, die Minderheitenförderung fortzusetzen, und das fordern auch vier der neun Richter des Supreme Court im Jahre 2007.

Die Wohlmeinenden verlangen abermals mehr Geld für schwarze Schulen. Dagegen sprechen freilich die Erfahrungen in der Hauptstadt Washington DC. Die Schulen dort sind überwiegend schwarz, für sie gibt der Staat die höchste Summe pro Schüler im ganzen Land aus, und doch bilden sie das Schlusslicht. Eltern, die sich das leisten können, und das sind vor allem Weiße, ziehen in die Nachbarstaaten Virginia und Maryland oder schicken ihre Kinder auf Privatschulen. Dort hat Washingtons Schulbehörde keinen Zugriff mehr auf sie.

Die Förderung durch Geld und Rassenausgleich stößt an Grenzen, sagen die Pragmatiker. Früher hatte sie ihren Nutzen, aber die Zeiten haben sich geändert. Wer mehr erreichen möchte, muss andere Bedingungen verändern. Nur die Hälfte der schwarzen Kinder wächst in Familien auf. Teenager-Schwangerschaften, flüchtende Väter und alleinerziehende Mütter sind die Regel. Auf diese traurigen Zusammenhänge weisen die Zeitungen in ihren Berichten über das Urteil hin.

Bei genauem Hinsehen hat der Supreme Court die aktive Förderung zudem gar nicht verboten. Anthony Kennedy, das neue Zünglein an der Waage am Obersten Gericht, hat zwar in diesen zwei konkreten Fällen – Louisville und Seattle – den Konservativen zur 5:4-Mehrheit verholfen. Aber in einem von der Mehrheitsbegründung abweichenden Votum hielt er fest, dass die Rassenzugehörigkeit bei der Schulzulassung zwar ein Kriterium sein darf, aber nicht das einzige oder dominierende. Es müsse mit anderen Faktoren wie Talent oder individuellen Bedürfnissen in Einklang gebracht werden. Diese Erläuterung mindert die Breitenwirkung des Urteils gewaltig, bei anders gelagerten Fällen kann Kennedy der progressiven Minderheit mit seiner Stimme zur umgekehrten 5:4-Mehrheit verhelfen.

Die Pragmatiker unter den Befürwortern der Affirmative Action haben ihre eigenen Schlüsse gezogen: Wenn der Supreme Court die Rassenzugehörigkeit als Kriterium verbiete, werde man sich auf das Einkommen der Eltern verlegen. Das sei ein juristisch «neutrales» Kriterium. De facto fällt es mit der Rassenverteilung zusammen. In vielen Schulbezirken gehört dies bereits zur gängigen Praxis, ohne dass Gerichte dies bisher beanstandet hätten.

Die beiden heftigsten Kommentare gegen jeden staatlichen Diskriminierungsausgleich gab der schwarze Richter Clarence Thomas ab. Eines sollten die traurigen Erfahrungen mit Affirmative Action seiner Meinung nach gelehrt haben, nämlich größtes Misstrauen gegen weiße «Sozialingenieure», die nur das Beste wollen, aber Schlimmes anrichten: «Mit Blick auf die Geschichte müssen wir uns davor hüten, den wechselnden Sozialtheorien weißer Eliten auch noch den Segen des Verfassungsgerichts zu erteilen.» Und zweitens sei der Gedanke, der dem ganzen Ansatz zugrunde liege, eine schwere Beleidigung seiner Rasse. Dahinter stecke doch die These, dass aus schwarzen Kindern nur etwas werden könne, wenn sie gemeinsam mit Weißen lernen.

Obamas Kritik an Bushs neuen Verfassungsrichtern

Barack Obama kritisierte das Urteil erwartungsgemäß. Er nutzte die Gelegenheit aber vor allem zu einer Attacke gegen die beiden neuen, von Bush ernannten Richter und versprach, als Präsident werde er Persönlichkeiten an den Supreme Court schicken, die wüssten, dass eine gezielte Förderung schwarzer Schulkinder noch immer nötig sei. Das war die Tonlage, die man von einem Demokraten erwarten durfte und wie sie auch die anderen Präsidentschaftskandidaten der Partei übten. Auf zusätzlichen, rassisch motivierten Zorn, mit dem er die Debatte hätte anheizen können, verzichtete Obama jedoch.

Er bleibt ein moderater Befürworter von Affirmative Action. Im Prinzip soll der Staat rassenblind sein. Doch solange die Ungleichheiten noch so groß sind, muss der Staat für Ausgleich sorgen. Obama nennt dieses Beispiel: Wenn zwei gleichermaßen qualifizierte Bewerber, der eine weiß, der andere schwarz, sich um einen Job, ein Haus oder einen Kredit bemühen und ein

Muster zu erkennen sei, wonach fast immer der Weiße den Zuschlag bekomme, dann müsse der Staat eingreifen.

Doch im selben Atemzug betont er die Verantwortung des Individuums. Schwarze leben ungesünder, rauchen mehr, essen mehr Fast Food, mehr Fett und weniger Vitamine, sie sehen länger fern und strebten zu wenig nach besserer Ausbildung. Es liege in ihrer eigenen Hand, vieles zu verändern, was zu ihrer Benachteiligung beitrage. Auch hier nimmt Obama kein Blatt vor den Mund.

Als Hauptunterschied zwischen Baracks Jugend und dem Wahljahr 2008 fällt jedoch auf, dass Schwarze keine Monopolstellung in den Rassendebatten mehr haben. Der bipolare hat sich zu einem multipolaren Konflikt entwickelt. In den USA leben bereits mehr Latinos als Schwarze. Sie haben zudem eine höhere Geburtenrate als die Afroamerikaner. Neben dem Schwarzen Obama bewirbt sich auch ein Sohn mexikanischer Einwanderer, Bill Richardson, um die demokratische Präsidentschaftsnominierung. Sie beide konkurrieren um die spanisch sprechenden Wähler. In Nevada, einem frühen Vorwahlstaat, in dem Hispanics ein Viertel der demokratischen Basis ausmachen, lässt Obama seit dem Sommer 2007 spanische TV-Werbung für sich schalten.

Der Rassenkonflikt zwischen Weißen und Schwarzen ist nicht gelöst, aber er verliert an Gewicht. Die USA sind auf dem Weg zu einer Gesellschaft vieler verschiedener Hautfarben und Sprachen. Texas, Kalifornien, New Mexico, Hawaii und Washington DC sind keine mehrheitlich weißen Staaten mehr. Sie sind, wie es so unnachahmlich heißt, Majority Minority – die Minderheiten bilden zusammen die Mehrheit. Maryland, Mississippi, Georgia, New York und Arizona werden bald folgen, ihre Minderheiten summieren sich bereits auf mehr als 40 Prozent.

Der Anteil der Minderheiten an der Gesamtbevölkerung nimmt rasant zu. Als die USA im Juli 2006 die 300-Millionen-Einwohner-Grenze überschritten, war die Immigration der wichtigste Faktor für dieses Wachstum. Die Minderheiten haben zudem eine höhere Geburtenrate als die Weißen. Weiße Mütter bilden mit 56 Prozent noch die Mehrheit, sie haben jedoch im Schnitt nur 1,6 Kinder. Hispanic-Mütter gebären 2,8 Kinder, Schwarze 2,0 und Asiatinnen 1,9. In Deutschland bekommen Mütter im Schnitt 1,33 Kinder.

Die Debatte, ob Barack Obama «schwarz genug» ist, wirkt daran gemessen wie von gestern. Er selbst denkt weiter. Er sieht sich nicht allein in einem weiß-schwarzen Spannungsfeld, sondern er versteht sich als Politiker einer Gesellschaft, die längst «multiracial» ist.

Nach einer «Newsweek»-Umfrage von Juli 2007 wären sogar einige Amerikaner mehr bereit, einen African American zum Präsidenten zu wählen als eine Frau zur Präsidentin. Das Selbstbild fällt dabei freilich viel toleranter aus als das von der Gesellschaft. 92 Prozent sagen, sie könnten sich vorstellen, einen Schwarzen zu wählen – aber nur 59 halten die USA für so weit. 85 Prozent geben an, sie wären bereit, für eine Frau zu stimmen, doch ihren Mitbürgern trauen das nur 58 Prozent zu.

Amerika will wieder hoffen dürfen und nicht nur gut regiert werden

Im Herbst 2007 arbeiten die Wahlkampfzentralen der Kandidaten fieberhaft an den Plänen für den Endspurt vor den Vorwahlen. Barack Obama hat in vielen Bereichen aufgeholt, in denen er zu Jahresbeginn noch deutlich zurücklag. Zum einen ist sein Bekanntheitsgrad wesentlich gestiegen, zum anderen sein Programm konkreter und detaillierter geworden, zum Beispiel seine Pläne für eine Reform des Gesundheitswesens. Nur ein Prozent der Bürger hat laut einer «Newsweek»-Umfrage noch nie von Hillary Clinton gehört, 13 Prozent sagen das zu diesem Zeitpunkt noch über Obama. Aber diese Differenz ist inzwischen kein Nachteil mehr, sondern hat sich eher in einen Vorteil verwandelt. Bei der Wertung, wie viele Amerikaner ein positives Bild von den Bewerbern haben, liegen sie fast gleichauf: 57 Prozent sind es bei Clinton, 54 bei Obama. Sie hat jedoch fast doppelt so hohe Negativwerte. In der gesamten Wählerschaft lehnen 36 Prozent Hillary Clinton ab und nur 19 Prozent Obama, unter konservativen Wählern haben 80 Prozent eine schlechte Meinung von ihr, aber nur 40 Prozent von ihm.

Für Obama spricht die Sehnsucht vieler Bürger nach einem klaren Wechsel, einem neuen Stil und nach einer neuen Generation. Hillary Clinton pocht darauf, dass auch sie einen politischen Wandel bewirken kann, zusätzlich aber über mehr Erfahrung verfügt. Schließlich war sie bereits acht Jahre lang die First Lady im Weißen Haus an der Seite ihres Mannes Bill. Am Wahltag 2008 kann sie auf acht Jahre im US-Senat verweisen, Obama nur auf vier. Die Umfragen zeigen, dass ihr Argument Gehör findet. 70 Prozent der Befragten meinen, sie habe die erforderliche Erfahrung, um das Land zu regieren. Über Obama sagen das nur 40 Prozent. Dafür liegt er kontinuierlich bei der

Frage vorne, wer von den Kandidaten «most inspiring» sei – also die größeren Erwartungen wecke und die meiste Begeisterung auslöse. In Iowa, dem ersten Vorwahlstaat, ergibt eine Erhebung der «Washington Post» und des Senders ABC vom August 2007: 49 Prozent halten eine neue Richtung und innovative Ideen für wichtiger als Erfahrung. Nur 39 Prozent der Befragten meinen umgekehrt, die Erfahrung gebe den Ausschlag.

Beim Thema «neue Ideen» führt Obama mit 37 Prozent, Hillary Clinton trauen nur 15 Prozent diese Erneuerungskraft zu. In puncto Erfahrung fallen die Werte genau umgekehrt aus.

Die wahlentscheidende Frage lautet: Kann er mit seiner Botschaft des Wandels mehr Wähler gewinnen als sie mit ihrer Erfahrung?

A Star is born: Obamas Rede beim Bostoner Parteitag der Demokraten 2004

Es grenzt an ein kleines Wunder, dass der Juniorsenator aus Illinois überhaupt eine so gute Chance in diesem Rennen hat, aber auf Wunder war er schon mehrfach angewiesen in seiner Karriere, und bisher sind sie zuverlässig eingetreten. «The Wunderkind» nennen ihn Parteifreunde. Diesen Ruf hat er sich mit seiner Rede auf dem Parteitag der Demokraten 2004 in Boston verdient. Am Morgen jenes 27. Juli ist er noch ein Regionalpolitiker, der in der Provinz Wahlkampf für einen Senatssitz in Washington führt. Über Nacht katapultiert ihn sein umjubelter Auftritt auf die nationale Bühne. Die Chance, hier vor Kameras zu reden, die sein Bild in das ganze Land vor Millionen Zuschauer tragen, ist eine jener glücklichen Wendungen in Barack Obamas politischer Karriere.

Die viertägige Versammlung in Boston dient vor allem einem Zweck: John F. Kerry als Präsidentschaftskandidaten zu inthronisieren und John Edwards als seinen Vize. Drei der vier Hauptredner, die an den vier Tagen sprechen sollen, stehen damit fest. Bill Clinton, der letzte demokratische Amtsinhaber, wird am Montagabend zur besten Sendezeit sprechen. Am Mittwoch soll John Edwards reden und zum Abschluss am Donnerstag John F. Kerry, die neue Nummer eins der Partei. Doch für Dienstagabend braucht die Partei eine weitere Persönlichkeit, die die Tradition starker Grundsatzreden, so genannter «Keynotes», fortsetzen und damit Aufbruchstimmung wecken kann. Die Vorbilder dafür haben Barbara Jordan, Mario Cuomo und Ann Richards geliefert. «Eine Botschaft der Hoffnung», lautet der Arbeitsauftrag für das Planungskomitee, aber diese Rede soll die Hoffnung auch mit konkretem Inhalt und Richtung füllen. Jugend, Frische und ein Zeichen der Vielfalt der amerikanischen Gesellschaft stehen auf dem Wunschzettel, und im Idealfall ist der Redner auch noch ein Vertreter der nächsten Führungsgeneration. Die Suche verläuft zunächst in den gewohnten Bahnen. Das Komitee geht die Liste jugendlich wirkender demokratischer Gouverneure in den Bundesstaaten durch: Mark Warner (Virginia), Bill Richardson (New Mexico), Tom Vilsack (Iowa), Jennifer Granholm (Michigan). Sie alle gelten als solide Kandidaten, begeistern das Planungskomitee aber nicht wirklich.

Kerrys Wahlkampfmanagerin Mary Beth Cahill wirft den Namen Obama in die Runde. Auf dem Papier ist es eine bestechende Idee, weil dieser Kandidat offene Flanken mit abdeckt. Obama kommt aus Illinois, einem Industriestaat im Mittleren Westen, eine gute Ergänzung zum Südstaatler Edwards und Nordoststaatler Kerry. Er ist als guter Redner bekannt, der auch eine größere Menge in seinen Bann zu ziehen vermag. Der Auftritt würde zudem Obamas eigenem Senatswahlkampf Auftrieb verleihen – und sichere Sitze im Senat und im Abgeordnetenhaus brauchen die Demokraten weiß Gott. Bei der Kongresswahl 2004 wollen sie die knappe 51-zu-48-Mehrheit der Republikaner im Senat brechen.

Als diese Gerüchte Obama erreichen, will er sie erst nicht glauben. Eine «Keynote»-Rede zur besten Fernsehzeit gibt man nicht einem kleinen Regionalsenator. Doch sein Wahlkampfmanager David Axelrod wirbt für ihn im Parteiapparat, bis schließlich Kerrys Begeisterung für Obama den Ausschlag gibt. Er hat den jungen Schwarzen bereits persönlich erlebt und ist von ihm beeindruckt. Obama kann das versöhnliche Gegengewicht zu den kämpferischen Auftritten bilden, die Kerry und Edwards liefern müssen, um die Gegensätze zu Bush zu demonstrieren. Sie sollen Kampfbereitschaft und Siegeszuversicht verbreiten. Obama dagegen wird eine Einladung an alle Amerikaner aussprechen, wo auch immer sie politisch stehen. Seine Botschaft ist: Versöhnen statt spalten. Und den Gedankengang dieser Rede hat er schon oft erprobt. Er möchte einfach von seinem Lebensweg erzählen, in einer anrührenden Geschichte, die zeigt, dass man in Amerika alles erreichen kann.

Mehrere tausende Delegierte sind im Fleet Center versammelt, einer Sportarena, die für den Parteitag als Konferenzort hergerichtet wurde. Noch einmal so viele Journalisten in den Presseräumen und neun Millionen Amerikaner verfolgen den Auftritt an den Fernsehern im ganzen Land. Obama erzählt von den Lebensträumen seiner Großeltern auf zwei verschiedenen Kontinenten: denen des Ziegenhüters in Kenia sowie denen des Weltkriegssoldaten aus Kansas. Dabei verbindet er das Vokabular der Greatest Generation, wie die Weltkriegsgeneration genannt wird, mit den Schlüsselbegriffen des Terrorzeitalters. Als er von seinem weißen Großvater erzählt, der nach dem japanischen Überfall auf Pearl Harbor ins Militär eintrat, «um seinem Land zu dienen», benutzt Obama dieselbe Wendung «Angriff auf Amerika», die sich für die Anschläge vom 11. September eingebürgert hat. Während der Großvater mit General George S. Pattons Armee durch Europa zieht, steht seine Ehefrau zuhause am Fließband eines Rüstungsbetriebs. Dann spricht er von seinen afrikanischen Vorfahren, die denselben Traum verfolgen wie die Weißen in Kansas: Dank harter Arbeit und Bildung sollen die Kinder es besser haben. Obama erzählt von der «unwahrscheinlichen» Liebe seiner Eltern und ihrem Glauben, dass in Amerika alles möglich ist. «Sie leben nicht mehr, aber ich weiß, dass sie heute voll Stolz von oben auf mich herabblicken.» An dieser Stelle ist die Rührung im Saal deutlich zu spüren. Und dann zitiert er aus der Erklärung der Grundrechte von Virginia, die zur Gründungsgeschichte der USA gehört: «We hold these truth to be self-evident.» Alle Menschen sind gleich geboren. Der Schöpfer hat sie mit unveräußerlichen Rechten ausgestattet. Dazu gehören das Recht auf Leben, auf Freiheit und «the pursuit of happiness», wie es in der weltberühmten Passage des Grundrechts heißt: das Recht eines jeden Menschen, sein eigenes Glück zu suchen.

Doch die Realität der Menschen daheim in Illinois, die er in seinem Senatswahlkampf trifft, sieht anders aus, fährt Obama fort. Viele von ihnen haben den Job verloren und damit auch die Krankenversicherung, die bisher die Medikamente für die Kinder zahlte. Für das College reicht das Geld bei den meisten ohnehin nicht aus. Diese Menschen erwarten nicht, dass die Regierung alle Probleme für sie löst, sagt Obama, aber sie ahnen, dass sie eine bessere Chance hätten, ihr Schicksal selbst in die Hand zu nehmen, wenn die Regierung die Prioritäten anders setzte.

Er erwähnt in dieser Passage weder Präsident Bush noch die Milliarden für den Irakkrieg, die den bedürftigen Amerikanern fehlen, das dürfen sich die Zuhörer selbst denken. Er preist dafür John F. Kerry, der diesem Land gedient hat und die richtigen Prioritäten setzen wird. Steuererleichterungen für Großkonzerne solle es nur geben, wenn diese dafür neue Arbeitsplätze in Amerika schaffen. Kriege müsse man leider manchmal führen, betont Obama, aber bitte nur als letzten Ausweg, niemals als erste Option. Amerika kann es besser als unter Bush, das Land braucht eine klügere Führung.

Schon mitten in der Rede können sein Kampagnenmanager Robert Gibbs und sein Medienberater David Axelrod spüren, wie die Menge mitgeht. «Wir schauten uns an wie zwei Kinder unter dem Weihnachtsbaum», erinnert sich Gibbs. Axelrod greift zu einem Bild aus der Baseballsprache. «Manchmal kannst du es schon am Klang hören, wenn der Schläger den Ball trifft: Das wird ein Homerun.»

Dann kommt Obama zu seiner Kernpassage. «E pluribus unum» steht auf dem Staatswappen der USA. Frei übersetzt bedeutet das, aus vielen unterschiedlichen Menschen, die aus diversen Ländern, Kulturen und Religionen kommen, eine gemeinsame Nation schaffen. «Doch während ich hier rede» – und wieder nennt Obama keine Namen, aber jeder versteht, dass Bush und sein Stratege Karl Rove gemeint sind –, setzen andere darauf, die Gesellschaft zu spalten. «Ich halte ihnen entgegen: Es gibt nicht ein liberales und ein konservatives Amerika. Es gibt nur die Vereinigten Staaten von Amerika. Es gibt nicht ein Amerika der Schwarzen und ein Amerika der Weißen, ein Amerika der Latinos und ein Amerika der Asiaten. Es gibt nur die Vereinigten Staaten von Amerika.»

All die trennenden Einteilungen, mit denen die Republikaner operieren, weist er zurück. Homosexualität ist nicht widernatürlich und eine Opposition gegen den Irakkrieg auch nicht unpatriotisch: «Wir haben Schwulenfreunde in blauen Staaten und in roten Staaten» – Blau ist die Farbe der Demokraten, Rot die der Republikaner. «Es gibt Patrioten, die den Irakkrieg ablehnen, und Patrioten, die den Irakkrieg unterstützen. Wir sind ein Volk, wir alle geloben unserem Land die Treue und verteidigen die Vereinigten Staaten.»

Um Hoffnung gehe es in dieser Wahl, bekräftigt Obama, nicht um billigen Optimismus. Um Selbstvertrauen im Angesicht großer Probleme. Wenn alle zusammen anpacken, dann hat Amerika eine bessere Zukunft vor sich.

Obamas Rede ist nicht sehr lang, sie dauert nur 17 Minuten. Der Saal belohnt den jungen Hoffnungsträger mit Ovationen. Die nationalen Medien feiern ihn als den neuen Nachwuchsstar. Wie sehr dieser 27. Juli sein Politikerleben verändert, erfahren Obama und sein Team erst in den folgenden Tagen. Da machen sie sich erneut auf die ermüdende Wahlkampftour durch Städte und Gemeinden von Illinois. Nun kommen 500 Menschen zu Auftritten, bei denen sie zuvor 100 erwarten durften, einmal sogar 1000. Und wichtiger noch, sagt Charlie Cook, einer der politischen Gurus der USA: Es sind nicht einfach nur mehr von den üblichen Verdächtigen. Obama lockt nun ganz neue Gruppen und Schichten an. Er ist jetzt eine Berühmtheit. «Es war, als würde man mit dem Basketballstar Michael Jordan herumlaufen», beschreibt sein Schwager Craig Robinson die neue Situation. Nun fiel es auch Obama leichter, Wahlkampfspenden einzuwerben. «Wir mussten nicht mehr betteln. Wir mussten nur noch einsammeln», erzählt Berater Joe McLean.

Das Glück des Tüchtigen

Vom ersten politischen Wahlamt als Senator im Regionalparlament von Illinois, 1996, bis zur aussichtsreichen Bewerbung um die Präsidentschaft in nur elf, zwölf Jahren – das ist ein politisches Rekordtempo. Der Aufstieg selbst ist schon bewundernswert, die Geschwindigkeit ist jedoch atemberaubend. Und dies umso mehr, wenn man bedenkt, dass der Kandidat nicht aus dem weißen Politikadel stammt wie zum Beispiel die Kennedys, bei denen die nächste Generation mit der Geburt den Anspruch auf eine Politikerkarriere erwirbt. Barack Obama startet unter erschwerten Bedingungen. Betrachtet man seinen Weg unter umgekehrten Vorzeichen – nicht, was geklappt hat, sondern was alles hätte schiefgehen können –, dann wird noch deutlicher: Obama ist tüchtig, aber er brauchte auch Glück. Und mit fast mathematischer Präzision kommt ihm das Glück des Tüchtigen immer dann zu Hilfe, wenn er am dringendsten darauf angewiesen ist. Seine potenziell größten Konkurrenten ändern plötzlich ihre Pläne oder werden unvermittelt von Skandalen eingeholt, ziehen ihre Kandidatur zurück und machen Obama kampflos den Weg frei.

Sein Einstieg in die Politik 1996 ist noch vergleichsweise unspektakulär. Als Barack Obama 1991 in Harvard promoviert, stehen ihm, dem ersten schwarzen Präsidenten der angesehenen Fachzeitschrift «Harvard Law Review», alle Türen offen: Bundesgerichte, renommierte Anwaltskanzleien, auch die oberen

Etagen großer Unternehmen. Obama geht jedoch zurück nach Chicago und nimmt seine alte Tätigkeit wieder auf, die politische Organisation sozial benachteiligter Schwarzer. Auch das eröffnet Karrierechancen – in der Politik. Cook County ist mit mehr als fünf Millionen Einwohnern der zweitgrößte Bezirk der USA nach Los Angeles. In keinem anderen County des Landes leben, erstens, mehr Afroamerikaner und in keinem anderen, zweitens, mehr demokratische Parteimitglieder. Cook County ist damit das Herz der so genannten Chicago Machine. Mit Blick auf die Wahl 1992 motiviert Obama Schwarze, sich in die Wählerlisten einzutragen, und erreicht mit 150 000 neuen Namen einen beachtlichen Erfolg.

1993 tritt er in die auf Bürgerrechtsfälle spezialisierte Kanzlei Miner, Barnhill und Galland ein. Parallel wird er Dozent für Verfassungsrecht an der Universität Chicago. Diese Lehrtätigkeit gibt er erst wieder auf, als er 2004 zum Senator gewählt wird.

Der Einstieg in die Politik, seit Jahren sein erklärtes Ziel, ist nun nur noch eine Frage der richtigen Gelegenheit. Frühere Weggefährten wie Gerald Kellman, sein Boss als Community Organizer, hatten den Eindruck, er wolle Oberbürgermeister von Chicago werden – weil Obama so begeistert war von Harold Washington, dem ersten Schwarzen an der Spitze der Stadt. Obama hat das stets als Missverständnis abgetan. 1996 wird der Sitz im 13. Wahlbezirk, der South Side von Chicago, im Senat von Illinois frei. So sieht es jedenfalls zunächst aus. Alice Palmer, die Amtsinhaberin, möchte sich um ein Mandat im US-Kongress bewerben und schlägt Obama als ihren Nachfolger vor. Doch als die Vorwahlen nahen, merkt Palmer, dass sie keine Chance hat, für das US-Abgeordnetenhaus aufgestellt zu werden, und möchte ihren alten Posten nun doch behalten. Für Obama ist das jedoch kein Grund, sich zurückzuziehen – vereinbart ist vereinbart. Die Parteihierarchen stehen aber zu Palmer, daran ändert auch seine verdienstvolle politische Arbeit in Cook County nichts. Nun tritt der Jurist Obama auf den Plan. Er prüft die Wahlunterlagen seiner Konkurrenten und merkt, dass sie alle gemogelt haben bei den Unterschriftenlisten, die für eine Kandidatur verlangt werden, Palmer eingeschlossen. Durch eine formale Beschwerde erzwingt er ihren Rückzug und wird zum einzigen Kandidaten in der Vorwahl. Den Senatssitz hat er damit sicher, sein Wahlbezirk wählt verlässlich demokratisch. Freunde in der Partei hat er sich mit dieser Aktion aber nicht gemacht.

Wie auf nationaler Ebene ist der regionale Senat die etwas kleinere und feinere zweite Kammer neben dem Abgeordnetenhaus. Illinois hat ein Teilzeitparlament, das nicht das ganze Jahr hindurch tagt und nur in wenigen Spitzenmonaten mehr als zehn Tage pro Monat. Als Obama 1997 zu seiner ersten Sitzung in die Hauptstadt Springfield, etwa 320 Kilometer südlich von Chicago, kam, beherrschten die Republikaner den Senat. Als Oppositionspolitiker kann Obama zunächst wenig ausrichten. Erst in seinen letzten beiden Jahren dort, 2002 bis 2004, haben die Demokraten die Mehrheit, wodurch auch Obamas Einfluss spürbar wächst. Obendrein eilt ihm der Ruf voraus, ein etwas arroganter Intellektueller zu sein. Seine Parteifreunde nehmen ihn nicht gerade freundlich auf. Die weißen Demokraten vertreten die Interessen von Farmern und Arbeitern, die schwarzen Kollegen sind Konkurrenten, soweit sie aus der West Side von Chicago stammen, ebenfalls eine «schwarze» Gegend, die jedoch in erbitterter Rivalität zu Obamas South Side steht. In «The Audacity of Hope» beschreibt er seine Frustration in den ersten vier Jahren im Senat von Illinois: «Die Republikaner ließen nicht die kleinste Änderung an ihren Entwürfen zu. Die Demokraten konnten rufen, brüllen, schäumen – sie mussten hilflos zusehen, wie die Republikaner Steuersenkungen für die großen Konzerne durchsetzten, die Arbeiterschaft benachteiligten und soziale Dienstleistungen einschränkten.» Die Wut wuchs, und die Ungerechtigkeiten blieben im Gedächtnis der Demokraten und ihrer Anhänger, erinnert sich Obama, und deshalb wollten die Demokraten nach dem Machtwechsel auch keine Kompromisse mit den Republikanern schließen, als die nun in der Minderheit waren. Über seine Ablehnung in den eigenen Reihen schweigt er.

Obama hat ein seltenes Ideal in der Politik, er ist gegen eine strikte Parteidisziplin. Schon damals in Springfield habe er wenig vom Politschauspiel entlang der Fraktionslinien gehalten, schreibt er. Vielleicht klinge das naiv, aber er glaube an die Kraft des Arguments. Er möchte sich mit den Republikanern bei Bier, Dinner oder Zigarren treffen, nach gemeinsamen Zielen suchen und Kompromisse aushandeln. Tatsächlich erarbeitet er sich mit der Zeit den Ruf, ein Brückenbauer zu sein. Er wirbt für eine Einkommenssteuerreform, die Geringverdiener begünstigt, unterstützt Programme zur Aids-Prävention und zur Behandlung HIV-Infizierter und kämpft für ein Gesetz, das Menschen, die sich keine Krankenversicherung leisten können, finanzielle Hilfen beim Abschluss einer Police anbietet.

Durchschlagende Erfolge erzielt er aber erst, als die Demokraten 2002 die Mehrheit gewinnen und er den Vorsitz im Ausschuss für Gesundheit und Sozialdienste übernimmt. Vorzeigejurist Obama strebt 2003 eine Reform des Strafverfahrens mit Todesstrafe an. Verhöre und Geständnisse müssen seiner Meinung nach auf Video aufgenommen werden, um Zweifel an ihren Abläufen auszuschließen. Solche Prozesse stehen in den USA und auch in Illinois schon lange unter dem Verdacht, dass Geständnisse manchmal erzwungen werden. Bei brutalen Verbrechen stehen die Strafverfolger unter öffentlichem Druck, rasch einen Schuldigen zu präsentieren. Fragwürdige Polizeitaktik ist an der Tagesordnung. Schwarze werden öfter als Weiße zu Opfern von Racial Profiling und Justizirrtümern. Denn ihnen traut man Gewaltverbrechen in einer Mischung aus Vorurteilen und statistischen Erfahrungen eher zu. Zudem können sie sich gegen Polizei und Justiz schlechter wehren und haben in der Regel nicht das Geld für eine gute Verteidigung.

Obama betont, er sei nicht prinzipiell gegen die Todesstrafe. Er glaubt zwar nicht an ihre abschreckende Wirkung, meint aber, sie sei bei besonders abscheulichen Taten wie Massenmord oder Kindesvergewaltigung mit anschließender Tötung gerechtfertigt.

Angesichts der festen parteipolitischen Fronten waren die Aussichten für die Reform begrenzt. Einige Demokraten wollten nur für eine Reform stimmen, die die Todesstrafe abschafft. Für Konservative ging Obamas Vorschlag zu weit, weil er den Generalverdacht enthielt, Geständnisse seien das Ergebnis von Manipulationen im Polizei- und Justizapparat. Die Bürger von Illinois und ihre Abgeordneten waren damals verunsichert, aber auch tief gespalten. Nach der Aufdeckung einer Reihe von Justizirrtümern hatte Gouverneur George Ryan alle Exekutionen gestoppt und die Todesurteile in lebenslängliche Haftstrafen umgewandelt. Obama versucht den Blick beider Lager auf die gemeinsamen Ziele zu lenken: Einerseits soll kein Unschuldiger verurteilt werden, andererseits darf kein Schuldiger ungestraft davonkommen. Die Polizei möchte nur Videoaufnahmen der Geständnisse, nicht der Verhöre zulassen, aber Obama sucht den Kontakt zu moderaten Republikanern um Kirk Dillard und zieht sie schließlich auf seine Seite: Der Zweck sei doch gerade, jeden Zweifel der Öffentlichkeit auszuschließen, dass Geständnisse nur die Folge unzulässiger Verhörpraktiken seien. Details des Entwurfs werden modifiziert, am Ende passiert die Reform den Senat ohne eine einzige Gegenstimme. Obama hat damit seine Eignung zu politischer Führung bewiesen, er kann verfeindete Lager zu einem Kompromiss bewegen.

Zuvor hatte er frustrierende Erfahrungen in den demokratischen Oppositionsjahren bis 2002 gemacht. Diese anhaltende Enttäuschung hatte ihn zu einem Fehler verleitet, der vergeblichen Bewerbung um einen Sitz im nationalen Abgeordnetenhaus 2000. Er habe «viel zu hoch gegriffen», urteilt Obama später selbstkritisch. Er lernt eine bittere Lektion: «Niederlagen sind demütigend.» Sein Ehrgeiz hatte ihn dazu verführt, einen etablierten Demokraten anzugreifen. Den Sitz, auf den er spekulierte, hatte Bobby Rush inne, ein vormaliger Aktivist der Black Panther, der bereits vier Mal wiedergewählt worden war. Obama hielt ihn im Jahr 2000 für verwundbar, da Rush gerade die Oberbürgermeisterwahl gegen Richard Daley mit großem Abstand verloren hatte. Obama stützte sich dabei auf Umfragen, denen zufolge insbesondere weiße Wähler eine Alternative zu

Rush suchten. Doch der angeschlagene Löwe wehrt sich, er hat die Routine und die Machtstrukturen auf seiner Seite. Er verspottet Obama, weil dem die Erfahrung in der nationalen Politik fehle, und stichelt, Obama sei «nicht schwarz genug». Als Rushs Sohn im Oktober 1999 Opfer einer Straßenschießerei wird, hat Rush auch noch alle Sympathien auf seiner Seite. Und Obama stellt den Wahlkampf für einige Wochen ein, um nicht herzlos zu erscheinen. Er ahnt in den verbleibenden Monaten seine Niederlage voraus und muss doch Siegeszuversicht heucheln. Die Vorwahl in der Demokratischen Partei um die Nominierung für den Kongresssitz verliert er im März 2000 mit 30 zu 61 Prozent gegen Rush.

Im Nachhinein stellt sich diese Niederlage als Glück für ihn heraus. Als neuer Abgeordneter, der sich in Washington zurechtfinden muss, hätte er sich wohl kaum 2004 um den Sitz im US-Senat bewerben können. Die Partei hätte ihn auch nicht gebeten, die Keynote-Rede in Boston zu halten, die ihn berühmt machte. Zunächst aber raubt ihm die Niederlage für einige Wochen die Motivation. Er denkt offenbar ernsthaft darüber nach, aus der Politik auszusteigen, so erinnern sich jedenfalls Freunde. «Lebenslang im Regionalparlament», das sei für ihn keine Perspektive, erklärte er frustriert. Doch dann fängt er sich wieder und geht seine Arbeit im Senat von Illinois mit neuem Elan an. Im Jahre 2002 gewinnt er die Wiederwahl, ohne einen Gegenkandidaten zu haben. Und die Demokraten erringen die Mehrheit in Springfield.

Die von Obama vermittelte Reform der Todesstrafe und andere Erfolge helfen ihm bei seinem nächsten Versuch, auf die nationale Bühne zu wechseln – diesmal nicht ins Abgeordnetenhaus, sondern in den prestigeträchtigeren Senat. Und wieder hat er Glück. Eine unsichtbare Hand räumt die vielfältigen Hindernisse aus dem Weg. Da wiederholen sich die glücklichen Umstände seiner Wahl in das Regionalparlament 1996. Den Senatssitz in Washington, den Obama 2004 anstrebt, hat der Republikaner Peter Fitzgerald inne, ein alter Bekannter Obamas aus dem Senat von Illinois. Fitzgerald hat den US-Senatssitz 1998 gegen Carol Moseley Braun gewonnen, eine dreifache Rekordlerin. Sie war 1993 die erste schwarze Frau im US-Senat, das erste Senatsmitglied der Demokraten aus der African American Community und zugleich das erste schwarze Senatsmitglied aus Illinois. 1998 siegt Fitzgerald über die Amtsinhaberin Moseley Braun vor allem dank seines Rufs, er decke ohne Parteirücksichten Korruptionsaffären auf. In diese Affären waren auch Carol Moseley Braun und der republikanische Gouverneur von Illinois, George Ryan, verwickelt.

Doch Fitzgeralds Senatsjahre in Washington sind kein Erfolg, und deshalb fehlt ihm die Unterstützung der Republikaner für eine Wiederwahl. Darin sieht Obama seine Gelegenheit und kündigt 2003 seine Bewerbung an. Tatsächlich verzichtet Amtsinhaber Fitzgerald auf eine neue Kandidatur. Damit beginnt eine ganze Kette von Barack-im-Glück-Momenten. Fitzgeralds Vorgängerin im US-Senat, die Demokratin Carol Moseley Braun, ist zwar zurück in Chicago, will aber auch nicht kandidieren. Gegen sie, die erste schwarze Senatorin aus Illinois, hätte Obama nicht antreten dürfen, weil ihn das die Unterstützung der Demokraten gekostet hätte. Sie geht gleich als Präsidentschaftskandidatin ins Rennen und verliert.

So bleiben nur zwei ernsthafte Konkurrenten für die Vorwahl übrig, in der die Demokraten ihren offiziellen Bewerber nominieren. Erstens Dan Hynes, der als State Comptroller eine Art finanzieller Oberaufseher des Staates ist und als ein Kandidat des Establishments gilt. Zweitens Blair Hull, ein reicher Börsenmanager, der seine Firma kurz zuvor für 531 Millionen Dollar an die Investment-Bank Goldman Sachs verkauft hat. Diese Kandidaten-Konstellation birgt für Obama zwei Vorteile: Erstens «split of the white vote», die weißen Stimmen werden sich auf zwei Kandidaten verteilen, wodurch die Schwelle für die relative Mehrheit, die ihm den Sieg bringen kann, sinkt. Auf gleiche Weise hatte ein Jahrzehnt zuvor Harold Washington die Wahl zum ersten schwarzen Oberbürgermeister von Chicago gewonnen. Zweitens kommt Obama in den Genuss der so genannten «Millionärsklausel» im neuen Wahlkampf-Finanzierungs-Gesetz: Um Fairness gegen einen sehr reichen Konkurrenten herzustellen, der die Kampagne aus privater Tasche finanziert, werden die sonst üblichen Grenzen von 2000 Dollar pro Spender auf 12 000 angehoben.

Fundraising im sechs- oder siebenstelligen Bereich war für Obama eine völlig neue Erfahrung. Anfangs, schreibt er in seinem Buch «The Audacity of Hope», habe er sich «lauter Ausreden ausgedacht, um die unangenehmen Bettelanrufe hinauszuschieben: noch einen Gang zur Toilette oder zum Kaffeeautomaten». Aber schließlich musste er «lernen, jedes Schamgefühl abzustreifen und wildfremde Menschen um Summen anzubetteln, die ich noch nie irgendjemandem in meinem Leben gegeben hatte».

Obama und seine Ehefrau Michelle nutzen die Kontakte aus ihrer Studienzeit in Harvard und Princeton sowie aus ihrer Arbeit in verschiedenen Anwaltskanzleien. David Axelrod, der führende Wahlkampfberater der Demokraten in Illinois, steuerte Kontakte zu so genannten «Seeufer-Liberalen» in Chicago bei: Millionären, die in den besten Wohngegenden am Michigansee leben, aber die Demokraten unterstützen. Finanziell betrachtet blieb Barack Obamas Kampagne dennoch hoffnungslos hinter Millionär Hull zurück. Geld ist aber wichtig, betonten seine Experten, um teure TV-Werbung zu schalten. Einen Monat vor der Vorwahl lag Hull in den Umfragen in Führung, gefolgt von Hynes und Obama. Doch Ende Februar 2004 folgte ein rabenschwarzer Tag für Hull. Hässliche Details aus seinen Scheidungsakten dringen in die Öffentlichkeit. Obama fürchtete nun, Hull werde sich zurückziehen und seine Wähler würden dann Hynes unterstützen. Doch das Glück blieb Obama treu: Hull machte vorerst weiter, und die von ihm enttäuschten Anhänger wandten sich eher Obama als Hynes zu. Obamas Botschaft der Einheit fasziniert die Demokraten. Die Vorwahl im März gewinnt Obama schließlich mit 53 Prozent. Dieser Erfolg eines Schwarzen, der auch bei reichen Weißen gut ankommt, beschert ihm noch mehr Aufmerksamkeit in der Öffentlichkeit.

Im «New Yorker», auf Salon.com und in den Nachrichtenmagazinen erscheinen ausführliche Porträts über ihn.

In der heißen Phase, in den letzten Monaten vor der eigentlichen Wahl im November, wiederholt sich dieses Muster. Das private Unglück des republikanischen Konkurrenten Jack Ryan wendet sich zum Glück für Obama. Auch Ryan ist ein Millionär, der sein Vermögen als Investmentbanker bei Goldman Sachs verdient hat. Er macht sich unbeliebt, indem er einen Wahlkampfhelfer jeden öffentlichen Schritt Obamas filmen lässt. Mit seiner Bitte um mehr Abstand und Respekt hat Obama die Sympathien auf seiner Seite. Dann klagt die «Chicago Tribune» auf Einsicht in die Scheidungsakten von Ryan. Er und seine Exfrau, die Schauspielerin Jeri Ryan, hatten sich zwar 1999 auf Geheimhaltung geeinigt, um den gemeinsamen Sohn zu schützen. Aber im Juni gibt ein kalifornischer Richter dem öffentlichen Interesse wegen Ryans Bewerbung um ein Wahlamt den Vorrang.

Der Inhalt ist peinlich: Während der Scheidung warf Jeri ihrem Mann vor, er habe sie in Sex-Clubs geschleppt und zu intimen Handlungen vor den Augen Dritter überredet. Jack Ryan hatte diese Vorwürfe stets bestritten, aber seine Kandidatur muss er nun aufgeben.

Die Chicagoer Zeitungen amüsieren sich über die bizarre Wende im Wahlkampf. Sie kennen Barack Obama als redefreudigen und wortgewaltigen Wahlkämpfer. Nun ist er plötzlich darauf bedacht, möglichst wenig zu sagen und einfach nur zuzuhören, wie sein Konkurrent sich unter den unangenehmen Nachfragen der Medien windet. Klugerweise gibt Obama keinen Kommentar zu Ryans Scheidungsaffäre ab.

Die Republikaner brauchen einen vollen Monat, um einen neuen Kandidaten aufzutreiben. Ihre Wahl stellt sich wieder als Missgriff heraus: Alan Keyes ist zwar auch ein schwarzer Harvardabsolvent, aber ein erzkonservativer Mann mit einer überzogenen Rhetorik. «Christus würde nicht für Barack Obama stimmen», attackiert er zum Beispiel Obamas liberale Haltung zum Abtreibungsrecht. Homosexuelle sind für ihn «selbstsüchtige Hädonisten», und eine Adoption durch homosexuelle Paare führt für ihn unweigerlich zu Kindesmissbrauch. Alan Keyes fordert die totale Steuerbefreiung für alle Nachkommen von Sklaven.

Es ist ein weiterer Glücksumstand für Obama, dass sein Gegenkandidat so wenig Anziehungskraft besitzt. Am Wahltag im November 2004 verliert zwar John F. Kerry gegen George W. Bush. Aber Barack Obama gewinnt das Rennen um den offenen Senatssitz von Illinois mit 70 Prozent gegenüber 27 für Alan Keyes.

Der große Versöhner

Als Barack Obama am 4. Januar 2005 den Amtseid im Senat ablegte, war ihm bereits der Ruf vorausgeeilt, er bemühe sich um Überparteilichkeit. Auch in Washington geht er auf die Republikaner zu, schon aus Höflichkeit des Newcomers gegenüber älteren und erfahrenen Kollegen. Im Sommer 2005 reiste er mit Richard Lugar, einem der großen Außenpolitiker der Republikaner, nach Russland und in die Ukraine.

Für einen politischen Neuling in Washington, egal ob Abgeordneter oder Senator, hat die Schärfung des eigenen Profils zunächst nicht oberste Priorität. Er muss sich erst einmal einleben, ein eigenes Büro aufbauen und Personal finden, das seinen Mangel an Erfahrung wettmacht. Erneut hat Obama Glück, und zudem profitiert er von seiner neuen Prominenz als Nachwuchstalent.

2004 war kein gutes Wahljahr für die Demokraten, die Republikaner verteidigten ihre Mehrheit in beiden Häusern des Kongresses und bauten sie sogar aus. Ein Opfer dieser Dynamik ist der demokratische Mehrheitsführer im Senat, Tom Daschle aus South Dakota, der seinen Sitz verliert. Dank der Fürsprache einer Freundin aus Harvard kann Obama Daschles Stabschef Pete Rouse überzeugen, die Aufgabe des Büroleiters nun bei ihm zu übernehmen. Rouse ist 15 Jahre älter als Obama und ein alter Hase in Washington. Im Senat arbeitete er seit 1971 – Barack Obama war damals erst zehn Jahre alt. Ihre Partnerschaft macht sich für beide bezahlt: Rouse bewahrt Obama vor Anfängerfehlern, dafür bietet sich ihm die Chance, weiter für einen potenziellen Präsidenten zu arbeiten. Bis zu seiner überraschenden Senatsniederlage hatte auch Tom Daschle zu diesen Kandidaten gezählt. Dank Rouse stoßen vier weitere leitende Mitarbeiter aus dem Daschle-Team zu Obama: Dan Pfeiffer als stellvertretender Sprecher, Finanzdirektorin Julianna Smoot, Steve Hildebrand als Berater für die frühen Vorwahlstaaten und Devorah Adler als Research-Direktorin.

Pete Rouse bemühte sich, Obamas Ehrgeiz klug zu kanalisieren, um ihn zum potenziellen Bewerber um die Präsidentschaft aufzubauen. Doch zunächst wollte er ihn davor schützen, in den Ruf eines arroganten Überfliegers und Besserwissers zu geraten. Zusammen mit Robert Gibbs, der zuvor John F. Kerrys Wahlkampfsprecher war und nun für Obama als Kommunikationsdirektor arbeitet, und Wahlkampfmanager David Plouffe entwarf Pete Rouse eine Strategie für Obamas erstes Jahr als Senator. Sie orientierte sich an Hillary Clintons erfolgreichem Beispiel nach ihrer Wahl im Jahr 2000: Erstens, erweise den anderen Senatoren Respekt, auch wenn du der größere Star bist. Zweitens, lass bei deinen Wählern daheim nicht den Eindruck aufkommen, du vergisst sie. Drittens, bau ein Netzwerk der Zusammenarbeit auf, nicht nur in deiner Partei, sondern erst recht mit den Gegnern.

Und so warb Obama mit dem erzkonservativen Tom Coburn aus Oklahoma für eine staatlich finanzierte Internetsuchmaschine, die es Bürgern erleichtert, Informationen über die Ausgabenpolitik der Regierung zu finden. Mit Richard Lugar, einem Republikaner aus Indiana, erreichte er ein höheres Budget für das Aufspüren und die sichere Verwahrung von Luftabwehrraketen und andere Waffen aus Sowjetbeständen. Bei anderen Themen, die für die Kollegen heikel sind, wie den neuen Beschränkungen für Spenden von Lobbyisten, wahrte Obama zumindest Zurückhaltung. Bisher war er stets für strenge Ethikregeln eingetreten. Mehrfach hatte er lautstark gegen Millionenzuwendungen großer Konzerne oder Lobbygruppen an Politiker protestiert. Als der Gesetzesentwurf eher bescheiden ausfällt, stimmt Obama dagegen, vermeidet es aber, den demokratischen Senatsführer Harry Reid dafür zu kritisieren, dass der nicht hart genug gekämpft habe. Obama ist kein Hitzkopf, deshalb greift er auch Republikaner, die die Regeln verwässert haben, nicht frontal an. Das enttäuscht wiederum die linke Bloggergemeinde, die großen Einfluss auf die demokratische Basis hat. Aber diese Klientel kann er mit seiner konsequenten Opposition gegen den Irakkrieg überzeugen.

Im Herbst 2005 folgte ein weiterer Schlüsselmoment. Präsident Bush hatte John Roberts als neuen Präsidenten des Supreme Court, des Verfassungsgerichts, nominiert. Für diese Berufung brauchte er die Zustimmung des Senats. Obama tendierte dazu, Roberts zu unterstützen, obwohl dieser eher republikanische als demokratische Prinzipien vertrat, weshalb ihn Bush gerade ausgewählt hatte. Aber der Harvard-Jurist Obama erfreute sich daran, wie Roberts sich zu den Prinzipien der Rechtsprechung und der Verfassung äußerte. Obama will ihn bestätigen, der erfahrene Pete Rouse warnt ihn jedoch vor den langfristigen Folgen: Jedes Mal, wenn Roberts an einem Urteil beteiligt sei, das den Demokraten missfällt, werde die Basis Obama seine Ja-Stimme vorhalten. So stimmt Obama mit Nein, Roberts wird auch ohne seine Zustimmung Oberster Richter. Der von Rouse vorhergesehene Fall tritt in aller Schärfe im Sommer 2007 ein: Mit Roberts' Stimme kippt der Supreme Court 5:4 die bisher geltende Förderung Schwarzer und anderer Minderheiten im Bildungswesen. Obama kann dieses Urteil nun umso glaubwürdiger kritisieren, weil er ja gegen Roberts' Berufung gestimmt hatte.

Natürlich setzt er sich auch für Anliegen ein, die zum demokratischen Kernprogramm gehören. Sein erster Antrag überhaupt im Senat betrifft im April 2005 eine Zahlungserleichterung für Studienkredite, die finanzschwachen Studenten hilft.

Und seine Afrikareise im Sommer 2006 lenkt die Aufmerksamkeit der Medien zurück auf Obamas Urthema, auf seine doppelten Wurzeln in Kenia und Hawaii, auf Versöhnung und internationale Entwicklungshilfe.

Die ersten Monate nach seinem Umzug nach Washington hatte Obama auf Low Profile geachtet. Er gab keine Interviews – auch um der Frage auszuweichen, die ihm nach der Rede in Boston 2004 in den bekanntesten Talkshows des Landes gestellt worden war. Oprah Winfrey, Tim Russert und Wolf Blitzer wollten wissen, ob er in der Präsidentenwahl 2008 antreten werde. Auf die immer gleiche Frage gab er damals die immer gleiche Antwort: Er wolle die vollen sechs Jahre als Senator dienen.

Erst Ende August 2005, als Hurrikan «Katrina» New Orleans überschwemmt und viele Viertel zerstört, in denen vor allem mittellose Schwarze leben, legt Obama die Zurückhaltung gegenüber den Medien ab. Er ist der einzige Afroamerikaner im Senat und darf in dieser Situation nicht schweigen. Aber trotz der allgemeinen Empörung über das Versagen der Bundesregierung bleibt seine Kritik moderat. Obama nimmt Bush sogar vor dem Vorwurf in Schutz, er kümmere sich nicht, weil die Opfer Schwarze seien.

2006 steigt Barack Obama endgültig zum nationalen Medienstar auf, der zu jedem Thema befragt wird. Das hat gleich mehrere Gründe. Im Herbst 2006 steht die Zwischenwahl an, bei der die Demokraten die Mehrheiten im Abgeordnetenhaus und im Senat zu erobern hoffen. Nur wenn die Demokraten das Parlament beherrschen, kann er mit eigenen Gesetzesentwürfen glänzen – diese Erfahrung hatte Obama schon im Senat von Illinois gemacht. Solange die Republikaner die Mehrheit haben, kann er sich nur um Ergänzungen im Detail bemühen. Zweitens erscheint im Herbst 2006 sein Buch «The Audacity of Hope» und entwickelt sich zu Obamas zweitem Bestseller. Die Lesereisen und Auftritte in den Talkshows untermauern seine Prominenz und erzeugen eine außergewöhnliche Schubkraft, die ihn schließlich in das Rennen um das Weiße Haus katapultiert. Als Talkshowmaster Tim Russert im Oktober 2006 erneut die Frage nach einer möglichen Kandidatur Obamas für das Präsidentenamt wiederholt, gibt Obama eine ganz neue Antwort: «Ich denke darüber nach.»

Im Februar 2007, also kein halbes Jahr später, folgt seine Bewerbung.

Die Kandidatur verändert die Wahrnehmung seines Markenzeichens. Sein überparteilicher Ansatz, der alle ein- und niemanden ausschließt, behält zwar seinen Charme. Aber als Kehrseite wird nun kritisiert, seine Vorhaben seien nicht konkret genug. Je weiter der Wettbewerb mit Hillary Clinton oder John Edwards voranschreitet, desto größer wird der Druck der Medien auf Obama, sich konkret und detailliert zu vielen verschiedenen Themen zu äußern: Bildung, Gesundheit, Wirtschaft, Außenpolitik und Terrorabwehr.

Sein abwägendes und vermittelndes «Zwar-aber» wird generell begrüßt in einem Land, das der Überbetonung trennender Unterschiede überdrüssig ist. Das versöhnliche «Sowohl-als-auch» hat jedoch den Nachteil, dass es mitunter zu wohlfeil und zu wenig leidenschaftlich klingt.

Der Irakkrieg ist da noch sein stärkstes Thema. 2002, als andere Demokraten im Senat, darunter auch Hillary Clinton, Bush die Vollmacht zum Angriff gaben, war Obama noch kein nationaler Politiker und stimmte also auch nicht mit über den Krieg ab. Aber bei einer Protestveranstaltung in Washington hielt er im Oktober 2002 eine dezidierte Rede gegen den Einmarsch: «Ich bin nicht generell gegen jeden Krieg. Ich bin aber gegen einen dummen Krieg… Präsident Bush, Sie suchen einen Kampf? Dann lasst uns den Kampf gegen Osama bin Laden und Al Qaida zu einem guten Ende bringen, durch effektive Geheimdienstaufklärung und indem wir ihre finanziellen Quellen austrocknen.» Daran knüpft er im Wahlkampf an. Er kann mit Recht betonen, dass er den Irakkrieg von Anfang an für einen Fehler hielt.

Obama ist zwar für einen Rückzug aus dem Irak, aber nicht für einen kompletten Abzug. Er schlägt eine schrittweise Reduzierung der US-Truppen dort vor. Je konkreter die Journalisten nachfragen, desto undeutlicher werden die Unterschiede zwischen seiner Haltung und der anderer Demokraten. Ein Rezept, wie er die US-Truppen aus dem Irak herausbringt, ohne das Land ins Chaos zu stürzen, kann auch Obama nicht vorweisen. Seine Standardantwort gegen diesen Vorwurf lautet: «Ich wünschte mir, andere Demokraten hätten damals, als über den Irakkrieg abgestimmt wurde, ein ebenso sicheres Urteil bewiesen wie ich.» Hillary Clinton und viele andere stimmten für den Angriff auf Saddam, Barack Obama sprach dagegen.

In der Gesundheitspolitik möchte er wie die anderen demokratischen Bewerber eine Pflichtversicherung für alle einführen. Sein Konzept ist weniger detailliert als das von John Edwards oder das von Hillary Clinton. Er arbeitet daran. Insbesondere bei der Frage der Finanzierung wird es schwammig. Angeblich lässt sich der Großteil der erforderlichen Milliarden durch «Einsparungen der heutigen Fehlausgaben im System» erwirtschaften.

Bei der Reform des Immigrationsgesetzes, die 2007 scheiterte, hatte er einen Mittelkurs eingeschlagen. Die schätzungsweise zwölf Millionen Illegalen sollen eine Chance erhalten, sich ihr Bleiberecht zu verdienen, indem sie Steuern nachzahlen und ihre Legalisierung beantragen. Obama hatte aber auch für den Ausbau des Grenzzauns zu Mexiko gestimmt.

In der Außenpolitik fehlt ihm solides Rundumwissen. Das Kapitel «The World Beyond Our Borders» in seinem Buch «The Audacity of Hope» ist ziemlich wolkig. Differenziertes und Kluges kann er vor allem zu den Gegenden sagen, die er aus Kindheit, Jugend oder von wiederholten Reisen kennt: besonders Indonesien und Afrika. Mit Europa hat er wenig Erfahrung. In den Präsidentschaftsdebatten verspricht er, wie andere Demokraten auch, wieder stärker als Bush den Rat der Verbündeten zu suchen, auf sie zu hören und zu kooperieren. Für europäische Ohren mag das vielversprechend klingen: Obama verspricht, seine Politik mit Berlin, Paris und London abzustimmen. Für amerikanische Ohren klingt das etwas anders: Die Lasten, die die USA derzeit weitgehend alleine tragen, sollen auf mehr Schultern verteilt werden. Sie hören heraus, dass Obama auf die Verbündeten zugehen möchte, um sie stärker in die Verantwortung zu nehmen. Europa soll Amerika Lasten abnehmen.

Auf allen diesen Gebieten wird er an konkreteren Formulierungen für den Wahlkampf 2008 arbeiten. Und überhaupt: Weder Bill Clinton noch George W. Bush hatten außenpolitische Erfahrung, als sie 1992 bzw. 2000 den Weg ins Weiße Haus antraten.

Standfest im Feuer der Kritik: Die Angriffe auf Obama treffen nicht – mit einer Ausnahme

Eine Spezialität des US-Wahlkampfes, die es in Europa in dieser Form kaum gibt, sind so genannte Negative Ads: Wahlwerbespots im Fernsehen, die den Konkurrenten herabsetzen. Zu den besonders beliebten Mitteln demokratischer Kandidaten gehört es, Republikaner als willige Handlanger der Großkonzerne darzustellen. Republikaner setzen ihre demokratischen Gegner gerne ins Zwielicht zweifelhafter Moral. Unterstützt ein Abgeordneter zum Beispiel eine Studie über das Sexualverhalten von Jugendlichen, dann kann dem Politiker das den Vorwurf eintragen, er setze Steuergeld ein, um Promiskuität oder Masturbation zu fördern. Wie effektiv das Mittel des Charakterangriffs ist, bleibt umstritten. Fachleute warnen zwar, dass böse Übertreibungen ihren Anstiftern wieder auf die Füße fallen, und auch Umfragen ergeben mit schöner Regelmäßigkeit, dass eine überwältigende Mehrheit der Bürger Negative Ads ablehnt. Aber ansehen wollen sie diese Spots trotzdem, antworten darauf PR-Experten, und in vielen Fällen zeigt diese Negativwerbung auch ihre Wirkung. Die so genannte Swiftboat-Veterans-Kampagne von 2004 hat dem demokratischen Präsidentschaftsbewerber John F. Kerry unzweifelhaft geschadet. Kerry war ein mehrfach ausgezeichneter Vietnamsoldat, hatte der US-Armee aber nach Kriegsende Menschenrechtsvergehen in Vietnam vorgehalten, was ihn unter Militärfreunden viele Sympathien kostete. Um dennoch als geeigneter Oberbefehlshaber in Zeiten des Irakkriegs aufzutreten, berief er sich auf die drei Purple Hearts, militärische Orden, die man ihm in Vietnam nach seinen Verwundungen verliehen hatte. Demokraten stilisierten ihn zu einer Art Kriegsheld. Als Gegenbewegung gründeten sich die «Swiftboat veterans for truth», die Kerrys damalige Leistungen in Frage stellten und ihm seine militärischen Führungsqualitäten absprachen. Später kam heraus, dass sie teilweise und indirekt durch die Bush-Kampagne finanziert worden waren. Seitdem ist der Begriff «to swiftboat somebody» in der politischen Umgangssprache zu einem Synonym für – in der Regel unfaire –Vorwürfe geworden.

Barack Obama ist bisher in noch keinem Wahlkampf Opfer negativer Werbung geworden. Das lag an den außergewöhnlichen Konstellationen bei seinen Bewerbungen um politische Ämter. Niemand weiß deshalb verlässlich, wie viel unbekanntes Material es geben mag, das ihm im Falle eines Falles schaden könnte – und ebenso wenig weiß man, wie er auf Charakterangriffe reagieren würde. Schon in der Frühphase seines Präsidentschaftswahlkampfs ist seine Verwundbarkeit mehrfach getestet worden, aber dies war noch nicht die scharfe Munition, mit der er in der heißen Phase der Kampagne rechnen muss. Im ersten Teil seiner Bewerbung, bis zur Entscheidung, wer als offizieller Kandidat für die Demokraten antreten wird, hat er es zunächst mit innerparteilichen Konkurrenten zu tun, die ebenfalls eine Nominierung anstreben. Sie üben deutlich mehr Zurückhaltung als Gegner aus dem anderen Lager. Kein Demokrat möchte sich dem Vorwurf aussetzen, die Einheit der Partei zu gefährden. In der Frühphase innerparteilicher Auseinandersetzung schießen die Bewerber zudem nicht selbst aufeinander. Wenn, dann lassen sie schießen, und auch in vielen Fällen oft nur anonym, indem ihre Mitarbeiter belastendes Material an die Medien weitergeben.

Im November 2006 berichtet die «Chicago Tribune», Obama habe sich auf merkwürdige Grundstücksgeschäfte mit dem Immobilienhai Tony Rezko eingelassen, als er im Juni 2005 sein neues Heim in der South Side erwarb. An sich gab es an dieser Geschichte nichts Illegales, aber die Zeitung stellte die Details so ausführlich dar, als gehe es um etwas Anrüchiges. Rezkos permanente Versuche, private Kontakte zu Politikern geschäftlich zu nutzen, sind in Chicago hinreichend bekannt. Er hatte den Kontakt zu Obama gesucht, seit der 1990 nationale Bekanntheit als erster schwarzer Präsident der «Harvard Law Review» erlangte, und später hatte er Obamas Karriere als Politiker finanziell unterstützt. Laut «Chicago Tribune» protzt das 96 Jahre alte Haus der Obamas im Georgian-Revival-Stil mit vier Kaminen, Mahagonibücherregalen mit Glastüren und einem 1000 Flaschen umfassenden Weinkeller. Es steht auf einem Doppelgrundstück, dessen anderer Teil als separater Bauplatz gilt. Bis dato waren beide Teile immer nur gemeinsam verkauft worden. Obama hatte nur den einen Teil mit dem Haus für 1,65 Millionen Dollar gekauft und war damit 300000 Dollar unter dem Preis geblieben, den die vorigen Eigentümer verlangt hatten.

Schon diese Summe habe die finanziellen Möglichkeiten seiner Familie völlig erschöpft, sagt er. Kurz zuvor hatte er mit seinem Buchverlag ein Honorar von 1,67 Millionen Dollar ausgehandelt für die Neuauflage von «Dreams from My Father», «The Audacity of Hope» und einen dritten Titel, den er in unbestimmter Zukunft schreiben sollte. Seine Frau Michelle war zur Vizechefin der Chicagoer Universitätskliniken mit dem Aufgabenbereich Außenbeziehungen befördert worden und verdiente nun laut Zeitungsberichten ein Jahresgehalt von über 300000 Dollar. Jedenfalls kaufte Rezkos Frau das Restgrundstück, das keine eigene Einfahrt von der Straße hat, für den vollen verlangten Kaufpreis von 625000 Dollar. In den Folgemonaten fand noch ein kleiner interner Geländeverkauf statt, um eine günstige Linie für einen trennenden Zaun zu erreichen. Obama legt Wert darauf, er habe für den zusätzlichen Boden nicht den veranschlagten Preis von 40500 Dollar bezahlt, sondern volle 104500 Dollar und damit ziemlich genau ein Sechstel der von Frau Rezko bezahlten Summe für ein Sechstel des von ihr erworbenen Restgrundstücks. Wegen der Form des Zaunes muss der Denkmalschutz eingeschaltet werden. Rezko bezahlt am Ende die Zaunkosten, Obama die Vorarbeiten.

Als die «Tribune» diese Geschichte Anfang November 2006 publiziert, geht das Für und Wider einige Tage hin und her. Ein prominenter Mann wie Obama müsse schon aus Sicherheitsgründen darauf achten, wem die Nachbargrundstücke gehören, sagen seine Verteidiger. Aber er könne doch nicht mit einem stadtbekannten Spekulanten wie Rezko gemeinsame Sache machen, wenden die Kritiker ein. Am Ende leistet der Senator zerknirscht Abbitte. Er habe zwar keinen unerlaubten Vorteil angenommen, aber «ich hätte mich nicht auf persönliche Geschäfte einlassen sollen, die den Anschein erwecken könnten, dass ich einem Mann wie ihm Dank schulde».

Auch Hillary Clintons Sprecher äußern auf Medienfragen hin gerne ihre Besorgnis über diesen Fall. Doch da finden sie Obamas Team nicht in der Defensive, sondern sogleich im Gegenangriff: Wer mit Immobiliendeals in Arkansas, der so genannten Whitewater-Affäre, einen kompletten Untersuchungsausschuss in Gang gebracht habe wie die Clintons, der solle zu Grundstücksgeschäften anderer Politiker besser schweigen.

Über den Jahreswechsel folgte die nächste Attacke: Obama habe Rauschgift konsumiert. Er soll nicht nur Haschisch gepafft haben wie Bill Clinton, der damals scheinheilig erklärte, er habe ja nicht inhaliert. Der Vorwurf gegen Obama ist ernster, Marihuana und Kokain soll er genommen haben. Das ließ sich nun kaum bestreiten, war aber auch keine große Enthüllung. In seinem Buch «Dreams from My Father» hatte Obama die Umstände des Rauschgiftkonsums und seine turbulente Jugend in Hawaii selbst beschrieben. Damals war er für seine Offenheit sogar gelobt worden.

Anfang 2007 wird diese Frage immer lauter gestellt: Welche Bedeutung hat der Islam für Barack Obama? Sein Vater hat ihm einen moslemischen zweiten Vornamen gegeben: Hussein. Konservative Medien ziehen eine Verbindung zu Baracks Besuch einer islamischen Schule in Indonesien und argwöhnen, ob Obama in Wahrheit ein Osama sei? Exakt dieser Schreibfehler war am Neujahrstag dem Sender CNN unterlaufen, der freilich nicht im Ruf steht, erzkonservativ oder Obama-feindlich zu sein. Zu einem Bericht über die Suche nach Osama bin Laden und Spekulationen über neue Terrorgefahr sprach zwar Moderator Wolf Blitzer die richtigen Worte: «Where is Osama?» Aber als Schriftzeile wurde unter die Bilder turbantragender Männer in Afghanistan eingeblendet: «Where is Obama?» Blitzer entschuldigte sich am nächsten Tag. Blogger hatten den Fehler in Blitzesschnelle über das Internet verbreitet und eine Diskussion begonnen, ob CNN etwas gegen den schwarzen Senator habe.

Dieses Missgeschick brachte den Stein ins Rollen, nun veröffentlichten gleich mehrere nationale Medien Kolumnen, Berichte und Kommentare zu Obamas Verhältnis zum Islam. Sie fragen, wie frei ein Präsident sein kann, von dem Moslems denken, er sei ebenfalls ein Moslem. Und was haben Baracks Bekenntnisse zu bedeuten, er habe die ganze Kindheit und Jugend lang versucht, den Ansprüchen des abwesenden Vaters gerecht zu werden?

Alles in allem findet auch diese Episode letztlich keine größere Resonanz. Und ebenso wenig eine «New-York-Times»-Geschichte im März, die nach Verbindungen zwischen seinen Geldanlagen und Spendern für seine Kampagne fragt. Mehr als 50 000 Dollar habe Obama in spekulative Aktien zweier High-Tech-Firmen gesteckt; die eine entwickelt Arzneien gegen die Vogelgrippe, die andere ist in der Satellitenkommunikation tätig. Und genau dieselben Wertpapiere hätten auch politische Freunde gekauft, die zusammen mehr als 150 000 Dollar Wahlkampfspenden für ihn organisiert haben. Für Obama sind das heikle Vorwürfe, weil er als Kandidat mit besonders strengen Ethikregeln auftritt. Er und John Edwards werben damit, dass sie keine Spenden von Großkonzernen oder von Lobbyfirmen annehmen – und sie fordern Hillary Clinton, die Kandidatin des Big Business, auf, es ebenso zu halten.

Worin hier allerdings die Verfehlung bestanden haben soll, wird nicht recht deutlich. Obama verwaltet sein Vermögen nicht selbst, das tun Verwalter in seinem Auftrag. Die Aktien sind in einem Blind Trust, in den er keinen Einblick hat, um politische Unabhängigkeit zu garantieren. Und sie sind längst wieder verkauft, als der Artikel erscheint – zudem mit Verlust, sodass auch von Vorteilsnahme durch Insiderwissen keine Rede sein kann. Die Veröffentlichung ist allerdings ein Warnzeichen, an was für persönliche Informationen findige Journalisten – oder fleißige Rechercheure konkurrierender Teams – herankommen.

Die USA halten sich zugute, dass diese gnadenlose Durchleuchtung der Spitzenpolitiker am ehesten Mauscheleien verhindere. Oder, wenn nicht das, dann doch zumindest weitreichende Transparenz garantiere. Wer diese mediale Kontrolle unbeschadet durchstehe, der sei auf Herz und Nieren geprüft.

Der Bestechliche, der Junkie, der Islamist, der Ethik-Pharisäer – in der Frühphase des Wahlkampfs verpuffen diese vier Testballons für eventuellen Charaktermord an Obama praktisch ohne Wirkung auf die breitere Öffentlichkeit.

Den ersten harten verbalen Ellbogencheck zwischen Barack Obama und Hillary Clinton erlebt Amerika Ende Februar 2007. Obama hat gerade einen Achtungserfolg in Hollywood erzielt. David Geffen, ein Filmmanager, der in früheren Jahren Millionenspenden für Bill Clinton organisierte, unterstützt jetzt Obama. Hollywoodstars wie Tom Hanks, Jennifer Aniston und Denzel Washington spenden für den jungen schwarzen Senator, ebenso wie Steven Spielberg, der große Regisseur. 1,3 Millionen Dollar kommen bei diversen Empfängen und Essen in Beverly Hills zusammen. Und parallel zitiert die «New-York-Times»-Kolumnistin Maureen Dowd Geffen mit den Worten, «die Clintons lügen mit beunruhigender Leichtigkeit». Bill sei «ein rücksichtsloser Kerl» und habe sich «in den letzten sechs Jahren wohl kaum geändert», spielt Geffen auf die Affäre mit Monika Lewinsky an.

Clintons Wahlkampfteam reagiert schnell. Obama habe eine Kampagne ohne unfaire persönliche Attacken versprochen. Also müsse er sich jetzt von Geffen distanzieren und die 1,3 Millionen zurückgeben, die der für ihn gesammelt habe. Worauf das Obama-Team antwortet, das sei ja noch schöner. Als Geffen noch für die Clintons warb, hätten sie keine Probleme gehabt, 18 Millionen von ihm anzunehmen. Er habe sogar in dem ebenso berühmten wie begehrten Lincoln Bedroom im Weißen Haus übernachten dürfen. Es bleibt zunächst bei einem Schlagabtausch zwischen den Wahlkampfteams.

Vor laufenden Kameras will Hillary Clinton die Forderung, Obama müsse das von Geffen organisierte Geld zurückgeben, nicht wiederholen. Obama sagt, er habe seinen Stab angewiesen, sich nicht auf diese Ebene der Auseinandersetzung einzulassen. Seine Botschaft sei nach vorne gerichtet, er wolle den alten Stil hinter sich lassen. Und nur so viel zu Geffens Attacken auf die Clintons: Er halte es für eine unübliche Forderung, dass er sich für Äußerungen eines Dritten entschuldigen solle. Auch Hillary betont, sie wolle einen «positiven» Wahlkampf führen, der auf Verunglimpfungen verzichte.

Erst im August 2007 werden die Töne wieder schärfer. Hillary Clinton nennt Obamas Aussagen zur Außenpolitik «ehrlich gesagt, naiv». Er hält ihr umgekehrt ihr negatives Image bei konservativen Wählern vor, indem er sagt, es sei «eine faire Feststellung, dass ich den Zusammenhalt des Landes eher erreichen kann als sie»; ihr fehle eine Fähigkeit, über die er verfüge, nämlich die Gesellschaft von der ideologischen Blockade zu befreien und zu einen.

Sein Mangel an Erfahrung ist die Frontlinie, an der Obama die größte Gefahr droht. Das ist die Kehrseite seiner jungenhaften Frische, mit der er die Wähler verzaubert. Zu Beginn des Wahljahres 2008 ist er 46, Hillary Clinton 60 Jahre alt, John Edwards zählt 54 Jahre. Die anderen Bewerber der Demokraten sind alle älter als 60 Jahre, ebenso die aussichtsreichen Republikaner. Ihr anfänglicher Front Runner John McCain ist 71 Jahre alt, Rudy Giuliani 63, Fred Thompson 65 und Mitt Romney 60 Jahre alt. Das Attribut «well seasoned», was sowohl gereift als auch gewürzt bedeuten kann, wird ihnen und selbst einer Dame wie Hillary zugeschrieben. Bei Obama würde es niemand verwenden. Die bisweilen giftige Kolumnistin der «New York Times», Maureen Dowd, hat ihn als «Obambi» verniedlicht und Clinton im Gegenzug als machtgierige «Hillzilla» dämonisiert.

Der Slogan, Obama sei ein schwarzer Kennedy, ist ebenfalls gegen diesen Vorwurf gerichtet. John F. Kennedy war 43, als er im November 1960 zum jüngsten Präsidenten der amerikanischen Geschichte gewählt wurde. Und auch ihm kam zugute, dass er einen neuen Stil, eine neue Ära versprach, in der die Politik nicht mehr den alten Regeln gehorchen sollte. Doch selbst nach Kennedy-Maßstäben ist Obama vergleichsweise unerfahren. JFK war, bevor er ins Weiße Haus einzog, sechs Jahre lang Abgeordneter in Washington gewesen (1946–1952) und acht Jahre US-Senator (1952–1960). Zusammen ergibt das 14 Jahre Politik auf der nationalen Bühne. Bei Obama hingegen werden es 2008 erst vier Jahre sein. Er führt zwar seine acht Jahre als Senator von Illinois als Gegenargument an, aber das ist ein Teilzeitparlament.

Obama verfügt über eine andere Form von Lebenserfahrung, die vielen älteren Angehörigen der weißen politischen Elite abgeht: seine multikulturelle Abstammung, das Aufwachsen auf verschiedenen Kontinenten, die vielfältigen Alltagserfahrungen auf Hawaii und in Indonesien, in Los Angeles und New York, im Finanzdistrikt von Manhattan, in den schwarzen Slums in Altgeld, an der Eliteuniversität Harvard, im Landtag von Illinois sowie als Professor für Verfassungsrecht in Chicago.

Die Frage, ob dieser Erfahrungsschatz Obamas mit dem von Hillary Clinton vergleichbar ist, die acht Jahre als First Lady im Weißen Haus lebte und weitere acht Jahre im Senat arbeitete, müssen am Ende die Wähler entscheiden.

Ende August 2007 hat Barack Obama einen wichtigen Alliierten im Kampf um die Interpretationshoheit gewonnen: Zbigniew Brzezinsky, er war Sicherheitsberater des demokratischen Präsidenten Jimmy Carter. Die Jahre als «First Lady bereiten einen in keiner Weise darauf vor, Präsident zu sein», wischt der Hillarys Anspruch brüsk vom Tisch. «Ihr außenpolitischer Ansatz ist sehr konventionell. Unser Land braucht keine Wende rückwärts zu einer Zeit vor acht Jahren.» Das ist eine Anspielung auf Bill Clintons letztes Amtsjahr 2000. Obama verstehe, «dass wir eine neue Richtung einschlagen müssen, dass wir Amerikas Rolle in der Welt neu definieren müssen», ergreift Brzezinsky öffentlich Partei für Obama.

Die Umfragen weisen weiterhin einen großen Vorsprung für Hillary Clinton aus. Auf die Frage, wer von den Bewerbern am ehesten über die nötige Erfahrung für den Spitzenposten verfüge, erhält sie doppelt so hohe Werte wie Barack Obama.

Diesen Wettkampf kann er nicht direkt gewinnen. Er muss versuchen, die Bedeutung und den Wert von Erfahrung anders zu definieren. Erfahrung sei im Prinzip eine gute Voraussetzung für richtige Entscheidungen, aber keine Garantie gegen Fehleinschätzungen, sagt er im Sommer 2007. Als Beleg nutzt er vor allem den Schlagabtausch um den Irakkrieg. Vizepräsident Dick Cheney und Verteidigungsminister Donald Rumsfeld, zwei zentrale Architekten des Einmarsches, hätten mehr als genug Erfahrung gehabt und trotzdem diesen Fehler begangen. Auch in den Präsidentschaftsdebatten im Fernsehen zieht er eine Trennungslinie zwischen Erfahrung und gesundem Urteilsvermögen. Seinen Senatskollegen unter den Kandidaten auf dem Podium hält er vor, dass sie trotz ihrer Erfahrung für den Krieg gestimmt haben, er dagegen, der angeblich Erfahrungslose, sich gegen den Angriff auf Saddam aussprach.

Doch weil er der Jüngste ist und weil er die Position des gefährlichsten Herausforderers der Spitzenreiterin bereits innehat, mit klarem Abstand vor den Verfolgern, die ihn dort verdrängen wollen, attackiert ihn nicht nur Hillary. Auch die anderen weißhaarigen Kandidaten setzen ihm zu, voran Joe Biden und Christopher Dodd, die Senatskollegen aus Delaware und Connecticut. Um sein außenpolitisches Profil zu schärfen, hat Barack Obama im Sommer 2007 erst einen langen Aufsatz in der Fachzeitschrift «Foreign Affairs» geschrieben und dann eine Grundsatzrede im Woodrow-Wilson-Center, einem Thinktank im Herzen von Washington, gehalten. Er verkündet eine Doppelbotschaft: Einerseits will er neue Ansätze in der Außenpolitik ausprobieren, andererseits können sich die Bürger aber auf seine Härte und Entschlossenheit verlassen. Auch er werde alles tun, um die Feinde Amerikas zu bekämpfen und einen neuen Terroranschlag abzuwehren.

Irak sei das falsche Schlachtfeld, sagt er immer wieder. Afghanistan ist das richtige, betont er abermals in seiner Washingtoner Rede. Von dort kamen die Attentäter des 11. September 2001. Der Irakkrieg habe die Aufmerksamkeit, die Soldaten und die Mittel von Afghanistan abgezogen. Er werde den Kampf auf dem falschen Schlachtfeld beenden und ihn wieder nach Afghanistan tragen. Die Gefahr von dort sei noch immer *real*, und dann argumentiert er erstaunlich konkret: Al Qaida und die Taliban operieren aus sicheren Rückzugsgebieten in den pakistanischen Bergen. Die USA haben Pakistans Machthaber, General Musharraf, schon länger im Verdacht, dass er zu wenig gegen Al-Qaida-Verstecke auf seinem Staatsgebiet tue. «Wenn wir belastbare Geheimdiensterkenntnisse über hochrangige Terrorziele in Pakistan haben – und wenn General Musharraf nicht handelt –, dann werden wir zuschlagen», droht er eine nicht abgesegnete US-Militäraktion in Pakistan an.

Hillary Clinton nutzt auch diese Kriegsrhetorik Obamas, um ihm abermals Unerfahrenheit vorzuwerfen. Es sei unverantwortlich, so offen über US-Reaktionen auf hypothetische Situationen im Land eines engen Verbündeten zu spekulieren, sagt sie. Christopher Dodd nennt es «gefährlich und verantwortungslos, ohne Not den Eindruck zu erwecken, die USA würden eine Atommacht wie Pakistan provozieren».

Eine Woche zuvor hatten sie sich in einer TV-Debatte gestritten, ob ein amerikanischer Präsident sich auch mit Führern feindlicher Staaten wie Iran, Syrien, Nordkorea treffen solle, ohne Vorbedingungen zu stellen. Obama sagte, er würde dies tun, Hillary Clinton dagegen lehnte das ab. Die Zeitungen interpretieren diese Auseinandersetzung am folgenden Tag als Punktsieg für sie. Daraufhin verschärft Hillary ihre Kritik noch: Seine Herangehensweise sei, «ehrlich gesagt, naiv». Doch Obama gibt den Kampf um die Interpretation nicht auf. Konsequent versucht er, seine Sichtweise durchzusetzen: Es sei Bushs Politik, stets so hohe Bedingungen für Gespräche mit Gegnern zu stellen, dass sie nie zustande kommen, weil sie ihnen die Kapitulation abverlangen. Insofern sei Clintons Ansatz «Bush-Cheney light» – kaum zu unterscheiden von der amtierenden Regierung. Diesen Vergleich weist die Konkurrentin postwendend als «dümmlich» zurück.

«Es ist höchste Zeit für einen Wandel», fordert Obama. «Wir müssen die Diplomatie, die verbale Kraftmeierei mit Tatenlosigkeit verbindet, hinter uns lassen. Es ist Zeit, Washingtons konventionelles Denken aufzugeben – dass man sich schon einig sein muss, bevor man sich überhaupt trifft, dass das Gespräch mit anderen Ländern eine Art Belohnung ist und dass der Präsident nur mit denjenigen reden darf, die ihm sagen, was er hören will.»

Vielfalt – und am Ende ein Duell

Acht Bewerber sind im Frühjahr 2007 in das Rennen um die offizielle Nominierung durch die Demokratische Partei gegangen. Sieben Herren in mehr oder minder dunklen Anzügen, zumeist mit roten Schlipsen als Farbtupfer, umrahmen Hillary Clinton im silbergrauen Kostüm bei der ersten Fernsehdebatte am 26. April in Orangeburg, South Carolina. Der Schauplatz ist die Universität, die 1896 als erste Hochschule für Schwarze in den Südstaaten gegründet wurde. Noch nie zuvor in der amerikanischen Geschichte startete eine Präsidentschaftsdebatte so früh, ganze anderthalb Jahre vor der eigentlichen Wahl. Das Gruppenbild mit Dame wiederholt sich in den Folgemonaten bei den TV-Streitgesprächen der acht in den Bundesstaaten New Hampshire, Washington DC, Michigan, Illinois, Kalifornien, Iowa, Florida, Pennsylvania und Nevada. Daneben verbringen sie ihre Zeit hauptsächlich auf individuellen Wahlkampftrips durch die strategisch wichtigen Staaten. Besonders die frühen Vorwahlstaaten spielen eine wichtige Rolle, weil sie die politische Dynamik bestimmen: Iowa – wo fast alle Kandidaten am Nationalfeiertag, dem 4. Juli 2007, auftreten –, New Hampshire, Nevada, South Carolina. Groß ist das Interesse an allen Kandidaten in sämtlichen 50 Bundesstaaten, am liebsten möchte jeder eine eigene Podiumsdiskussion mit allen acht Bewerbern bei sich zuhause organisieren. Diese Nachfrage überfordert die Kandidaten, sodass sie sich schließlich auf maximal eine bis zwei TV-Debatten pro Monat einigen, wobei die Parteiführung die Auswahl treffen soll. Keiner der Kandidaten möchte die lokalen Parteiorganisationen durch eine persönliche Absage verärgern. Schließlich könnte das der Konkurrenz einen Vorteil verschaffen.

Acht Demokraten treten an, doch die Partei steht vor der Entscheidung: Frau oder Schwarz

Von Anfang an wird deutlich, dass da ein Spitzentrio auf seinem Weg von fünf Zwergen begleitet wird, die so gut wie keine Aussicht auf die Nominierung zur Kandidatur haben. Bei den gemeinsamen Treffen haben diese fünf weitaus weniger Anhänger, die vor dem Gebäude in Sprechchören ihren jeweiligen Kandidaten preisen, Fähnchen mit dem Namen ihres Favoriten schwenken, Buttons, T-Shirts oder Mützen verteilen. Ihre Wahlkampftermine in der Provinz wirken ebenfalls bescheidener als die generalstabsmäßig vorbereiteten Auftritte von Hillary Clinton, Barack Obama und John Edwards. Der eine oder andere von ihnen darf höchstens hoffen, bei gutem Abschneiden als Vizepräsident nominiert zu werden. 2004 unterlag der Südstaatler John Edwards in der Vorwahl dem Nordstaatler John F. Kerry. Doch der machte ihn zu seinem Vize, um Edwards' Anhänger auf der Linken und im Süden für sich zu gewinnen. 2008 könnte Bill Richardson, der Gouverneur von New Mexico mit mexikanischen Vorfahren, als Vizepräsident entscheidende Wählerstimmen im Südwesten für Hillary Clinton oder für Barack Obama beisteuern.

Aber auch das Trio reduziert sich tendenziell auf ein Duo: Hillary Clinton und Barack Obama. Elizabeth Edwards, die Frau des, laut Umfragen, Drittplatzierten John Edwards, klagt im Sommer 2007 dem «Time»-Magazin ihr Leid über die Benachteiligung ihres Mannes mit folgenden Worten: «Die Medien springen auf diese gefühlsbetonte Geschichte auf, dass erstmals eine aussichtsreiche Frau gegen einen aussichtsreichen Schwarzen antritt. Diese Berichte tragen den beiden mehr Wahlkampfspenden ein. Und das nehmen die Medien dann wieder als Beweis: Seht her, wir liegen richtig, wenn wir uns auf diese zwei Kandidaten konzentrieren.»

Doch vor Überraschungen sind auch die beiden Favoriten nicht sicher. Edwards' Strategie setzt darauf, in Iowa bei der ersten Vorwahl zu siegen, um dann mit diesem Rückenwind auch in Nevada, New Hampshire und South Carolina, wo er geboren wurde und einen Heimvorteil besitzt, gut abzuschneiden. Geht sein Plan auf, dann könnte er ihn vor dem 5. Februar an die Spitze katapultieren. Dieser 5. Februar gilt bereits als Tsunami Tuesday, weil an diesem Tag Bürger in mehr als 20 Staaten darüber abstimmen, wen ihre Partei nominieren soll. Im Herbst 2007 liegt Edwards auf Kurs. In vielen Umfragen führt er in Iowa mit bis zu acht Prozentpunkten vor Hillary und Obama. Andere Erhebungen sehen Hillary in Iowa vorn, einige wenige Obama.

Der Vorwahlkalender stellt inzwischen ein eigenes Problem dar: Traditionell zogen sich diese Primaries, in denen die Anhänger der Demokraten wie der Republikaner in allen 50 US-Staaten über den Wunschkandidaten ihrer Partei abstimmten, über die erste Hälfte des Wahljahres hin. Im Sommer folgten dann die Nominierungsparteitage, die das Ergebnis offiziell sanktionierten und den siegreichen Bewerber in einer Mega-Fernsehshow mediengerecht inszenierten. Doch im Laufe der Zeit haben immer mehr Staaten ihren Wahltermin in Richtung Jahresbeginn verschoben. Die Erfahrung lehrt, dass die Staaten mit den frühen Vorwahlen ein überproportionales Gewicht erlangen. Wer dort siegt, bekommt stärkeren Rückenwind, weil ihm die Medien eine größere Aufmerksamkeit schenken. Dieser Vorteil multipliziert sich dann, weil nun auch mehr Bürger und Wahlkampfspender auf diese Persönlichkeit aufmerksam werden. Wenn die späteren Staaten im April, Mai oder Juni abstimmen, ist die Entscheidung längst gefallen. Vor wenigen Jahrzehnten begannen die Vorwahlen erst im März. 2004 legten 19 Staaten ihren Termin in den Januar oder Februar und bei der nächsten Wahl, 2008, wollen 38 Staaten in den ersten beiden Monaten abstimmen. Hinter diesem Timing steckt eine unglaubliche logistische Herausforderung für die Wahlkampfteams, das richtige Personal, ausreichendes Geld für TV-Werbung und andere Ressourcen so einzuplanen, dass sich nirgendwo eine womöglich vernichtende Lücke auftut.

Und richtig planen können sie im Sommer und Frühherbst 2007 nicht einmal, weil der Terminplan noch in Bewegung ist. Die beiden nationalen Parteiführungen hatten zwar einen Kalender vorgegeben, der die Tradition mit den berechtigten Ansprüchen auf Einfluss versöhnen soll. Iowa behält nach diesem Terminplan seine historische Rolle und macht mit seinem selbstbewussten Anspruch «first in the nation, second to none» den Auftakt am 14. Januar 2008, gefolgt von Nevada, New Hampshire und South Carolina. Vom 5. Februar an darf jeder Staat sein Wunschdatum aussuchen. Doch Florida und Michigan halten sich nicht an die Vorgabe. Sie drängen in den Januar, obwohl die Parteiführung das verboten hat. Daraufhin untersagt die Parteispitze es den Kandidaten, in den renitenten Staaten Florida und Michigan überhaupt Wahlkampf zu führen. Das gab es noch nie. Dieser Wettkampf zwischen Tradition und Geltungssucht droht in einer Kettenreaktion den Vorwahlkalender durcheinanderzubringen. Und so überschattet eine absurde Unsicherheit den Schlussspurt bei den Demokraten: Ihre Parteigänger möchten sich eigentlich an der Schwäche der Republikaner und ihrer eigenen Siegesgewissheit erfreuen. Stattdessen entwickelt sich der interne Terminstreit zu einem Ärgernis und für die Wahlkämpfer zu einer weiteren Bürde bei ihrer komplizierten Aufgabe. Im November 2007 lautet der Kompromiss: Iowa stimmt am 3. Januar 2008 ab, New Hampshire am 8. Januar, gefolgt von Nevada, Michigan, South Carolina und Florida.

Hillary Clinton – der Maßstab für alle anderen

Für Barack Obama ist Hillary Clinton das Maß aller Dinge. Sie muss er schlagen und gleichzeitig John Edwards wegen der frühen Vorwahlstaaten im Auge behalten. Experten prophezeien, dass der Ausgang dieses Duells die eigentliche Entscheidung im Kampf um das Weiße Haus sei. Wen auch immer von ihnen beiden die Partei nominiert, werde auch die Hauptwahl im November gewinnen. Die Republikaner hätten angesichts der

Gesamtstimmung im Land keine großen Aussichten. Dafür spricht zwar die Wahrscheinlichkeit zu Jahresbeginn 2008, aber sicher ist auch das nicht.

Hillary Clinton ist die Favoritin bei den Demokraten, Barack Obama der Herausforderer. Selbst darüber, welche Position die vorteilhaftere ist, streiten sich die Experten. Sie hat mehr Einfluss im Parteiapparat, auch dank ihres Ehemanns Bill und der eingespielten Clinton-Maschine. Gemeinsam haben sie bereits früh versucht, eine Konstellation herzustellen, in der sie als die unvermeidliche und einzig mögliche Kandidatin erscheint. Die Clintons suggerieren allen, die auf einen Regierungsposten hoffen, es sei klüger, auf ihrer Seite zu stehen. Diese Haltung verärgerte viele Demokraten. Von Anfang an führte Hillary Clinton in den Umfragen mit fünf bis 15 Prozentpunkten vor Obama. Er konnte sich aber ebenso kontinuierlich als Herausforderer behaupten. Zwischenzeitlich sah es sogar danach aus, als sei Barack Obama in der komfortableren Position. Sein Vorsprung vor den anderen Kandidaten wuchs beständig, und zugleich verringerte er im Frühjahr 2007 seinen Abstand zu Hillary – Obama war der Jäger, der aufholte, und sie die Gejagte. In jenen Monaten war ihr die Nervosität anzumerken. Ihr Bemühen, jetzt bloß keinen Fehler zu machen, ließ sie verkrampft wirken. Doch das ging vorüber, und im Herbst 2007 attestierten ihr die Meinungsforscher erneut einen verlässlichen Vorsprung. Die Aussagekraft der frühen Umfragen ist umstritten.

Erfahrungsgemäß nimmt die große Mehrheit der Bürger selbst im Sommer oder Herbst des Vorwahljahres noch kaum Notiz vom Wahlkampf. Das ändert sich erst, kurz bevor die Vorwahl im eigenen Staat ansteht, für die meisten Amerikaner also erst nach Weihnachten 2007. In der jüngeren Geschichte gingen schon unzählige Sieger der Herbstumfragen in den Vorwahlen im Januar und Februar glanzlos unter.

Die Stilunterschiede zwischen Hillary und Obama lassen sich in den frühen Vorwahlstaaten gut beobachten. Dort werden die Wähler noch persönlich umgarnt, zum Beispiel in Iowa, Anfang

Juli 2007, in der Woche rund um den Unabhängigkeitstag. Der 4. Juli wird traditionell mit Paraden und Grillfesten gefeiert. Die Kandidaten marschieren in den Zügen mit, und wenn sie schon mal im Mittleren Westen sind, dann bringen sie etwas Zeit mit und besuchen die eine oder andere Hausparty mit 50 oder 100 Leuten. Die Luft knisterte gerade mal wieder im Spitzenduell Hillary gegen Obama, denn Anfang Juli waren die Summen der Wahlkampfspenden aus dem zweiten Quartal bekannt geworden, und da lag er deutlich vor ihr.

In diesen Julitagen treten beide erstmals gezielt mit Familienanhang auf. Obama will mit seinen Kindern Eindruck auf andere Eltern machen. «Wir sind Leute wie ihr», verkündet Michelle Obama, wenn sie ans Mikrofon tritt, um ihren Mann anzukündigen. Die beiden Töchter Malia, Jahrgang 1998, und Sasha, Jahrgang 2001, haben sie auch mitgebracht. Hillary ist betagter und kann keine süßen Kinder vorführen. Dafür hat sie eine Attraktion von ganz anderem Kaliber an ihrer Seite: den früheren Präsidenten Bill Clinton, der noch immer populärer ist als sie.

Dieses Fernduell der Familienpolitik, Expräsident gegen Kinder, tragen Hillary und Obama aus, während sie kreuz und quer durch Dörfer und Städte des Agrarstaats Iowa reisen. Hillarys Bühne am Spätnachmittag des 4. Juli im Green Square Park von Cedar Rapids bildet ein langer Lkw-Anhänger, der in Anpassung an die landwirtschaftliche Tradition dieser Gegend mit Heuballen verkleidet ist. Dahinter weht eine große amerikanische Flagge. Mehr als tausend Menschen sitzen auf Klappstühlen oder stehen um diesen rustikalen Laufsteg herum. Viele halten «Hillary-2008»-Plakate in den Abendhimmel, der sich langsam rötlich färbt. «Ready for change?», rufen die Aufwärmer in die Menge, Bürgermeisterin Kay Haloran und der populäre Exgouverneur Tom Vilsack. Lautes Johlen ist die Antwort. Die Menschen wollen eine Wende nach sechseinhalb Jahren Bush, auch in den Farmstaaten des Mittleren Westens, die traditionell den Republikanern zuneigen.

Vilsack, 1998 als erster Demokrat seit 30 Jahren an die Spitze Iowas gewählt, peitscht seine «Ready-for ...»-Frageliste herunter: Seid ihr bereit für eine allgemeine Krankenversicherung, für das Ende des Irakkriegs, für eine Frau als Präsidentin? Da schwillt der Jubel unvermittelt an: Ein sportlicher Weißhaariger in schwarzem Poloshirt und ausgewaschenen Bluejeans kommt durch den schmalen, mit Metallgittern abgesperrten Gang zur Bühne, muss überall Hände schütteln, Autogramme geben. Als er das Mikrofon übernimmt und seine unverkennbare Stimme den Park füllt, da scheint die Zeit um ein Jahrzehnt zurückgedreht: die USA unter Bill Clinton, ohne Terrorfurcht und Krieg, mit brummender Wirtschaft und Haushaltsüberschüssen, voller Selbstvertrauen nach dem Sieg über den Kommunismus.

Es ist Bill Clintons erster offizieller Auftritt in Hillarys Wahlkampf. Er ist ihre Wunderwaffe, aber auch ein Risiko, denn er darf sie nicht überschatten. Er preist ihre Klugheit und ihre Erfahrung. «Selbst wenn wir nicht verheiratet wären, würde ich sie unterstützen. Sie ist einfach die Beste.» Hillary, weißer Blazer zu schwarzen Hosen, hört bewundernd zu und freut sich auch hier wieder wie ein Mädchen, als er sie umarmt und ihr das Mikrofon überlässt. Hat sie die Einführung nicht zehn Mal allein in den letzten drei Tagen auf und ab in Iowa gehört?

Dann hat sie die Bühne, Bill setzt sich auf einen Klappstuhl zwischen die Heuballen, gibt den interessierten Zuhörer. In den Tagen zuvor hatten Zeitungen bemängelt, er sei nicht recht bei der Sache und blicke in die Ferne, wenn sie redet. Nun ja, er kann die Texte auswendig, die Show wird jeden Tag an drei, vier neuen Orten vor neuem Publikum abgezogen, aber Akteure und Skript bleiben immer dieselben. Doch nun gibt er sich Mühe und ist der perfekte Ehepartner, der an ihren Lippen hängt, als Hillary von ihrer Mutter erzählt, der das Geld fürs Studium fehlte, und dem Schuften der Eltern, damit die Tochter an die Uni kann. Niemand soll bei ihrem Anblick an die Millionärin aus New York denken. Auch ihre Erfahrung als First Lady erwähnt sie nicht. Sie komme aus der Middle Class, betont sie – ganz normale Amerikaner, so wie ihr auch, soll das heißen. «Heute feiern wir Amerikas Freiheit», lenkt sie zum Nationalfeiertag über. «Wollt ihr frei sein – frei von der Angst vor Krankheit? Frei von der Furcht vor Terror? Frei von George Bush?» Da jubelt der Park vor Begeisterung.

Viele Kilometer weiter hat auch Barack Obama seine Familie mitgebracht. Nach Ottumwa, von wo gerade 120 Reservisten in den Irak verlegt wurden. In das Smokey Row Coffee House in Oskaloosa, einem kleinen Städtchen mitten im Staat, und nach Pella, wo die bisherigen Republikanerwähler Ken und Heather zu einer Wählerparty mit ihm auf ihr Grundstück laden und die schwarzen Obama-Mädchen einträchtig mit den weißen Kindern der Gastgeber Trampolin hüpfen. Am Abend des 4. Juli, im Beaverdale Park in der Hauptstadt Des Moines, warten sogar 3000 Menschen auf ihn. Die Massen, die er anzieht, kann Hillary nicht übertreffen, ja nicht mal erreichen. Er ist ein Menschenfischer. Auch bei diesen Familienauftritten spricht zuerst Michelle: als «ganz normale Mutter, ganz normale Ehefrau, ganz normale Bürgerin». Sie hat die ältere Tochter Malia an der Hand, die heute ihren neunten Geburtstag feiert, und stellt Barack vor. «Ich wollte ihn von der Politik abbringen, weil ich an unserer Politik verzweifle – wie so viele von euch. Aber wir brauchen ehrliche Politiker wie ihn, die nicht aufgeben.»

Obama hat die Ärmel seines weißen Hemds hochgekrempelt, bereit zum Aufräumen. Der begnadete Redner verkündet einmal mehr seine Botschaft der Hoffnung. «Amerika kann es besser» als unter Bush. Er verspricht bessere Chancen für die «normalen Familien» statt nur für die Reichen, Bildung und Krankenversicherung für alle und den Abzug aus dem Irak. «Mit Energiesparen und Biotreibstoff hier aus Iowa können wir uns unabhängig vom Öl des Mittleren Ostens machen.» Nach jeder Rede arbeitet er sich durch die Menge, umarmt Fans, signiert Bücher, küsst Babys, lässt sich mit Familien und Behinderten fotografieren. Meist bleibt ein Glanz in den Augen seiner Anhänger zurück.

Hillary hält auf mehr Distanz: Hände schütteln ja. Aber kein Bad in der Menge. Bei ihr ist die Stimmung konventioneller. Sie fasziniert die Menschen nicht, wie das Obama gelingt, aber sie erntet verlässlichen Jubel. Ihre Helfer sind straffer organisiert. Mit Obamas Leuten dürfen auch Medienvertreter locker plaudern. Wenn sich ein Reporter an die «Girls für Hillary» wendet, eine Armee von Schulmädchen in dunkelblauen T-Shirts mit ihrem Namen, greift eine Ordnerin ein: «Ihr sollt nicht mit der Presse reden!» Das ist Aufgabe der Kommunikationsexperten. Spontaneität ist nicht erwünscht. Alles soll unter Kontrolle bleiben.

Das Erstaunliche an Hillarys Wahlkampf 2008 ist ihre erfolgreiche Positionierung als Mitte-rechts-Kandidatin im Feld der demokratischen Bewerber. Zehn bis 15 Jahre zuvor galt sie vielen Amerikanern als zu links, als Emanze, die sich nicht mit der Aufgabe einer unpolitischen First Lady abgeben wollte. Sie verfolgte eigene inhaltliche Ambitionen und versuchte, das System der Gesundheitsversorgung mit so sozialistisch anmutenden Neuerungen wie einer Krankenversicherung für alle zu reformieren. Das vertrug sich jedoch nicht mit der klassischen amerikanischen Lehre, nach der sich der Staat da herauszuhalten hat und jeder Bürger selbst entscheidet, welche Absicherung er braucht und welches Risiko er selbst übernimmt. Und deshalb endete ihr Reformansatz in den 90er Jahren in einem Fiasko.

Das Ringen zwischen eigenen Ideen und den Einflüssen ihrer Umgebung gehört zur Biografie Hillary Clintons. Sie wurde am 26. Oktober 1947 als Kind einer religiösen Methodistenfamilie in Illinois geboren und wuchs im Großraum Chicago auf. Im Alter von 18 Jahren wurde sie bei den Republikanern politisch aktiv. 1968, im Jahr der Ermordung des schwarzen Bürgerrechtlers Martin Luther King, wechselte sie zu den Demokraten. Sie war nun 21 Jahre alt, engagierte sich für den Kinderschutz und unterstützte Sozialprojekte. Während des Jurastudiums an der Eliteuniversität Yale lernte sie Bill kennen. Sie heirateten und zogen nach Arkansas, wo sie in die Kanzlei Rose eintrat und sich auf Urheberrecht spezialisierte. Nebenbei lehrte sie an der Universität und übernahm auch mal eine kostenlose Rechtsvertretung für Bedürftige.

Als sie im Jahr 2000 nach Bills Präsidentschaft eine eigene politische Karriere anstrebte, wurde sie mit *weichen* Themen wie Soziales, Gesundheit, Kinder und Frauen identifiziert. Aber sie drängte nun, nachdem sie den Senatssitz von New York erobert hatte, hartnäckig in die Ausschüsse, in denen die *harten* Männerthemen verhandelt werden: Militär, atomare Sicherheit und Haushalt. Politisch rückte sie in die Mitte – dorthin, wo sie herkommt, sagen ihre Freunde. Dorthin, wo sie stehen muss, wenn sie Präsidentin werden will, sagen Beobachter, die ihr ein strategisches Gespür oder Opportunismus zuschreiben.

Gezielt bemühte sie sich in den Anfangsjahren als Senatorin um gemeinsame Projekte mit den Republikanern. Mit Newt Gingrich, früher ein Erzfeind der Clintons, arbeitete sie an einer neuen Gesundheitsreform. Diese Kooperation muss sie eine enorme Überwindung gekostet haben, denn Gingrich hatte ihren ersten Anlauf auf diesem Gebiet torpediert und mit seiner Strategie «Contract with America» ihrem Ehemann Bill 1994 die demokratische Kongressmehrheit genommen. Mit den Republikanern trat sie zeitweise für einen Verfassungszusatz ein, der das Verbrennen der amerikanischen Flagge verbieten sollte. Sie stimmte für den Irakkrieg und wollte darin – im Gegensatz zu John Edwards, der seine Zustimmung einen Fehler nannte und sich beim amerikanischen Volk dafür entschuldigte – bis weit ins Jahr 2007 hinein kein Fehlverhalten sehen. Vielmehr habe Präsident Bush Fehler in der Besatzungszeit gemacht, erklärt sie, daher stammten die Probleme. Inzwischen äußert auch sie sich reumütiger: «Wenn ich damals gewusst hätte, was ich heute weiß, hätte ich wohl anders entschieden», sagte sie in einer TV-Debatte im Sommer 2007.

Auch wenn es paradox klingt: Hillary Clintons größtes Handicap ist ihre Bekanntheit. Andere Politiker wären froh, wenn sie einen ebenso bekannten Name hätten. Fast jeder Amerikaner kennt sie. Das heißt aber auch, dass fast jeder Amerikaner bereits eine Meinung von ihr hat. Im Ergebnis polarisiert Hillary die Nation. In den Großstädten an beiden Küsten hat sie viele Anhänger. In den Kleinstädten und auf dem Land in der weiten Mitte der USA lehnt die große Mehrheit sie ab. Eine karrierebewusste Frau wie sie, die Abtreibung toleriert und eine schärfere Waffenkontrolle fordert, stößt in republikanisch dominierten Bundesstaaten auch beim weiblichen Geschlecht auf wenig Zustimmung. Sogar Bills Affäre mit Monika Lewinsky, bei der Hillary eindeutig das Opfer war, bringt ihr nicht nur Sympathien ein. Emanzipierte Frauen kritisieren, dass sie nach dieser öffentlichen Demütigung bei ihrem Mann geblieben ist. Republikaner drehen das Argument um und sehen in ihrem Verhalten den ultimativen Beweis für ihr berechnendes Wesen. Hillary wisse eben, dass sie bei Bill bleiben musste, sagen sie, weil sie ohne ihn niemals den Sprung ins Weiße Haus schaffen würde.

Bill spielt den loyalen Ehemann und stellt seine Popularität ganz in den Dienst seiner Frau. Der alte Werbespruch aus seinen Wahlkampfzeiten wird recycelt: «Ihr kriegt uns beide – zum Preis von einem.»

So wie Obama seinen Wahlkampf im Sommer und Herbst 2007 immer mehr auf Hillary ausrichtet, tut sie alles, um ihn auf Distanz zu halten. In den anderen Bewerbern sieht sie keine Gefahr. «Manche reden euch ein, ihr müsstet zwischen Aufbruch und Erfahrung wählen», ruft sie nach der Sommerpause der Menge bei einem Auftritt in New Hampshire zu: «Well, wenn ihr mich nehmt, braucht ihr nicht mehr zu wählen. Ich habe Erfahrung – und mein ganzes Leben für eine Wende in der Politik gekämpft.»

Vier Hauptziele gibt sie vor: erstens Amerikas Ruf in der Welt zu reparieren. Zweitens Amerikas Mittelklasse zu unterstützen und wieder zum Rückgrat der Gesellschaft zu machen. Drittens die Regierung zu reformieren. Und viertens die Zukunft für unsere Kinder sicherzustellen. Viel konkreter wird auch sie nicht.

John Edwards – der Robin Hood mit dem 400-Dollar-Haarschnitt

Er ist der Klassenkämpfer unter den demokratischen Bewerbern. John Edwards ist zwar Millionär, aber er kommt von ganz unten. Sein Vater war Arbeiter in einer Textilmühle in South Carolina, und als er seinen Job verlor, verdiente die Mutter den Unterhalt als Postbotin. John besuchte als Erster in seiner Familie eine Universität und studierte erst Textilingenieur, dann Jura. Sein Vermögen hat er als erfolgreicher Anwalt in Schadensersatzprozessen verdient – im Dienste armer Mandanten und der Opfer von Behandlungsfehlern gegen Pharmafirmen, Ärzte und Betriebe, die den Arbeitsschutz vernachlässigt hatten. Er tritt also als ein Robin Hood auf, der den Reichen nimmt und den Armen gibt. Edwards gewann mehrere Aufsehen erregende Prozesse um Millionensummen, was ihm jeweils ein Drittel des Streitwerts eintrug. Einige der Verfahren hatten politische Konsequenzen, sie führten zu Verschärfungen in der Gesetzgebung, zu klareren Warnhinweisen auf Produkten oder einer besseren Patientenaufklärung vor operativen Eingriffen.

Bei seinen Auftritten im Wahlkampf 2008 peitscht er die Bürger gegen die Wirtschaftsbosse auf und gegen die Washington-Insider, denen man die Macht nehmen müsse, weil sie «das System gegen eure Interessen manipulieren». Auch Hillary nennt er eine Insiderin, die zwar von Change, vom Wechsel, rede, in der Realität aber mit dem Establishment unter einer Decke stecke. Real Change, wirklichen Wandel, werde es nur unter einem Präsidenten John Edwards geben. In den TV-Debatten hat er mehrfach verlangt, Hillary solle auf Wahlkampfspenden von organisierten Lobbygruppen verzichten, so wie er und Barack Obama das tun. Allerdings sei Obama zu weich und versöhnlich, schließt er gern einen Seitenhieb auf den Afroamerikaner an. Eine Wende unter Edwards sei sehr viel radikaler als unter Obama – sagt John Edwards.

Altersmäßig steht John Edwards mit seinen 54 Jahren zwischen Hillary (60) und Obama (46). Sein Südstaatenakzent erinnert daran, dass er in South Carolina geboren und aufgewachsen ist. In North Carolina ließ er sich dann als Anwalt nieder und vertrat diesen Staat von 1998 bis 2004 im US-Senat. Er hat bereits Erfahrung mit einem Präsidentschaftswahlkampf. 2004 unterlag er in der Vorwahl John F. Kerry und verlor dann gemeinsam mit Kerry die Hauptwahl gegen George W. Bush und Dick Cheney. Damals legte Edwards jedoch die Fundamente für seine Beliebtheit in Iowa, der er nun die Führung in vielen Umfragen im ersten Vorwahlstaat verdankt. Schon 2004 war der Klassenkampf sein Thema. Immer wieder sprach er von den «zwei Amerikas»: ein Amerika der Reichen und Privilegierten und ein anderes Amerika der hart arbeitenden einfachen Menschen. Obama dagegen setzt auf Versöhnung über alle trennenden Gräben hinweg. Edwards teilt die Nation in Oben und Unten. Die normalen Bürger sollen die Macht wieder in die eigenen Hände nehmen, dafür kämpft er. Seine Kandidatur hat er in New Orleans erklärt, anderthalb Jahre nach der Zerstörung der Stadt durch Hurrikan «Katrina». Er benutzte dabei New Orleans als Symbol für das Versagen der Bush-Regierung bei der Katastrophenhilfe und für ihre mangelnde Sympathie mit Opfern und Benachteiligten.

Elizabeth Edwards, seine Frau, mag darüber klagen, dass die Rivalität zwischen Hillary, der ersten aussichtsreichen Frau, und Obama, dem ersten aussichtsreichen Schwarzen, die Aufmerksamkeit der Medien von ihrem Mann ablenke, obwohl der doch der wahre Kandidat der Wende nach der Ära Bush sei. Aber auch Edwards setzt seine Biografie und die Schicksalsschläge in seiner Familie mediengerecht für seine Ziele ein. Selbst den Unfalltod seines Sohnes Wade oder die Krebserkrankung seiner Frau Elizabeth nutzte Edwards für Presseoffensiven, in denen das private Unglück als zusätzliche Motivation für gesellschaftlichen Wandel und für seine Kampagne herhalten muss. Seine Kinder sind auf den Wahlkampftrips immer dabei, auch während der Schulzeit, denn sie werden privat unterrichtet. Politikerleben und Privatleben sind bei den Edwards nicht mehr zu trennen, und der Großteil der Öffentlichkeit hält diese Vermischung für authentisch. John Edwards wird nur selten die Frage gestellt, ob da auch Berechnung im Spiel sei. Aber das mag auch an der Wucht der Schicksalsschläge liegen und an deren Zeitpunkten, die sich das Paar schließlich nicht aussuchen konnte.

Elizabeth und John hatten sich beim Jurastudium in North Carolina kennengelernt. 1977 heirateten sie, zwei Jahre später wurde Sohn Wade geboren, 1982 Tochter Cate. Der Tod von Wade, der 1996 bei einem Verkehrsunfall ums Leben kam, wurde zum privaten und politischen Wendepunkt der Familie Edwards. Sie entschlossen sich, noch einmal Kinder zu haben, obwohl er Mitte 40 und Elizabeth fast schon 50 Jahre alt war. Sie gab ihre Arbeit als Anwältin auf und brachte 1998 Tochter Emma Claire sowie 2000 Sohn Jack auf die Welt. John Edwards, der 1993 eine eigene Kanzlei aufgemacht und davon geträumt hatte, eines Tages gemeinsam mit dem Ältesten zu praktizieren, wechselte in die Politik. 1998 gewann er den Senatssitz gegen den amtierenden Republikaner Lauch Faircloth. Im Gedenken an den toten Sohn gründeten John und Elizabeth die Wade-Edwards-Stiftung, die junge Leute zu guten Schulleistungen anspornen soll.

Als Senator unterstützte Edwards Gesetze gegen Programme, die dem Ausspähen privater Computer dienen, kämpfte gegen Bushs Steuererleichterungen und stand in Arbeitsfragen meist auf der Seite der Gewerkschaften. Allerdings stimmte er für den Irakkrieg. Im Wahlkampf 2004, als er sich um die Präsidentschaft bewarb, verteidigte er diese Entscheidung noch. Erst ein Jahr später, im November 2005, sagte er, der Krieg und seine Stimme dafür seien Fehler gewesen, die er inzwischen tief bedauere. Anders als Hillary Clinton wiederholte Edwards dieses Bedauern in der aktuellen Kampagne mehrfach.

Bei den Vorwahlen 2004 erreichte Edwards in Iowa einen überraschenden zweiten Platz hinter Kerry. Howard Dean, der andere linke Demokrat im Feld und hochgelobte Favorit, wurde abgeschlagener Dritter. In New Hampshire reichte es für Edwards zwar nur zum vierten Platz, aber in South Carolina siegte er. Nachdem Howard Dean ausgeschieden war, wurde Edwards der einzige aussichtsreiche Konkurrent Kerrys um die Nominierung. Der Super Tuesday entschied zugunsten Kerrys. Edwards erklärte seinen Rückzug, gewann aber dennoch sechs Wochen später die Vorwahl in seinem Heimatstaat North Carolina. Im Juli bat Kerry ihn, sein Vizepräsident zu werden. Direkt nachdem die Niederlage gegen George W. Bush und Dick Cheney am 3. November 2004 feststand, enthüllte Elizabeth Edwards, dass Ärzte bei ihr Brustkrebs diagnostiziert hatten.

Krebsvorsorge und -therapien wurden in der Folgezeit zu einem weiteren öffentlichen Thema, dem sich das Paar verschrieb. Am 22. März 2007, mitten in Edwards' Kampagne für 2008, gaben sie auf einer Pressekonferenz bekannt, dass ihr Brustkrebs zurückgekehrt sei und in Rippen und Hüfte Metastasen gebildet habe. «Behandelbar, aber unheilbar», lautete die Diagnose, und damit ist unklar, wie lange Elizabeth Edwards noch zu leben hat. Sie betont, sie habe ihren Mann eindringlich gebeten, seinen Wahlkampf nicht einzustellen, weil Amerika Politiker wie ihn dringend brauche. Die meiste Zeit steht sie an seiner Seite. Wenn nicht, vermutet die Öffentlichkeit, dass sie gerade behandelt wird.

Als wichtigste Ziele seiner Politik nennt Edwards die Bekämpfung der Armut, eine allgemeine Krankenversicherung für jeden Amerikaner und den Abzug aus dem Irak. Er hat einen Aktionsplan zur Klimapolitik mit Al Gore abgestimmt, dem Vorkämpfer Amerikas gegen die Erderwärmung, Friedensnobelpreisträger und Vizepräsidenten unter Bill Clinton. Insgesamt ist Edwards' Programm das detaillierteste.

Einige Vorfälle in der Kampagne passen freilich nicht so recht zum Bild des Robin Hood. Politiker sind darauf angewiesen, ihr öffentliches Bild zu pflegen, und erst recht John Edwards, den das «People»-Magazin schon 2000 zum «sexiest politician alive» gekürt hat. Doch die Nachricht, dass er für seinen Friseurbesuch 400 Dollar ausgibt, passt schlecht zur Welt der kleinen Leute, um deren Stimmen er wirbt. Auch die Enthüllung, dass er ein Aktienpaket der Finanzfirma Fortress im Wert von 16 Millionen Dollar besitzt, empörte die Öffentlichkeit. Edwards hatte für Fortress 2005 als Consultant gearbeitet, nachdem er die Präsidentenwahl verloren hatte. Aber Fortress verdient inzwischen Geld an Immobilienkrediten für Hurrikan-Opfer in New Orleans und lässt die Schulden vollstrecken, wenn die nicht pünktlich zahlen. Das ist peinlich für einen Mann, der auf der Seite der Schwachen stehen will und seinen Wahlkampf mit Bedacht in New Orleans begann. Unter öffentlichem Bedauern trennte sich Edwards von dem Aktienpaket und versprach, potenzielle Fortress-Opfer in New Orleans finanziell zu unterstützen.

Ein typischer Edwards-Auftritt in den Vierteln um die Autofabriken in Michigan oder in Iowa sieht so aus: In ausgewaschener Jeans, die Ärmel des blauen Hemdes bis an die Ellbogen aufgerollt, steht er auf einer Klappleiter, damit ihn auch die Arbeiter oder Bauern in den hinteren Reihen sehen können. Zuerst ist seine Frau am Mikrofon und preist seinen Plan einer Krankenversicherung für alle mit klaren Beispielen, simplen Zahlen und einfachen Sätzen: «95 000 Frauen in diesem Staat haben keine Versicherung. Das Risiko Nichtversicherter, an Brustkrebs zu sterben, ist um 30 bis 50 Prozent höher.» Die Zahl der Menschen ohne Versicherung müsse auf null sinken. Aber das alles werde in Amerika «erst passieren, wenn wir einen Präsidenten haben, der bereit ist, sich mit den Großen anzulegen», den Pharmakonzernen und dem Big Business, die ihren Teil der Kosten übernehmen sollen. Für diesen Kampf ist nur John Edwards der Richtige, denn er hat schon als Anwalt die Großen in die Knie gezwungen.

Ursprünglich war die Edwards-Strategie ganz gegen Hillary Clinton ausgerichtet. Edwards glaubte, dass die «Obamania» vorübergehen werde – so wie im Jahr 2000 die zwischenzeitliche Begeisterung für Bill Bradley, der bereits vor der ganz heißen Phase wieder in der Versenkung verschwand. Diesen Gefallen hat ihm Obama bislang nicht getan. Edwards konnte weder gegenüber Obama noch gegenüber Hillary Clinton Boden gutmachen. Sie sagt, sie sei die Einzige, die Change und Experience glaubwürdig verbindet. Der erste Teil richtet sich gegen Edwards, der zweite gegen Obama. Ungeniert übernimmt sie Wahlkampfslogans, um der Konkurrenz ein Alleinstellungsmerkmal zu rauben, von Edwards zum Beispiel den Anspruch, nur er kümmere sich um die Invisibles – die einfachen Menschen, die nicht im Rampenlicht stehen.

Die fünf «Zwerge» – Kandidaten ohne große Chancen

In den ersten TV-Debatten hatten die Diskussionsleiter noch darauf geachtet, dass alle acht in fairer Verteilung befragt werden und in etwa auf ähnliche Redezeiten kommen. Auch das änderte sich im Laufe des Jahres 2007, weil immer klarer wurde, dass das Rennen zwischen den drei Top-Favoriten ausgetragen wird. Die Umfragewerte der übrigen fünf Kandidaten bleiben konstant im einstelligen Bereich, liegen in der Regel sogar bei nur ein oder zwei Prozent. Diese Bewerber müssen durch Witz oder Schärfe auf sich aufmerksam machen. In der Fernsehdebatte in Iowa im August zum Beispiel hatte der Moderator Dennis Kucinich lange gar nicht zu Wort kommen lassen. Der nutzte schließlich die an alle acht gerichtete Frage nach dem Glauben für eine witzige Replik, die die Zeitungen dann als Zitat des Tages druckten. «George», sagt er zu Moderator Stephanopoulos' Frage nach der Religion, «seit 45 Minuten bete ich zu Gott, dass auch ich mal eine Frage beantworten darf.»

Joseph Biden – der Erfahrene mit dem losen Mundwerk

Er ist der Bewerber mit der längsten politischen Erfahrung. Seit 1973 vertritt der 65-jährige Joe Biden Delaware, einen kleinen Staat an der Atlantikküste, im US-Senat. Früher war der studierte Jurist besonders im Rechtsausschuss aktiv, heute leitet er den außenpolitischen Ausschuss. Er gilt als Experte für internationale Politik, Drogenbekämpfung, Verbrechensvorbeugung und Bürgerrechte. Bereits 1988 und 2004 wurde über seine Präsidentschaftsambitionen spekuliert. Doch am Ende entschied er sich dagegen, weil ihm Zeit und Geld dafür fehlten, wie er sagt.

Sein größtes Handicap ist sein Mangel an verbaler Zurückhaltung. Mit ironischen Formulierungen, die im kleinen Kreis als Scherz durchgehen, hat er mehrfach Unmut ausgelöst. Nicht alle Fernsehzuschauer haben Verständnis für Bidens scharfen Humor.

Er gilt als Maverick, als unkontrolliert wie ein Jungstier. «Washington-Post»-Kolumnist Richard Cohen wirft ihm vor, er sei ein «manisch besessener Plauderer» ohne jede verbale Disziplin. Biden mokierte sich darüber und benutzte dieses Zitat über sich bei Auftritten. Doch das Etikett bekommt er damit nicht weg.

In den Präsidentschaftsdebatten nimmt er für sich in Anspruch, als Einziger einen realen Plan für den Irak zu haben. Er will das Land in einen Bundesstaat verwandeln, in dem Schiiten, Sunniten und Kurden weitgehende Autonomie in ihren Siedlungsgebieten genießen. Nur dann könne man die US-Truppen heimholen, ohne Chaos zu hinterlassen.

Christopher Dodd – konservativ bei Finanzen, progressiv in der Außenpolitik

Der 63-jährige Senator aus Connecticut war sechs Jahre Abgeordneter im Kongress, von 1975 bis 1981, ehe er in den Senat wechselte. Christopher Dodd tritt moderat und umgänglich auf. Er ist irischer Abstammung und hat seine kleinen Kinder oft auf Wahlkampfreisen dabei. Die erste Ehe aus den 70er Jahren wurde nach zwölf Jahren geschieden. 1999 heiratete er eine Mormonin, mit der er zwei Töchter bekam. Diese sind im Alter der Obama-Kinder: Grace wurde 1999 und Christina 2005 geboren. Manche seiner Positionen gelten in den USA als «links von der Mitte», so kritisiert er zum Beispiel das Handelsembargo gegen Kuba und sucht den Dialog mit anderen sozialistischen Führern Lateinamerikas. Andererseits ist er ein Befürworter von Freihandelsabkommen, die gewöhnlich von linken Demokraten bekämpft und von Politikern der Mitte unterstützt werden. Eines seiner Spezialgebiete im Senat sind Finanzdienstleister. Investmentbanken und Consultingfirmen unterstützen seinen Wahlkampf. Er ist ein verlässlicher Verteidiger demokratischer Positionen wie Abtreibungsfreiheit oder mehr Umweltschutz und greift Bushs Irakpolitik vehement an. Als einziger Präsidentschaftskandidat hat er 2007 gegen die Bewilligung neuer Milliarden für den Irakkrieg gestimmt und zugleich für eine Resolution zum raschen Rückzug der amerikanischen Truppen. Andere Demokraten fürchten, das könne als Ablehnung der kämpfenden Truppe interpretiert werden.

Mike Gravel – die Spaßfigur aus Alaska

Er ist der Senior in diesem Wahlkampf. Mike Gravel vertrat früher Alaska im Senat, aber heute, im Alter von 77 Jahren, muss der Politpensionär keine Rücksichten mehr nehmen. Er ist die Spaßfigur des Wahlkampfs 2008. Wenn die Frontrunner sich in den Debatten winden, wie sie Bush angreifen, ohne in den Fehler zu radikaler Forderungen zu verfallen, die vielleicht manche Wähler abschrecken, geht er mit herzerfrischender Offenheit dazwischen. Er verstehe zum Beispiel das ganze Hin und Her um den Irakkrieg nicht, sagt er. Wenn den anderen der Abzug so sehr am Herzen liege, wie sie behaupten, dann sei das doch ganz einfach: Mit ihrer Parlamentsmehrheit könnten die Demokraten schlicht das Ende der Finanzierung des Krieges beschließen. Oder ein Gesetz verabschieden, das die Präsenz amerikanischer Soldaten im Irak für illegal erklärt.

Nach dem Vietnamkrieg hatte sich Gravel einen Namen gemacht, als er für das Ende der Wehrpflicht eintrat. Er ist ein Befürworter direkter Demokratie – und mit dieser Botschaft tritt er in New Hampshire an, dem frühen Vorwahlstaat unter den

Neuenglandstaaten, in dem solche Urwerte der amerikanischen Demokratie besonders hochgehalten werden. In den übrigen USA betreibt er wenig Wahlkampf. Ihm fehlt das Geld dafür, weil er sich kaum um vermögende Unterstützer und Spender bemüht hat. In den Umfragen sind seine Werte so niedrig, dass sie statistisch als «nicht messbar» gelten.

Dennis Kucinich – der Obdachlose, der den Aufstieg schaffte

Stets hat er ein Lächeln auf dem Gesicht. Dennis Kucinich, der 61-jährige Abgeordnete aus Cleveland, Ohio, ist die andere Frohnatur neben Mike Gravel im Oktett. Er steht politisch links und vertritt die «kleinen Leute», was seine Statur bildhaft unterstreicht, denn er ist einen guten Kopf kürzer als Barack Obama. Mit 31 Jahren wurde er Oberbürgermeister der Industrie- und Universitätsstadt am Eriesee, als jüngster Oberbürgermeister einer amerikanischen Großstadt überhaupt. Die Wiederwahl verlor er jedoch und blieb zunächst ohne bezahlten Job. Im Jahr 1982 vermerken seine Steuerunterlagen ein Einkommen von 38 Dollar. Wie schon in manchen Phasen seiner Kindheit, in der die Eltern umherzogen, lebte er vorübergehend im Auto.

Dennis ist das älteste von sieben Kindern, sein Vater, der aus Kroatien stammte, arbeitete als Lkw-Fahrer, und seine irische Mutter verdiente in Heimarbeit etwas Geld hinzu. In den 80er Jahren lebte er in New Mexico und war Abgeordneter des regionalen Parlaments dort – eine Erfahrung, die er als «politisch wie eine Verbannung nach Sibirien» beschrieb. Erst ein Jahrzehnt später gelang Dennis Kucinich der Sprung auf die nationale Bühne, nun wieder von der alten Heimat aus: Für Cleveland und dessen westliche Vorstädte zog er 1996 ins US-Abgeordnetenhaus.

Seine Themen sind eine bessere Krankenversicherung und Gesundheitsversorgung für alle. Als einziger der demokratischen Präsidentschaftskandidaten stimmte er bereits 2002 im Kongress gegen den Irakkrieg. Als Präsident möchte er das nordamerikanische Freihandelsabkommen mit Kanada und Mexiko kündigen, weil es amerikanische Arbeiter benachteilige, und erreichen, dass die USA dem Klimaprotokoll von Kyoto zur Reduzierung der Treibhausgase beitreten. Der Präsidentschaftswahlkampf 2008 ist schon sein zweiter, doch seine Chancen stehen ähnlich schlecht wie 2004.

Bill Richardson – der Einzige mit Regierungserfahrung

Unter den «fünf Zwergen» steht Bill Richardson am besten da. Der 60-Jährige hat die größten Chancen von ihnen allen, Vizepräsident zu werden. Für ihn spricht seine Regierungserfahrung als einziger amtierender Gouverneur eines Bundesstaates im gesamten Kandidatenfeld. Richardson regiert New Mexico. Wegen seines hohen Renommees im Südwesten und an der Pazifikküste wäre ein Vizepräsidentschaftskandidat Richardson ein Gewinn für jeden der drei Top-Bewerber, die stärker an der Ostküste und im Norden verankert sind. Wie Clinton und Obama kann auch Richardson mit einem historischen Superlativ werben: Er wäre der erste Hispanic im Weißen Haus, wie die Einwanderer aus Mexiko, Mittel- und Südamerika in den USA genannt werden. Seine Vorfahren kamen aus Mexiko, und angeblich gibt es für drei seiner vier Großeltern keine Belege für eine legale Einwanderung in die USA.

Ursprünglich wollte Richardson Profi-Baseballspieler werden, doch eine Armverletzung durchkreuzte diesen Plan. So trat er nach dem Französisch- und Politikstudium ins Außenministerium ein. Im dritten Anlauf eroberte er 1982 einen Kongresssitz für New Mexico. In den 14 Jahren als Abgeordneter lag ihm die Außenpolitik weiter am Herzen, vor allem die Beziehungen zu Problemstaaten wie Nordkorea, Sudan, Nigeria, Kuba und Nicaragua. Richardson wurde zu einem humanitären Unterhändler, dem es seit 1995 mehrfach gelang, Amerikaner zu befreien, die unter dubiosen Umständen im Irak, im Sudan oder in Nordkorea festgenommen worden waren. 1997 machte ihn Bill Clinton zum US-Botschafter bei den Vereinten Nationen und 1998 zu seinem Energieminister. Auch in jüngsten Jahren noch, als Richardson längst Gouverneur von New Mexico war und ein Republikaner Präsident, wurde er als Unterhändler nach Korea und in den Sudan geschickt, um die Freilassung Verhafteter zu erreichen oder einen Waffenstillstand zu vermitteln. Aufgrund seiner Erfolge wurde er vier Mal für den Friedensnobelpreis nominiert.

Der Gouverneur von New Mexico gilt gemeinhin als Mitte-rechts-Pragmatiker. Ideologische Fragen spielen im Südwesten des Landes eine geringere Rolle als anderswo in den USA. Dort fragt man vor allem, ob ein Vorschlag funktioniert. Richardson führte eine staatlich bezahlte Lebensversicherung über 400 000 Dollar für Nationalgardisten ein, die zum Militäreinsatz ins Ausland geschickt werden, 35 weitere Staaten folgten seinem Beispiel. 2005 schloss er eine Partnerschaft mit dem Milliardär Richard Branson, um in der Wüste um Las Cruces den ersten Weltraumbahnhof für Privatreisende aufzubauen. Im Jahr 2006 gewann er die Wiederwahl mit dem Rekordergebnis von 68 Prozent.

Die Republikaner sind 2008 die Underdogs

Amerika erlebt einen Wahlkampf der zwei Geschwindigkeiten. Bei den Demokraten stand das Feld der acht Bewerber schon im Frühjahr 2007 fest. Die Anhänger der Partei strotzten vor Siegeszuversicht, und die Umfragen bestätigten kontinuierlich, wie glücklich sie mit der Auswahl sind.

Bei den Republikanern herrschte lange Zeit ein völlig anderes Bild. Die Lage war unübersichtlich, die Favoriten wechselten, und als sich über den Sommer 2007 eine gewisse Stabilität in den Umfragen einstellte, wirkte auch dieses Ergebnis eher zufällig und unbefriedigend für die Basis. Nur 19 Prozent ihrer Anhänger sagten im August 2007, sie seien zufrieden mit dem Angebot an Kandidaten. Dabei hatte das Rennen ein Jahr zuvor so vielversprechend begonnen, jedenfalls wenn man die Frustration über den amtierenden Präsidenten, die aussichtslose Lage im Irak und die von Skandalen gebeutelte Partei einrechnet. Mit John McCain, dem erfahrenen Senator von Arizona, der als Vietnamveteran auch den Ruf eines Militärexperten genoss, stand ein Favorit bereit, der es gut mit Hillary aufnehmen konnte. Das besagten zumindest die Erkenntnisse der Meinungsforscher im Spätsommer 2006. McCain war weit genug auf Distanz zu Bush, um nicht von dessen schwindender Popularität mit in den Strudel gerissen zu werden. Andererseits trat er versöhnlich genug auf, um für die Mitte wählbar zu sein.

Im Herbst 2006 galt McCain als das Gewissen der Nation: Er blockierte die Freigabe der so genannten Folter light, wie man die harten Verhörmethoden im Kampf gegen Terroristen verkürzt nennt, die Bush und Cheney forderten. Zugleich unterstützte er aber die Truppenverstärkung im Irak und bot den Wählern damit eine klare Alternative zu den Abzugsplänen der

Demokraten, die in den Augen der Republikaner nichts anderes bedeuten als eine feige Flucht vor den Problemen. McCain wirkte charakterfest und gab dem Land Orientierung.

Doch je mehr sich zeigte, wie unpopulär der Irakkrieg mittlerweile auch unter Konservativen war, desto schneller sank sein Stern in der ersten Jahreshälfte 2007. Zudem musste er nun den Preis für seinen frühen Start zahlen. Bereits im Sommer 2006 hatte er eine starke Mannschaft um sich gesammelt, damit er – wie Hillary Clinton bei den Demokraten – von vornherein den Favoritenstatus für sich reklamieren konnte. Doch diese Strategie kostete Millionen, und die Spenden flossen immer spärlicher auf sein Wahlkampfkonto, weil ihm seine Iraklinie schadete. Im Juli 2007 musste er eingestehen, praktisch pleite zu sein. Mehr als 20 Millionen Dollar hatte er bereits ausgegeben und nur noch zwei Millionen auf dem Wahlkampfkonto. Als seine Umfragewerte weiter sanken, halbierte er seine Mannschaft und sparte auch an Sachausgaben. Das half zwar gegen die finanzielle Schieflage, steigerte aber auch nicht seine Beliebtheit.

In der Zwischenzeit war Rudy Giuliani emporgestiegen. Er war Bürgermeister von New York zur Zeit der Terroranschläge vom 11. September 2001. Fast die ganze Nation erinnerte sich an die Bilder, wie er der Stadt, wie er dem Land Mut zusprach, wie er den Feinden Amerikas drohte und den Wiederaufbau des Finanzdistrikts von Manhattan versprach. Damals war er America's Mayor, der Bürgermeister aller Bürgermeister – ein Image, von dem er in seinem Wahlkampf profitiert.

Zugleich aber zeigte sein Erfolg in den Umfragen die Verzweiflung der Partei. Die Anhänger sehnten sich nach einer Gestalt, die ihnen die Zuversicht zurückgab, dass sie trotz aller Probleme eine Präsidentin Hillary Clinton verhindern können. In dieser Stimmung sind sie bereit, über manches hinwegzusehen. Gemessen an seinen politischen Positionen ist Giuliani alles andere als ein idealer Kandidat der Republikaner. Er ist ein Konservativer nach New Yorker Maßstäben, nicht nach denen von Heartland America, den frommen und zum Teil erzkonservativen Staaten im Herzen der USA. In New York ist selbst ein moderater Republikaner für das Recht auf Abtreibung und für scharfe Waffengesetze, weil die Kriminalität sich ohne sie nicht unter Kontrolle bringen lässt. Auch die Toleranz gegenüber Homosexuellen gehört zur typischen Haltung in New York und an der kalifornischen Pazifikküste. Für gestandene Republikaner aus dem Mittleren Westen sind das Horrorpositionen. Zudem ist Giuliani mehrfach geschieden und hatte, was für rechte Republikaner noch schwerer wiegt, bereits intime Beziehungen zu seiner jetzigen Frau, Judith, als er offiziell noch mit Gattin Nummer zwei, Donna Hanover, verheiratet war. Trotz allem lag Giuliani seit dem Jahreswechsel 2006/07, als Bush die Truppenverstärkung einleitete und McCain sie beharrlich unterstützte, gleichauf mit McCain, schob sich bald vor ihn und führte seit dem Frühjahr 2007 beständig die Umfragen unter den Republikanern an.

Ein wundersamer Verdrängungsmechanismus fand da offenbar in den Köpfen republikanischer Wähler statt, spotteten die Nachrichtenmagazine und verglichen unterschiedliche Umfrageergebnisse miteinander. 60 Prozent dieser Anhänger gaben an, sie hätten ein detailliertes Bild von den Kandidaten – insbesondere bei Nennung des Namens Giuliani bestätigten sie das. Doch bei genaueren Nachfragen wollten ebenfalls um die 60 Prozent noch nie gehört haben, dass er geschieden ist, dass er die unkontrollierte Waffenfreiheit ablehnt und das Recht auf Abtreibung verteidigt.

Im Sommer 2007 stand die so genannte Straw Poll in Iowa an: Der erste ernsthafte Stimmungstest unter republikanischen Wählern. Zu diesem Zeitpunkt hat sich auch bei den Konservativen ein Spitzentrio herausgebildet – oder ein Führungsquartett, wenn man einen vierten aussichtsreichen Kandidaten bereits dazurechnete, der aber erst im September seine Kandidatur bekannt gab. Chancenlose «Zwerge» gab es ebenfalls, doch sind das bei den Republikanern nicht fünf wie bei den Demokraten, sondern gleich sieben. Als Frontrunner liegt nun Rudy Giuliani konsequent vorn, auf Platz zwei hält sich noch John

McCain, allerdings sinken seine Umfragewerte. Mit deutlichem Abstand folgt Mitt Romney, ein millionenschwerer Geschäftsmann und erfolgreicher Exgouverneur des liberalen Nordoststaates Massachusetts. Der noch unerklärte Mitfavorit ist der Schauspieler Fred Thompson, der bereits als Senator von Tennessee Erfahrung in Washington sammeln konnte. Der höchst populäre Staatsanwalt aus der TV-Serie «Law and Order» will es Ronald Reagan gleichtun und seinen Ruhm als Schauspieler in politische Macht ummünzen.

Ein Republikaner, der US-Präsident werden will, muss in den Agrarstaaten des Mittleren Westens überzeugen. In Iowa, zwischen Maisfeldern, Schweine- und Rinderställen, beginnt der lange Weg ins Weiße Haus, weit weg von den Millionenstädten an der Ost- und Westküste. Zur Straw Poll in Ames karren die Kandidaten ihre Fans aus ganz Iowa heran. Gern bezahlen sie die 35 Dollar Teilnahmegebühr an die regionale Parteiorganisation für jeden ihrer Gäste; außerdem gibt es Barbecue und gute Unterhaltung: Musikbands für die Erwachsenen, Kletterwände und Trampolins für die Kinder. Nur eine Gegenleistung wird von den Eingeladenen erwartet: Ihre Stimme sollen sie abgeben. Im Jahr 2007 sind 26000 Fans gekommen. Als George W. Bush 1999 von hier aus seinen Siegeszug begann, waren es 39000. Die Straw Poll in Iowa ist das größte Parteitreffen vor dem offiziellen Nominierungsparteitag im Sommer des Wahljahres.

Als *gekaufte Unterstützung* verhöhnen die Demokraten das Spektakel, als *Poll Tax* (Wahlsteuer) den Eintritt von 35 Dollar pro Person. Diese Tickets und die Platzmiete für die Zelte der Bewerber spülen zusammen eine Million Dollar in die Kasse der Republikanischen Partei von Iowa. An den Konservativen prallt diese Kritik jedoch ab, da sie diese Veranstaltung ohnehin nicht als repräsentative Wahl verstehen, sondern lediglich als Test der Anziehungskraft und der Organisationsstärke der Bewerber. Fast verzweifelt hofft die Basis auf einen Kandidaten, der ihnen die Siegeszuversicht zurückgibt nach all der Enttäuschung über Bush. «Rettet Amerika vor der liberalen Agenda. Verhindert

Hillary!», fleht das Pappschild eines 50-jährigen Mannes, der Jeans trägt und einen Cowboyhut.

Von den vier Erstplatzierten in den Umfragen ist diesmal nur einer gekommen: Mitt Romney. Die drei, die vor ihm liegen, kneifen: Rudy Giuliani, John McCain und Fred Thompson, der offiziell noch gar nicht kandidiert, aber von den Meinungsforschern mittlerweile an zweiter Stelle geführt wird. Eine Straw Poll ohne die Favoriten ist ein Novum, aber für die Abwesenden wohl auch ein kluges Kalkül. Ein Sieg wäre teuer und wird erwartet – würde ihnen also wenig nützen. Ein zweiter oder dritter Platz würde dagegen als Niederlage ausgelegt. Mitt Romney, die Nummer vier, hat mehr als zwei Millionen Dollar investiert, um mit einem Sieg in Iowa den Durchbruch zu schaffen. Der Exgouverneur von Massachusetts, ein Mormone und millionenschwerer Geschäftsmann, der als finanzieller Retter der Olympiade von Salt Lake City gilt, hat das größte Zelt, die meisten Busse und die teuersten Fernsehspots in der Werbung. Tags zuvor ist er mit fünf Söhnen, fünf blonden Schwiegertöchtern, die wie Models aussehen, und sieben seiner zehn Enkel über die Landwirtschaftsmesse in der nahen Hauptstadt Des Moines geschlendert und hat Küken und Ferkel gestreichelt.

In Ames versprechen acht Kandidaten der konservativen Basis die Rückkehr zu republikanischen Werten: Religion, Familie, Militär, Eigenverantwortung, weniger Staat und weniger Steuern. Sie werden die USA vor neuen Anschlägen schützen, versprechen sie. Aber der Irakkrieg sei ein unverzichtbarer Teil des Krieges gegen den Terror. Und das Gefangenenlager Guantanamo für Terrorverdächtige, das Amerikas Ansehen in der Welt so sehr schadet, soll nicht geschlossen, sondern noch ausgebaut werden, bekräftigen die Republikaner und wärmen mit dieser Forderung die Herzen ihrer Anhänger.

In dem dreistündigen Vorstellungs- und Redemarathon bei der Straw Poll nehmen sieben «Zwerge» Mitt Romney aufs Korn, ohne ihn beim Namen zu nennen. Nicht das Geld dürfe entscheiden, sagen sie, sondern nur die wahre Überzeugung, und damit würde es offensichtlich hapern bei einem Mann, der noch vor ein paar Jahren für die Abtreibungsfreiheit eintrat.

Die sieben Zwerge haben ihre eigenen Trümpfe mitgebracht. Mike Huckabee etwa, Exgouverneur von Arkansas, spielt als Bassgitarrist mit seiner Band «Capitol Offense» Songs von Bruce Springsteen, Elvis Presley und Chuck Berry. Wie einst Bill Clinton stellt er sich als «der Mann aus Hope, Arkansas» vor und erntet mit der Bitte «Gebt uns trotzdem eine zweite Chance!» ein Lachen unter den Clinton-Verächtern hier.

Andere Kandidaten wetteifern um die radikalste Forderung: Ron Paul zum Beispiel will das Bildungsministerium auflösen und die Erziehung vollständig den Eltern überlassen, Duncan Hunter plant, die zentrale Steuerbehörde abzuschaffen, und Tom Tancredo fordert, bei einem erneuten Terroranschlag in den USA zur Vergeltung Mekka zu bombardieren.

Nur 14302 Anhänger geben schließlich ihre Stimme ab, das ist lediglich die Hälfte der angekarrten Fans. Und es sind deutlich weniger als 1999, als noch alle Favoriten in Ames antraten. Die Auszählung am Abend verzögert sich um 90 Minuten, weil wieder mal ein Wahlcomputer versagt. Erwartungsgemäß siegt Romney mit 31 Prozent, was angesichts seiner Millioneninvestition fast eine Schlappe bedeutet. Der wahre Sieger ist die Nummer zwei, Mike Huckabee, mit 18 Prozent. Die radikalsten Kandidaten wurden ebenso aussortiert wie ein blasser Moderater, der daraufhin enttäuscht das Rennen aufgibt: Tommy Thompson, Exgouverneur aus dem Nachbarstaat Wisconsin. Die Bürger von Iowa haben offenbar ein Gespür für Authentizität und Seriosität.

Erst Anfang September zieht das Tempo bei den Republikanern an. Fred Thompson, der Schauspieler, erklärt offiziell seine Kandidatur: Am selben Abend, an dem sich die anderen nunmehr acht zur ersten TV-Debatte nach der Sommerpause in New Hampshire treffen, sitzt er 4500 Kilometer weiter südwestlich, in Kalifornien, bei Jay Leno auf dem Sofa und verkündet in dessen «Late Night Show» seine Teilnahme am Rennen.

Dass er die Konkurrenten meidet, wird ihm als feiges Kneifen ausgelegt. «Warum die plötzliche Eile?», spotten sie.

Immerhin, vier Monate vor Beginn der Vorwahlen scheint das Kandidatenfeld für 2008 nun auch bei den Republikanern komplett zu sein. Der Verlauf dieser TV-Debatte macht das Rennen zusätzlich spannend. Giuliani, der bisher als Favorit gehandelt wurde, enttäuscht die Rechte an diesem Abend, weil er nur über ein Thema redet, nämlich seine Erfolge in New York im Kampf gegen die Kriminalität. Was er als Präsident verändern würde, darüber spricht er kaum. Senator John McCain aus Arizona, von vielen bereits abgeschrieben, gelingt ein Comeback. Ihn erklären die Zuschauer zum Sieger des Abends. Sein Eintreten für mehr Truppen im Irak gilt jetzt, wo sich kleine Erfolge abzeichnen, als Stärke. Die Republikaner fassen wieder Mut.

Rudy Giuliani – Amerikas Oberbürgermeister

Wegen seiner moderaten Positionen kann Rudy Giuliani, der 63-jährige Exbürgermeister von New York, am ehesten Wähler ansprechen, die nicht fest an die Republikanische Partei gebunden sind. Er ist kein Ideologe, sondern ein Pragmatiker. Das ist zwar gut für die Hauptwahl, kann sich aber zum Nachteil bei der Vorwahl entwickeln, denn im Wettlauf um die Nominierung geben die überzeugten Parteimitglieder den Ausschlag. Sie strömen auch zu den Wahlveranstaltungen, weshalb dort ein sehr ideologischer Ton herrscht. Beim Leib-und-Magen-Thema der eingefleischten Rechten 2007, den illegalen Einwanderern, hat Giuliani einen schweren Stand. Die Parteibasis würde die schätzungsweise zwölf Millionen Illegalen am liebsten aus dem Land jagen. Es sind vor allem Hispanics. Doch Giuliani hatte als Oberbürgermeister von New York die gegenteilige Strategie verfolgt. Er wollte die Kriminalität reduzieren, deren Opfer auch viele Illegale waren. Um sie vor Verbrechen zu schützen, hatte er die Illegalen sogar dazu aufgerufen, jede Straftat bei der Polizei anzuzeigen. Auch sie seien willkommen und hätten nichts zu befürchten, solange sie arbeiten und sich nichts zuschulden kommen lassen. Der rechte Parteiflügel sieht in dieser Aufforderung Giulianis geradezu eine Einladung zum illegalen Aufenthalt, er habe New York damit zu einer Sanctuary City, einem «Zufluchtsort», erklärt. Da hilft ihm auch die Entgegnung wenig, dass er sich als Bürgermeister um 400 000 illegale Einwanderer kümmern musste, obwohl eigentlich die Bundesregierung für deren Abschiebung zuständig gewesen wäre. Da die Regierung nichts unternahm, sei sein Ansatz der beste für die Stadt gewesen, verteidigt er sich. Hart gegen Verbrechen, hart gegen Amerikas Feinde in der Welt: Mit starken Sprüchen versucht er die fehlende Linientreue bei Abtreibung, Waffenfreiheit und homosexuellen Partnerschaften auszugleichen.

Fred Thompson – der Erbe Ronald Reagans

Der populäre Schauspieler wärmt das Herz der Parteianhänger. Wie einst Ronald Reagan verbindet Fred Thompson, der 65-jährige Exsenator von Tennessee, republikanischen Stallgeruch mit Glamour und einem gewinnenden Auftreten. Geschickt setzt er seine tiefe Stimme und das Macho-Image ein. Als Staatsanwalt in der TV-Serie «Law and Order» mimte er die richtige Mischung aus Strenge, großem Herz und gesundem Volksempfinden, und dieses Konzept überträgt er nun auf die Politik. Ursprünglich wollte er seine Kandidatur bereits am 4. Juli ankündigen, dem Nationalfeiertag. Doch damals gab es Personalprobleme im Kampagnenteam, und die Wahlkampfspenden blieben hinter den Erwartungen zurück. Dann kündigten auch noch einige Mitarbeiter, weil Thompsons 24 Jahre jüngere Frau Jeri, eine blonde Schönheit und frühere Politikberaterin, zu viel Einfluss nahm. Eine weitere Sorge war: Die «Law-and-Order»-Serie lief noch bis Ende August, und eine Fairness-Klausel im Wahlrecht garantiert allen Bewerbern die gleiche Fernsehzeit. Eine entsprechende Klage von Konkurrenten wollten weder Thompson noch der Sender riskieren.

Als einziger Vertreter des rechten Flügels aus den Südstaaten unter den vier Umfragenhelden füllt Thompson eine Lücke. Er verspricht die Rückkehr zu Grundtugenden der Konservativen: «Wir stoppen den Machtzuwachs der Bundesregierung, steigende Steuern und wachsende Ausgaben.» Er ist kein unbeschriebenes Blatt in der Politik. Nach dem Jurastudium praktizierte er als Anwalt in Tennessee. Während der Senatsuntersuchungen in der Watergate-Affäre gehörte er zu den Rechtsberatern der republikanischen Minderheitsfraktion, und später spielte er eine Schlüsselrolle in Korruptionsverfahren in Tennessee. Diese Ereignisse dienten Peter Maas als Vorlage für sein Buch «Marie». Als es verfilmt wurde, bat der Regisseur Thompson, sich selbst zu spielen, und daraus entwickelte sich seine Karriere als Schauspieler.

1994 wurde Thompson bei einer Nachwahl Senator von Tennessee. Er eroberte den vakanten Sitz des Demokraten Al Gore, den Bill Clinton 1992 zum Vizepräsidenten gemacht hatte. Thompson siegte als Countryboy aus Tennessee, der versprach, in Washington mit der politischen Insidermafia aufzuräumen. Er gewann auch die Wiederwahl 1996 und kehrte 2003 ins Filmgeschäft zurück. Im politischen Spektrum positioniert er sich rechts von Giuliani und McCain.

John McCain – der gealterte Kriegsheld

Mit 71 Jahren ist John McCain der älteste Bewerber unter den vier republikanischen Favoriten. Am Wahltag 2008 wird er sogar 72 Jahre zählen. Noch nie in der amerikanischen Geschichte ist ein Präsident in so hohem Alter erstmals ins Weiße Haus eingezogen. Ronald Reagan wird gern als Gegenbeispiel genannt, aber er war zu Beginn seiner ersten Amtszeit 69 und erst nach der Wiederwahl Anfang der zweiten Periode 73 Jahre alt.

McCain hat große Erfahrung, er ist seit 20 Jahren Senator von Arizona. Aber das Alter ist ein Nachteil für ihn, weil man es ihm ansieht und weil gesundheitliche Probleme hinzukommen. In vietnamesischer Kriegsgefangenschaft war er gefoltert worden, seine Bewacher brachen ihm Knochen. Erst nach fünf Jahren durfte er heimkehren, ein Held auf Krücken. Später litt er unter einer Krebserkrankung. Er hat oft einen hochroten Kopf, gerät leicht ins Schwitzen und muss sich vor der Sonne schützen. Auch er gilt als Pragmatiker, nicht als Ideologe.

Seine Standfestigkeit in prinzipiellen Fragen nötigt selbst seinen Gegnern Respekt ab, vor allem wenn er unpopuläre Positionen verteidigt wie die prinzipielle Ablehnung von Folter, auch gegen Terroristen, die Truppenverstärkung im Irak oder die Suche nach einer praktikablen Lösung für die zwölf Millionen illegalen Hispanics im Land. Diese Bereitschaft McCains oder Giulianis zu einem praktikablen Kompromiss bekämpft die Rechte als «Amnestie» für Gesetzesbrecher. Tatsächlich würde Amerikas Wirtschaft und Alltag ohne diese Arbeitskräfte kaum funktionieren: Sie erledigen die Gartenpflege, die Kinder- und Altenbetreuung sowie unbeliebte Tätigkeiten in den Schlachthöfen und im Baugewerbe.

Mitt Romney – der Retter der Olympischen Spiele von Salt Lake City

Erstmals seit Jahrzehnten hat ein Geschäftsmann ernsthafte Aussichten, in das Weiße Haus einzuziehen. Mitt Romney, der 60-jährige Exgouverneur von Massachusetts, geht das Rennen so strategisch an wie eine Firmenübernahme. Deshalb investierte er zwei Millionen in den Sieg bei der Straw Poll in Iowa. Geld spielt für ihn keine große Rolle im Wahlkampf. Nach einem Doppelstudiengang Management und Jura in Harvard hat er als Mitbegründer der Private-Equity-Investmentfirma Bain Capital Millionen verdient. Und weil er zudem die Olympischen Winterspiele 2002 vor dem drohenden Bankrott rettete, unterstützen ihn Amerikas Wirtschaftsbosse gerne im Präsidentschaftsrennen. 44 Millionen Dollar Wahlkampfspenden hat Romney im ersten Halbjahr 2007 erhalten, nur die beiden Politstars der Demokraten, Barack Obama und Hillary Clinton, sammelten mehr. Romney half allerdings ein bisschen nach, um die anderen Republikaner weit hinter sich zu lassen: 8,9 Millionen Dollar stammten aus seiner eigenen Tasche, erfuhr die Öffentlichkeit später.

Romney wirbt mit seiner Management-Erfahrung, doch die kann auch gegen ihn verwendet werden. Als er 1994 im Senatswahlkampf Amtsinhaber Ted Kennedy in Massachusetts herausforderte, ließ der Arbeiter auftreten, die ihren Job verloren hatten, nachdem Romney ihre Firmen auf Profit getrimmt hatte. Erst seine zweite politische Bewerbung, nun als Gouverneur von Massachusetts, war 2002 erfolgreich. Romney galt inzwischen als nationaler Held, die Olympiade in Salt Lake City hatte er vom Vorwurf der Korruption und des Missmanagements befreit. Aus 397 Millionen Dollar Defizit in der Vorbereitung machte er 100 Millionen Gewinn am Ende und leitete die Spiele sicher durch die schwierige Lage nach den Anschlägen vom 11. September 2001. Den Gouverneursposten in Massachusetts nutzte er als Sprungbrett, ließ sich zum Vorsitzenden der Konferenz Republikanischer Gouverneure wählen und bereiste für sie die USA. 2006 verbrachte er 212 Tage außerhalb von Massachusetts, errechnete der «Boston Globe». Im Januar 2007 erklärte Mitt Romney dann schließlich seine Kandidatur für das höchste Amt.

Er wirbt mit seinen Erfolgen in Massachusetts: dem ausgeglichenen Budget, einer Krankenversicherung für alle und mit dem Umweltschutz. Aber alte Wahlkämpfe holen ihn inzwischen wieder ein. Als er im liberalen Neuenglandstaat Gouverneur werden wollte, war Mitt «pro choice», für das Recht auf Abtreibung, für Waffenkontrolle, und er versprach Homosexuellen die volle Gleichberechtigung. Neuerdings ist er «pro life», für den absoluten Schutz von ungeborenem Leben, und vehement gegen die Ehe zwischen homosexuellen Partnern. Er tritt als

Hobbyjäger und Waffennarr auf und gibt sich als schärfster Advokat gegen illegale Einwanderer. Mit anderen Worten: Er bedient jetzt alle republikanischen Grundtugenden. Einen «Flipfloper» nennt ihn die Konkurrenz, der opportunistisch seine Positionen wechsele. Aber es gibt noch eine weitere Hürde: Romney ist Mormone, und dieser Religion misstrauen viele Amerikaner.

Eigentlich ist auch er ein Pragmatiker, aber im Wahlkampf tritt er als rechter Überzeugungstäter auf. Da konkurriert er mit Thompson. Im Vergleich zu Romney reden Giuliani und McCain moderater.

Sechs Zwerge auf der Rechten – Advokaten der reinen Lehre

Für Republikaner ist es allerdings gar nicht so einfach, die Ideologie und die praktische Politik miteinander zu vereinbaren. Ihre Wünsche standen schon immer in einem spannungsreichen Verhältnis zueinander. Sie verfolgen Ziele, die sich gegenseitig ausschließen, zum Beispiel Isolationismus und Imperialismus. Sie wünschen ein starkes Amerika in der Welt, aber eine möglichst schwache Bundesregierung im Inneren. Sie fordern hohe Militärausgaben, doch zugleich niedrige Steuern und ein schmales Budget. Nach ihrem Willen sollen die USA ein für alle Fremden offenes gelobtes Land sein, in dem jeder sein Glück machen kann, aber sie schotten die Grenzen gegen illegale Einwanderer ab. Diese Spannungen spiegeln sich in besonderer Schärfe bei den «Zwergen» im republikanischen Feld. Im Herbst 2007 sind 53 Prozent der Konservativen der Meinung, die Republikaner hätten sich zu sehr auf ideologische Fragen wie den Kampf gegen Abtreibung und das Verbot einer Ehe unter Homosexuellen konzentriert und darüber Alltagsentscheidungen wie Ausgaben- und Steuerpolitik vernachlässigt.

Sam Brownback – der konservative Verteidiger der Menschenrechte

Der Senator von Kansas ist das Aushängeschild der christlichen Rechten. Im Zentrum des Wahlkampfs von Sam Brownback steht die Familie. Wenn Amerikas Familien gesund sind, dann ist es auch die Gesellschaft, sagt der 51-Jährige, der seit 1996 im Senat sitzt. Der gebürtige Methodist konvertierte zur katholischen Kirche. Sein christliches Menschenbild dient ihm als Basis seiner Außenpolitik. Er unterstützt die Ziele der Menschenrechtsbewegung von Helsinki, setzt sich für Verfolgte ein, fordert humanitäre Interventionen gegen Genozid, zum Beispiel in Darfur, und steht fest an der Seite Israels. Seiner Meinung nach soll der Iran notfalls auch mit Gewalt daran gehindert werden, Atomwaffen zu entwickeln. Ende Oktober 2007 gibt Brownback seine Bewerbung wegen Geldmangel auf.

John Cox – der chancenlose Millionär

Er war der Erste, der seine Kandidatur ankündigte: am 9. März 2006, ganze zweieinhalb Jahre vor der Wahl. John Cox, ein 52-jähriger, millionenschwerer Steuerberater und Geschäftsmann aus Chicago, hat sich schon unzählige Male um Wahlämter bemüht, als Abgeordneter oder Senator, überstand in der Vergangenheit aber nicht einmal eine Vorwahl. Zu den meisten TV-Debatten der Kandidaten wird er gar nicht erst eingeladen, weil seine Zustimmungswerte um oder unter einem Prozent pendeln.

Mike Huckabee – der Pfarrer an der Bassgitarre

Bis Anfang 2007 war Mike Huckabee Gouverneur des Südstaates Arkansas. Von dort hatte auch Bill Clinton den Weg ins Weiße Haus angetreten. Der 52-jährige Huckabee ist der andere Religiös-Konservative neben Brownback, gilt aber als moderater. Auch im Vergleich zu dem anderen Südstaatler, Fred Thompson, tritt er gemäßigter auf. Kirchengemeinden sind ein wichtiges Organisationsmittel von Kandidaten mit vergleichsweise geringen Wahlkampfspenden. Das verhalf ihm – neben seinen Künsten als Bassgitarrist – zum zweiten Platz bei der Straw Poll in Iowa.

Huckabee studierte Theologie und arbeitete zunächst als Pfarrer der Southern Baptist Church. Erst der Aufstieg des Demokraten Bill Clinton brachte ihn, den Republikaner, in die Politik. Als Clinton 1992 zum Präsidenten gewählt wurde, war er Gouverneur von Arkansas. Sein Vize Jim Tucker rückte zum Gouverneur auf, die außerordentliche Wahl zum neuen Vize gewann Huckabee. Er war erst der zweite Republikaner in diesem Amt seit mehr als einem Jahrhundert. 1996 wurde er dann selbst Gouverneur, als Tucker infolge der Whitewater-Immobilienaffäre, in die auch die Clintons verstrickt waren, zurücktreten musste. Umweltschutz, Erhaltung der Nationalparks und ein besonderes Straßenbauprogramm, das er durch Aufschläge auf die Dieselsteuer finanzierte, waren seine Markenzeichen. Seine Wiederwahl 2002 gewann er problemlos.

Während Hurrikan «Katrina» nahm er viele Flüchtlinge in Arkansas auf und wurde vom «Time»-Magazin zu einem der fünf besten Gouverneure der USA gekürt. Er tritt für eine längere Präsenz der US-Truppen im Irak ein, doch begründet er das nachdenklicher als seine Konkurrenten. Amerika habe mit dem Einmarsch die Verantwortung für das Land übernommen, könne sich also nicht einfach davonmachen und die Probleme den Irakern hinterlassen.

Duncan Hunter – der Feind zentraler Steuerbehörden

Der 59-jährige Vietnamveteran und Jurist Duncan Hunter vertritt seit 1981 den südkalifornischen Wahlbezirk San Diego im Abgeordnetenhaus. Bei keinem seiner Auftritte vergisst er jemals zu erwähnen, dass einer seiner beiden Söhne gerade vor Ort im Irakeinsatz ist. Er verspricht den Wählern ein starkes Militär und einen unbarmherzigen Umgang mit Amerikas Feinden. Auch sonst macht Hunter vor allem mit markigen

Sprüchen auf sich aufmerksam. Seine Tiraden gegen illegale Einwanderer wirken fast fremdenfeindlich, und Amerikas Südgrenze will er mithilfe eines über 2000 Kilometer langen Zauns gegen illegale Einwanderer schützen: «Wer den überwindet, den melden wir für die Olympischen Spiele an.» Zudem verspricht Hunter umfangreiche Steuersenkungen und möchte die nationale Steuerbehörde komplett abschaffen.

Ron Paul – der Vorkämpfer für möglichst wenig Staat

Der Arzt und Gynäkologe aus Texas ist der Paradiesvogel unter den Republikanern. Ron Paul vertritt republikanische Kardinaltugenden radikaler als seine Konkurrenten. Eine weitere Machtverlagerung von den Bundesstaaten nach Washington lehnt der 72-jährige Abgeordnete ab, die Souveränität müsse von den Bürgern und den Staaten ausgehen, denn so wollten es die Gründerväter.

Seiner Meinung nach war der Irakkrieg ein Fehler, Amerika habe im Mittleren Osten nichts zu suchen. Mike Huckabee hält er entgegen, dass man sich sehr wohl aus dem Krieg zurückziehen könne, da der Einmarsch zum Sturz Saddams dem amerikanischen Volk durch eine kleine Gruppe neokonservativer Verschwörer aufgezwungen worden sei. Im Rückzug der amerikanischen Truppen aus dem Irak sieht er keine Flucht aus der Verantwortung, sondern die überfällige Korrektur eines Fehlers. Ron Paul ist auch gegen eine Politik militärischer Drohungen gegen den Iran und kritisiert die viel zu großen, inflexiblen Bundesbehörden, die vor lauter Bürokratie ihre wichtigsten Aufgaben nicht mehr erfüllen. Das neue Department of Homeland Security zum Beispiel sei mit der Sicherung des Flugverkehrs völlig überfordert. Die Aufgabe solle der Regierung entzogen und in die Hände der Fluglinien gelegt werden. Schon aus Eigeninteresse würden die eine bessere Terrorabwehr organisieren als der Staat.

Auch das Bildungsministerium möchte er auflösen. Die Verantwortung für die Erziehung liege bei den Eltern sowie den

Schulen und Universitäten der einzelnen Staaten. Ron Paul trägt inzwischen den Spitznamen «Dr. No», weil er gegen alle Gesetze stimmt, die seinen Vorstellungen von einem auf die Minimalaufgaben reduzierten Staat widersprechen. Mit dieser prinzipiellen Rückbesinnung auf die Ideale der Gründerväter und auf die Bürgerfreiheiten, die der Staat nicht einschränken dürfe, trifft er gerade bei jungen Wählern einen Nerv. Viele Jugendliche helfen unentgeltlich in seinem Wahlkampf und himmeln ihn an.

Tom Tancredo – der Immigrant, der Immigranten ablehnt

Der Abgeordnete aus Colorado gilt neben Duncan Hunter als der andere rechte Sprücheklopfer. Seine Großeltern wanderten aus Italien ein. Als Enkel legaler Immigranten ist der 62-Jährige einer der schärfsten Gegner einer Gesetzesreform, die den zwölf Millionen Illegalen einen Weg zum legalen Aufenthalt ebnen soll. Er geht sogar weiter, wenn er ankündigt, jeden, der ohne Genehmigung ins Land kommt, deportieren zu lassen. Ebenso wendet er sich gegen spanische Schulbücher, da Lehrmaterial in den USA prinzipiell englisch sein müsse. Eine Kontroverse löste er mit dem Vorschlag aus, im Fall eines neuen islamistischen Terroranschlags mit einem Bombenangriff auf die heiligen Städte der Moslems, Mekka und Medina, zu antworten. Seiner Meinung nach sei diese Drohung die einzige Abschreckung, die einen islamischen Extremisten davon abhalten könne, eine atomare Attacke gegen die USA auszuführen.

Chancen auf die Nominierung haben die «Zwerge» mit den geringen Umfragewerten nicht – bei den Republikanern ebenso wenig wie bei den Demokraten. Doch es ist gut, dass sie bei den Debatten dabei sind, denn so werden auch radikalere Positionen artikuliert, die außerhalb des Mainstreams liegen, an den sich die risikoscheuen Favoriten halten. Wären die «Zwerge» nicht dabei, kämen weder die entschlossenen Kriegsgegner der Linken, wie Dennis Kucinich, noch die der Rechten, wie Ron Paul, zu

Wort. Die Anklage der sozialen Wirklichkeit der Unterschicht in den USA fiele moderater aus und ebenso die Forderung nach Rückbesinnung auf die Urverfassung der USA. In der ursprünglichen Gewaltenteilung hatte der Föderalismus und hatten die Staaten und Bürgerrechte einen höheren Stellenwert als heute, in der politischen Wirklichkeit des Terrorzeitalters.

Michelle, ma belle: Die Frau an Obamas Seite

In der Verfassung der Vereinigten Staaten ist die Rolle der First Lady nicht vorgesehen. Und doch ist sie nicht wegzudenken aus einer Präsidentschaft und kann sehr wohl über Sieg oder Niederlage auf dem Weg in das Weiße Haus entscheiden. Amerikas politisches System ist ganz auf den Präsidenten zugeschnitten, das Rollenmodell für Amerikas Gesellschaft aber liefert nicht er allein, sondern die First Family, allen voran die First Lady. Ohne eine Ehefrau ist jeder Präsident unvollständig. Ein alleinstehender Politiker wäre selbst heute nicht wählbar für die Nation. Allerdings hat sich das Rollenmodell der First Lady im Lauf der Zeit verändert: Es muss nicht mehr das brave Hausmütterchen sein, das sich allein auf Kinder und Kochrezepte beschränkt und auf jedes politische Engagement außerhalb des karitativen Bereichs verzichtet.

Die Rolle der First Lady kann inzwischen viele Formen annehmen – sogar die eines Mannes. Bill Clinton ist bereits bemüht, sich humorvoll auf seinen Einsatz im Wahlkampf vorzubereiten. Die Debatte um die richtige Bezeichnung seiner Position für den Fall, dass seine Frau Hillary die Wahl gewinnt, hat er selbst im Herbst 2007 mit einer guten Portion Selbstironie bereichert. «First Laddie» könne man ihn nennen, frei übersetzt «das erste Bürschchen» oder «der erste Kumpel». Zunächst hatten die Medien mit «First Husband» experimentiert, doch für amerikanische Ohren klingt das ein wenig gestelzt.

Auch schon früher in der amerikanischen Geschichte haben die Ehepartner das öffentliche Bild einer Präsidentschaft immer wieder ganz entscheidend mitgeprägt, und manche haben sogar machtpolitische Rollen gespielt. Edith Wilson zum Beispiel übernahm die Geschäfte ihres Ehemannes, Woodrow Wilson, über ein Jahr lang, nachdem dieser einen Schlaganfall erlitten hatte. Nancy Reagan spielte zwar nach außen meist die politisch passive Frau an Ronalds Seite, die den Helden in Film und Politik anhimmelt. Hinter den Kulissen war sie jedoch seine engste Beraterin und entschied, welche Mitarbeiter angeheuert und welche gefeuert wurden. Das Glamourbild der Kennedy-Präsidentschaft ist ohne Jackie, ihre Hüte, ihre Mode und ihren neuen Einrichtungsstil schlicht undenkbar. Sie schuf den Mythos von Camelot. Lady Bird Johnson entwickelte den Bau von Highways zu einem landschaftsgärtnerischen Projekt. Betty Ford wurde in ihrer Generation zum Prototyp einer Gattin, die jede Frage so offen wie möglich beantwortet, um das öffentliche Vertrauen in das höchste Amt nach dem Watergate-Skandal wiederherzustellen. Selbst über die potenziellen Reaktionen von Eltern, falls eines der Kinder im minderjährigen Alter Sex habe oder Drogen konsumiere, sprach die vierfache Mutter. Als sie rückblickend feststellte, die einzige Frage, die man ihr noch nicht gestellt habe, sei wohl, wie oft sie mit ihrem Mann schlafe, und der schlagfertige Reporter sogleich nachhakte – «Ja, wie oft eigentlich?» –, erhielt selbst er eine Antwort: «So oft wie möglich!» Betty Ford ist insofern das Vorbild einer Präsidenten- oder Kandidatenfrau, die kein Blatt vor den Mund nimmt.

Als die Clintons sich 1992 daranmachten, das Weiße Haus als Paar zu erobern, war eine politisch hoch aktive Hillary noch ein Risiko. 16 Jahre später ist auch dieses Rollenmodell akzeptiert. Elizabeth Edwards – oder Bill Clinton – agieren ungehemmt politisch, weit offener, als Hillary es damals gewagt hätte. Das Wahljahr 2008 hat alles im Angebot, von Jeri Thompson, die das Amt verbissener anstrebt als ihr um 24 Jahre älterer Mann Fred, bis Ann Romney, die als Hausfrau, Mutter und Großmutter das Bild der heilen Großfamilie repräsentiert und so ihrem Mann den Trumpf verschafft, der vielleicht das Misstrauen gegen seinen mormonischen Glauben überwindet. Ironischerweise ist Romney der einzige Topkandidat der Republikaner, der noch mit seiner ersten Frau verheiratet ist – obwohl die Partei nach außen so viel Wert auf eine heile Familie legt.

Selbst aus dieser Vielfalt sticht Michelle Obama mit einem ganz anderen, unverwechselbaren Stil hervor. Sie ist gewiss nicht die treibende Kraft hinter seiner politischen Karriere. Sie hat seinen Aufstieg vielmehr mit Skepsis begleitet, auch weil sie Schaden für das Familienleben befürchtete. Und sie hat ihm bei jeder neuen Stufe auf der Leiter nach oben Zugeständnisse abgehandelt. Als er 2003 den Wunsch äußerte, für den US-Senat zu kandidieren, war die frustrierende Erfahrung der vergeblichen Bewerbung um einen Sitz im Abgeordnetenhaus noch frisch, und die Schulden der teuren Niederlage waren noch nicht abbezahlt. Sie einigten sich auf folgenden Deal: Es wird sein letzter Versuch, und wenn er abermals verliert, gibt er die Politik auf, widmet sich der Lehrtätigkeit an der Universität und versucht den bedürftigen Schwarzen auf anderem Weg zu helfen, zum Beispiel durch Stiftungsarbeit.

Auch 2006 verlangte sie einen Preis für ihre Zustimmung zu seiner Präsidentschaftsbewerbung: Er muss das Rauchen aufgeben. Sie macht daraus kein Geheimnis, sondern spricht im Wahlkampf offen darüber. Die Bürger sollten doch, bitte, darauf achten, ob er seine Zusage einhält. Zu Beginn benutzte Barack Obama Nikotinkaugummis, um mit der Doppelbelastung von Wahlkampf und Entwöhnung zurechtzukommen. Später war in Zeitungskolumnen auch von Nikotinpflastern die Rede. Doch das dementierte Michelles älterer Bruder Craig Robinson im Mai gegenüber der «New York Times». Wer mit so einer resoluten Frau wie Michelle zusammenlebe, brauche das nicht. «Sie ist Pflaster genug!»

Das öffentliche Bild des Paares lebt von den Gegensätzen zwischen Michelle und Barack – Gegensätzen, die sich ergänzen. Sie ist die Vernunft in Person und ein sehr disziplinierter Mensch, der mit beiden Füßen mitten im Leben steht. Er ist der Träumer, der Idealist, der von ihr mitunter auf den Boden zurückgeholt werden muss. Wiederholt hat sie sich über sein Rockstar-Image lustig gemacht, nicht immer zur Freude seines Wahlkampfteams, das Rückwirkungen auf sein öffentliches Bild und damit auf die Umfragen befürchtet. Es ist von Vorteil, dass

Michelle nicht machtversessen ist. Aber sie darf auch nicht den Eindruck vermitteln, es sei ihr egal, ob ihr Mann kandidiere, denn das könnte schlechte Auswirkungen auf seine Sympathiewerte haben.

Ein weiteres schwieriges Thema ist der Humor. Etwas Selbstironie ist sympathisch, und Anekdoten, die neben dem politischen Superman einen Menschen «wie du und ich» zeigen, sind es auch. Aber wenn Michelle ihrem Mann schelmisch vorwirft, er habe noch immer nicht gelernt, die Butter nach dem Schmieren der Frühstückstoasts wieder in den Kühlschrank zu stellen, dann hat sie dabei keine Kontrolle darüber, ob die Wähler das lustig finden oder einen Charakterfehler darin sehen.

Wenn Michelle diese kleinen spitzen Bemerkungen vor einigen hundert Bürgern in New Hampshire oder Iowa macht, dann sieht sie die Reaktionen der Anwesenden unmittelbar und kann reagieren, falls diese Pointe falsch ankommt. Doch auf die Wahrnehmung von Zehntausenden, die diese Szene in einem Radiobericht verfolgen oder in der Zeitung lesen, hat sie keinen Einfluss. Sein sorgsam aufgebautes Image kann auch Schaden leiden, wenn Michelle scherzt, dass sie den Barack Obama, den die Medien beschreiben, selbst gern einmal treffen würde: «Ich höre, er ist ein eindrucksvoller Typ. Ein großartiger Redner. Ein Juraprofessor. Ein Bestsellerautor. Und ein Grammy-Gewinner. Bewundernswert!» Doch «wie bringe ich das in Einklang mit dem Typen, der bei mir zuhause lebt? Seine fünfjährige Tochter ist besser im Bettenmachen als er.» Nicht alle Berater im Wahlkampfstab waren glücklich über solche Bemerkungen, sie baten die Ehefrau schließlich, ihren Spott zu mäßigen. Doch diese Anekdoten und Zitate sind nun in der Welt und werden bei jeder passenden oder unpassenden Gelegenheit hervorgeholt. Selbst offenkundige Hör- oder Druckfehler in Zeitungsinterviews können die Kontroverse neu beleben. Im Mai 2007 schrieb die «New York Times» unter Berufung auf eine Freundin der Familie, Valerie Jarrett, Michelle und Barack hätten «lange gestritten», ob er antreten soll oder nicht. Tags drauf folgt die

Korrektur: Sie hätten nicht gestritten, sondern «lange nachgedacht» – im Amerikanischen trennen nur zwei Buchstaben oder ein Zungenschlag «fought long» von «thought long».

Im August 2007 spekulieren die Medien, ob Michelle einen Auftritt in Iowa zum Angriff auf Hillary Clinton genutzt habe. «Wer sein eigenes Haus nicht in Ordnung hält, kann gewiss nicht das Weiße Haus in Ordnung halten!», hatte sie gesagt und wurde daraufhin gefragt, ob dies eine Anspielung auf Bill Clintons Affären gewesen sei? Nein, verteidigte sie sich, der Satz sei in einem ganz anderen Zusammenhang gefallen: welche Leistung es mitunter bedeute, die Terminkalender einer vierköpfigen Familie abzustimmen. Sie ist keine Elizabeth Edwards, die offen Kritik an den Konkurrenten ihres Mannes übt. Michelle macht eine neue Erfahrung in diesem Wahlkampf: Auch ihre Worte werden auf die Goldwaage gelegt.

Andererseits erkennen Baracks politische Berater, was sie an ihr haben. Michelle ist eine Sympathieträgerin. Als Rednerin, die ihn bei Wahlkampfauftritten einführt, ist sie schwer zu übertreffen, gerade weil sie ihn vom Sockel herunterholt. Umso besser kann er danach glänzen. Und Barack flachst gerne zurück: «Sie sollte ins Rennen gehen. Sie ist klüger, sieht besser aus als ich und teilt härter aus. Nur leider ist sie zu intelligent, um sich das anzutun.» Besonders gut kommt Michelle beim weiblichen Publikum an, zum Beispiel wenn sie bekennt, auch sie frage sich morgens beim Aufstehen oft, «wie, um Himmels willen, ich auch heute wieder das kleine Wunder vollbringen soll, erfolgreich durch den Tag zu kommen». Da fühlt sich jede Mutter und Hausfrau angesprochen, ob berufstätig oder nicht. In der Rolle von «Everywoman» oder «Jederfrau» ist die bodenständige Michelle besonders überzeugend.

Sein Wahlkampfteam weiß auch genau, welchen Einfluss sie auf ihn hat. Sie mischt sich nicht in Strategieentscheidungen ein und versucht auch nicht, seine Berater auszustechen. Aber sie kann ihm den Kopf zurechtsetzen, denn sie kennt ihn besser als jeder andere. In der Frühphase des Rennens versuchte der Stab ihm mehr programmatische Disziplin abzuverlangen. Er dürfe sich nicht allein auf seine spontanen rhetorischen Fähigkeiten verlassen, sondern müsse Soundbites im TV-Format üben, so wie Hillary das offenkundig tut. Er wollte das erst nicht wahrhaben und suchte nach Ausflüchten. Doch Michelle brachte ihn mit einer resoluten Intervention zum Schweigen. «Hey, *wir* reden gerade über dich.» Das gab den Ausschlag, Barack akzeptierte die Verbesserungsvorschläge seiner Berater.

Michelle ist eine nüchterne Person, sie lässt sich nicht so leicht blenden. Im Januar 2005 reiste sie mit Barack Obama nach Washington zu seiner Amtseinführung als Senator und spöttelte über die Aufmerksamkeit, die dem Wunderknaben zuteil wurde. «Ich hoffe nur, dass er irgendwann einmal etwas zustande bringt, das all dieses Interesse an ihm rechtfertigt.»

Sie stammt aus einer einfachen Arbeiterfamilie in Chicagos South Side, die jedoch hohe Bildungsideale hatte. Vater Frasier Robinson war Schichtarbeiter in den städtischen Wasserwerken, wo er Erhitzungsgeräte im Filterprozess überwachte. Mutter Marian blieb zuhause, als die zwei Kinder – der um 16 Monate ältere Bruder Craig und Michelle – klein waren. Später arbeitete sie als Sekretärin bei einer Versandhauskatalogfirma, schließlich bei einer Bank. Im Alter von 60 Jahren reduzierte sie ihre Arbeit auf einen Teilzeitjob, um 2004 mehr Zeit für die beiden Enkeltöchter zu haben und Michelle den Karrieresprung zur Vizepräsidentin der Universitätsklinik Chicago zu ermöglichen. Erst im Sommer 2007 gab Marian die Stelle ganz auf, um nur noch für Malia und Sasha Obama da zu sein, während sich deren Mutter Michelle ihren Wahlkampfpflichten widmet.

Die Wohnverhältnisse der Robinsons waren bescheiden: das Obergeschoss eines zweistöckigen Backsteinbaus mit nur einem richtigen Schlafzimmer. Das Wohnzimmer wurde mit einem Raumteiler behelfsmäßig gegliedert, um beiden Kindern ihr eigenes Reich zu ermöglichen. Erst später konnte sich die Familie einen Anbau leisten. Die Eltern förderten die Kinder intensiv, sodass beide schon mit vier Jahren lesen konnten und in der Grundschule eine Klasse übersprangen. Auch Arbeitsethos und Disziplin gehörten zu dieser Erziehung. Der Vater erkrankte mit 30 Jahren an multipler Sklerose, als beide Kinder noch relativ jung waren. Die körperlichen Einschränkungen nahmen im Laufe der Jahre zu, aber er ging weiter zur Arbeit und nahm seinen ganzen Willen zusammen, um auch zu Hause Haltung zu wahren. 1990 starb er, ein gutes halbes Jahr nachdem Barack und Michelle sich kennengelernt hatten. Barack, der sich selbst als «Halbwaisen» sah, hat Michelle um die aus seiner Sicht idyllische heile Familie ihrer Kindheit mit zuverlässigen Eltern und liebevollen Tanten und Onkel beneidet.

Neben dem Vater war auch ihr Bruder Craig ein Vorbild für Michelle. Er war ein guter Schüler und herausragender Basketballspieler, dem verschiedene Universitäten ein volles Stipendium anboten. Doch Vater Frasier entschied, exzellente Bildung sei noch wichtiger, und so studierte Craig an der Eliteuniversität Princeton, obwohl die ihm nur ein Teilstipendium anbot. Auch dort konnte er in einem Spitzenteam der College-Liga spielen. Der Abschluss in Princeton trug ihm einen gut bezahlten Job im Finanzsektor ein, den er aber aufgab, um Trainer der Mannschaft der Brown University zu werden, die ebenfalls eine angesehene Hochschule der Ivy League mit sportlichen Spitzenteams ist.

Michelle eiferte dem Vorbild ihres Bruders nach, freilich mehr im schulischen als im sportlichen Bereich. Baseball, Football und Basketball blieben für sie Hobbys, aber dafür lernte sie Klavier und gehörte konstant zu den Jahrgangsbesten der Whitney Young Highschool, die wiederum zu den Spitzenschulen Chicagos zählt. In Princeton war sie eine der wenigen schwarzen Studentinnen in einer erdrückenden weißen Mehrheit und durchlitt eine ähnliche Identitätskrise wie Barack Obama samt der Einsicht: Der Aufstieg erzwingt die Anpassung an Lebensweise und Ziele der weißen Elite. Ihre Abschlussarbeit in Soziologie schrieb sie über die Isolation Schwarzer selbst in einer so offenen und liberalen Universität wie Princeton. Sie lobte das Bemühen der Umgebung um Integration, aber «ich fühlte mich dennoch wie ein Gast auf dem Campus, als gehöre ich nicht wirklich dazu». Zugleich beobachtete sie an sich, wie ihre Karrierewünsche sich immer mehr an die ihrer weißen Kommilitonen anglichen, und musste akzeptieren lernen, dass ihre Begabung und Ausbildung sie aus der gewohnten, mehrheitlich schwarzen Umgebung herausreißen würden. Schwarze, die große Karriere machen, das erkannte sie nun, haben es im Berufsleben vor allem mit der weißen Oberschicht zu tun.

Von Princeton wechselt sie 1985 zum Jurastudium nach Harvard – drei Jahre vor ihrem späteren Mann. Sie schließt ihr Studium 1988 mit einer Promotion ab und tritt in die Rechtsanwaltskanzlei Sidley Austin in Chicago ein. Im Jahr darauf betreut sie dort einen Praktikanten, Barack Obama. Die Sekretärinnen schwärmen von ihm, die Anwaltskollegen loben seinen brillanten Geist, aber Michelle bleibt skeptisch: «Es klang zu gut, um wahr zu sein. Ich hatte meine Erfahrungen mit Typen, denen ein ähnlicher Ruf vorauseilte: Schönredner, die auf manche Leute Eindruck machen.» Später stellte sie nicht ohne Überraschung fest, dass er nicht nur ein besonderes Kommunikationstalent besaß, sondern auch klare moralische Maßstäbe.

Er hat sich ziemlich schnell in sie verliebt, so erzählt er später. Michelle ist zweieinhalb Jahre jünger als er, aber sie war ihm beruflich voraus. Und sie entsprach seinem Wunschbild: eine selbstbewusste, gebildete, erfolgreiche, resolute und dabei herzenswarme Schwarze. Geschichten über Liebesaffären mit weißen Frauen sind über Obama nie bekannt geworden. Auch Michelles Versuch, ihn mit einer schwarzen Freundin zu verkuppeln, endete erfolglos.

Michelle hielt zunächst Distanz und legte sich auch deshalb Zurückhaltung auf, weil sie seine Praktikumsbetreuerin war: «Wie hätte das ausgesehen: Wir waren die beiden einzigen Afroamerikaner in der Firma. Und dann gleich flirten?» Erst als ein Anwaltskollege sie dazu ermuntert, mit Barack auszugehen, lässt sie sich auf ein «Date» ein. Nach einem Firmenpicknick, so berichtet Barack, habe er sie nach Hause gebracht und bei Baskin-Robbins gegenüber Eis für sie beide gekauft. Sie aßen es auf dem Bordstein sitzend, während er ihr von seinen Jugendjobs bei der Eiskette erzählte und sie ihm verriet, dass sie schon als Dreijährige eine Vorliebe für Peanut Butter und Fruchtgelee hatte. «Ich sagte: ‹Ich möchte deine Familie kennenlernen.› Sie sagte, das sei eine gute Idee. Ich fragte, ob ich sie küssen dürfe. Es schmeckte nach Schokolade», beschreibt Barack Obama die Szene.

Im Familien- und Bekanntenkreis stand Michelle damals in dem Ruf, zu hohe Ansprüche an Männer zu stellen und Bewunderern rasch den Laufpass zu geben, wenn diese ihren Maßstäben nicht genügten. «Meine Mutter, mein Vater und ich dachten, Michelle wird nie heiraten, weil keine Beziehung ihre Erwartungen erfüllte. Sie schickte ihre Boyfriends schnell in die Wüste», erzählte ihr Bruder Craig einem Reporter der «Chicago Tribune», David Mendell. Seine Schwester ist fast 1,80 Meter groß und eine athletische Erscheinung, was manche Männer einschüchterte.

Michelle selbst ging das Thema Männer und Ehe gelassener an, wie sie im August 2007 der «Chicago Sun-Times» sagte: «Wenn meine Freundinnen sich sorgten, dass wir noch immer keinen Mann haben, fragte ich: ‹Kommst du nicht mit dir selbst zurecht, was geht in deinem Kopf vor?› Meine Devise war: Ganz egal, ob mit oder ohne (Mann), man soll so gesund und glücklich leben, wie möglich. Wenn du das auf die Reihe kriegst, regelt sich alles von selbst.»

1992 heiraten Michelle und Barack Obama. Auch er hat sein Jurastudium in Harvard abgeschlossen und ist nach Chicago zurückgekehrt. Dort kümmert er sich nun um die schwarzen Wählerlisten in Cook County.

Ein Jahr zuvor hatte Michelle die Kanzlei Sidley Austin verlassen, in der sie sich auf Marketingrecht und geistiges Eigentum spezialisiert hatte und nach Aussagen von Kollegen vor einer steilen Karriere stand. Stattdessen bewarb sie sich im Rathaus von Chicago für den öffentlichen Dienst unter Bürgermeister Richard Dailey. Es wurde ein nachhaltiger Wechsel, der Abschied von «Corporate America», der Privatwirtschaft, und ein

Neuanfang im Public Service, der Verwaltung. Vermutlich hatte Baracks politischer Ehrgeiz da auf sie abgefärbt. Das Elternhaus von Michelle war nicht besonders politisch, berichtet ihr Bruder Craig. Mutter und Vater hielten Abstand zur Politik, weil sie darin ein schmutziges Geschäft sahen, das nur selten gute Ergebnisse hervorbrachte. Michelle ist fasziniert von Baracks Optimismus und von seinem idealistischen Eifer, die Verhältnisse zu ändern. Den Alltag der Politikergattin liebt sie dagegen nicht – schon gar nicht, als sich die Hausarbeit und Verantwortung für die Familie immer mehr auf sie verlagert, weil er oft und lange abwesend ist. 1991 sind die großen, schicksalsschweren Entscheidungen wie die Bewerbung um einen Senatorensitz oder gar die Präsidentschaft zwar noch nicht absehbar, aber angesichts seiner Neigung, Politiker zu werden, verstehen Barack und Michelle, dass sie in Zukunft auch beruflich voneinander abhängig sein werden. Michelle sagt ihrer künftigen Chefin im Rathaus, Valerie Jarrett, beim Vorstellungsgespräch, sie bestehe darauf, dass auch ihr Verlobter mit Jarrett spricht. Eine ungewöhnliche Anfrage. Barack erklärt es so: Michelle pflege eine offene Sprache. Er wollte sichergehen, dass sie damit in der hochpolitischen Umgebung nicht zwischen die Stühle gerät.

1993 wird Michelle Gründungschefin der neuen Abteilung für Public Allies, wörtlich: «Öffentliche Verbündete». Sie soll junge Menschen dazu bringen, ehrenamtlich soziale Aufgaben zu übernehmen. Das ist eine Idee der noch jungen Clinton-Präsidentschaft. Dabei handelt es sich vor allem um eine organisatorische Herausforderung, nämlich ein Büro aufzubauen, Spendengelder zu sammeln und einen Beirat einflussreicher Persönlichkeiten zu gewinnen. 1996 wechselt Michelle als Vizechefin des Studentenwerks zur University of Chicago. 2002 wird sie Direktorin für Öffentlichkeitsarbeit der Universitätsklinik. Und zwischen all diesen Karriereschritten hat sie auch noch zwei Töchter geboren: Malia 1998 und Sasha 2001.

Michelle Obama ist offenkundig eine hochbegabte und leistungsorientierte Frau. Doch je höher das Ehepaar auf der Erfolgsleiter emporsteigt, desto lauter werden die Fragen, inwieweit Michelle ihre Karriere dem politischen Aufstieg ihres Mannes verdanke. Im Frühjahr 2005, nur wenige Monate nach Baracks Wahl zum US-Senator, wird sie zur Vizepräsidentin der Universitätsklinik befördert. Öffentlichkeitsarbeit bleibt ihr Hauptaufgabengebiet, aber ihr Jahresverdienst steigt angeblich von 122000 auf 317000 Dollar an. Diese Zahlen nennt die «Chicago Sun-Times» 2007, andere Zeitungen veröffentlichen abweichende Gehaltssummen, die «New York Times» spricht von 212800 Dollar, die «Washington Post» von 275000 Dollar. Klinikpräsident Michael Riordan nimmt Michelle Obama gegen den Vorwurf in Schutz, sie profitiere vom Einfluss ihres Mannes. Ausschlaggebend sei allein ihre Leistung gewesen, sagt er. Sie habe ihre Abteilung von zwei auf 17 Mitarbeiter ausgebaut, die Zahl ehrenamtlicher Helfer im Krankenhaus von 200 auf 1000 verfünffacht und umgekehrt 800 Angestellte dazu gebracht, ehrenamtlich außerhalb der Klinik auszuhelfen.

Aufsichtsratsposten bessern Michelles Einkommen zusätzlich auf, zum Beispiel bei TreeHouse Foods, einem Zulieferer der Billigkaufhauskette Wal-Mart. Auch diese Tätigkeit führt zu öffentlichen Kontroversen, weil Barack Obama Wal-Mart wegen der unzureichenden Sozialpolitik angreift. Mittlerweile hat sie den Posten bei TreeHouse aufgegeben. Jedenfalls verdient sie die meiste Zeit ihrer Ehe mehr Geld als er. Erst sein lukrativer Buchvertrag gleicht das aus.

Der hohe Arbeitseinsatz der beiden führt zwischenzeitlich zu Spannungen in der Ehe, sie beginnen bereits im Hochzeitsjahr. 1992 schreibt Obama an seinem ersten Buch und kümmert sich um das Project Vote, die Wählerlisten. «Ich nehme mir zu viel vor, möchte alles gleichzeitig schaffen, aber der Tag hat nur eine bestimmte Anzahl von Stunden», bekennt Barack. Dieser chronische Fehler unterlaufe ihm immer wieder. Zudem haben die beiden Frischvermählten einen unterschiedlichen Tagesrhythmus. Michelle ist Frühaufsteherin und beginnt um 4 Uhr 30 mit ihrer Morgengymnastik. Barack arbeitet dagegen bis tief in die Nacht hinein. «Müde und gestresst, wie wir waren, hatten wir kaum noch Zeit füreinander, von Romantik ganz zu schweigen», beschreibt Obama diese Belastungen in «The Audacity of Hope». Das erste Kind, Malia, kommt im Juli 1998 zur Welt, zu einem idealen Zeitpunkt, weil sowohl der Senat von Illinois als auch die Universität gerade Sommerpause haben. Barack konnte fast drei Monate am Stück zuhause bleiben, und Michelle hatte ihre Arbeit auf Teilzeit reduziert. Ihre neue Stelle sollte sie erst im Oktober antreten. So konnten sie ihre Elternfreuden gemeinsam erleben und sich die Pflichten teilen. Im Herbst begann dann die berufliche Belastung wieder, Barack war in Springfield, dem Parlamentssitz, und hatte selbst an Abenden in Chicago oft Verpflichtungen.

Seine Erinnerung an den Winter 1999/2000 klingt traurig: «Als ich meine unselige Kandidatur für das Abgeordnetenhaus anschob, gab Michelle sich keinerlei Mühe, Freude zu heucheln. Meine Unfähigkeit, die Küche aufzuräumen, fand sie nicht mehr liebenswert. Wenn ich mich morgens zum Abschiedskuss zu ihr beugte, hielt sie mir nur flüchtig die Wange hin. Als (2001) Sasha geboren wurde – genauso schön und fast so ruhig wie ihre Schwester – konnte meine Frau ihre Wut auf mich kaum noch im Zaum halten. Du denkst immer nur an dich! Ich hatte nicht die Absicht, zu einer alleinerziehenden Mutter zu werden.»

Auch Michelle nimmt da gegenüber David Mendell von der «Chicago Tribune» kein Blatt vor den Mund: «Männer haben immer dieselbe Rangordnung. Sie selbst stehen an erster Stelle, dann kommt die Familie, irgendwo hat auch Gott seinen Platz, aber das Ich kommt zuerst. Frauen stellen sich selbst an die vierte Stelle – auf die Dauer ist das nicht gesund.»

Für sie haben Malia und Sasha auch im Wahlkampf Priorität. Den Sonntag verbringt die Familie zusammen. Michelles politische Auftritte werden mit den Unterrichts- und Terminplänen der beiden Töchter abgestimmt. Mit dem Beginn des neuen Schuljahres im September 2007 wird Michelles Programm deutlich reduziert, damit sie genug Zeit für Malia und Sasha hat. Freunden der Familie zufolge waren die beiden Mädchen auch ein Argument, das Präsidentschaftsrennen jetzt zu wagen. In vier oder acht Jahren werde es noch schwieriger für Malia und Sasha, mit der öffentlichen Rolle zurechtzukommen.

Kurz bevor Barack im Februar 2007 in Springfield seine Kandidatur erklärte, hatte Michelle ihre Arbeit in der Klinikverwaltung auf einen Teilzeitjob verkürzt: ein Fünftel der Arbeitszeit für ein Fünftel des Gehalts. Es war abzusehen, dass der Wahlkampf auch ihr einiges abverlangen würde. Ihre Arbeitskollegen betonen, sie komme immer noch zu allen wichtigen Sitzungen.

Ein typischer Wahlkampftag 2007 sieht so aus: Um 4 Uhr 30 steht Michelle auf und macht ihre Morgengymnastik, um 6 Uhr 45 muss sie am Flughafen sein, um zwei hintereinandergeschaltete Frühstückstermine an verschiedenen Orten wahrzunehmen. Danach stehen ein Mittagsempfang sowie Straßenwahlkampf am Vor- und Nachmittag auf dem Programm. Abends folgen Interviews für Zeitungen und der nächste Empfang, immer in der Hoffnung, rechtzeitig ans Bett der beiden Töchter zu kommen, um ihnen den Gutenachtkuss zu geben. «Ich versuche, meine zwei Leben gegeneinander abzugrenzen. Draußen ist draußen, zuhause ist zuhause. Ungefähr wie Batman, der sein Kostüm abstreift und wieder ein normaler Mensch ist.»

Auch ihre Ängste spricht Michelle offen in den amerikanischen Medien an: «Die Angst, dass er verliert. Die Angst, dass ihn Niederlagen oder Vorwürfe verletzen. Die Angst, dass der Wahlkampf schmutzig wird oder dass unsere Familie Schaden erleidet.» Die Entscheidung, dennoch anzutreten, bedeute aber auch, «nicht vor der Angst zurückzuweichen. Ich möchte nicht, dass meine Mädchen in einem Land aufwachsen, das von Angst regiert wird.» Im weitesten Sinne gehört auch die Angst um Baracks Leben dazu, denn die Geschichte Amerikas ist nicht arm an politischen Attentaten. «Ich möchte allen sagen, die sich ernsthaft Sorgen um uns machen, auch um unsere Sicherheit und den Zusammenhalt der Familie: Politik ist ein harter und akrobatischer Sport. Wir sind bereit, uns darauf einzulassen – weil wir keine andere Wahl haben.»

Auf vieles kann sich die Familie Obama gedanklich vorbereiten, aber der Wahlkampf bedeutet, alles in allem, einen Eingriff in das Familienleben, wie ihn sich Außenstehende kaum vorstellen können. Anfang Mai 2007 ordnet der Geheimdienst Personenschutz für Barack an. Die Leibwächter können noch so diskret und verständnisvoll sein – von jetzt an sind die Obamas eine Großfamilie, wohin auch immer sie zusammen gehen. «Die nächste Stufe ist erreicht», reagiert Michelle auf den Situationswechsel. Doch die Belastungen sollten in den Folgemonaten weiter zunehmen. Immer größer werden die Menschenmengen, die ihren Mann und auch sie sehen wollen.

Soweit man zur First Lady geboren und erzogen werden kann, bringt Michelle diese Begabungen mit. Und soweit man die Rolle lernen kann, ist sie bereit, zu lernen. Aber angestrebt hat sie diese Aufgabe nicht.

«Mein Gott, wer kann ernsthaft von sich behaupten: Ich bin bereit, Präsident oder First Lady zu sein?», gibt sie die Frage an die Reporter zurück. Als das «Ebony Magazine» zum Fotoshooting kommt und die Artdirektorin überlegt, ob Michelle auf dem Coverfoto Perlen tragen sollte, um schon jetzt wie eine First Lady auszusehen, muss erst gar nicht eine Stylistin bemüht werden. Michelle hat ihre eigenen Perlen griffbereit dabei. Bis zu einer gewissen Grenze ist sie entscheidungsfreudig, pragmatisch und kooperationsbereit. Doch wo diese Grenze verläuft, das möchte Michelle Obama selbst entscheiden. Mit Make-up, zum Beispiel für Fernsehauftritte, ist sie zurückhaltend. Prinzipiell hat sie nichts dagegen, es geht ihr vielmehr um das praktische Argument. Sie ist nicht bereit, so viel Zeit nur in ihr Styling zu investieren: «Ich möchte, dass die Menschen sich daran gewöhnen, wie mein natürliches Gesicht aussieht.»

Stärken und Schwächen – in den Augen der anderen

Eine Google-Abfrage unter dem Namen Barack Obama fördert rund drei Millionen Einträge zutage. Und doch rätseln seine Kritiker und Anhänger in Amerika, was für ein Präsident er wäre. Er selbst hat 440 Buchseiten über seine ersten 30 Lebensjahre geschrieben, in «Dreams from My Father». Und nochmals 360 Seiten über seine Erfahrungen als Senator und über seine politischen Leitlinien, in «The Audacity of Hope». Eine Fülle an Informationen also, die Aufschluss geben über Obamas Lebensdaten, Werte und Charakterzüge und damit ein klares Profil von ihm zeichnen – sollte man denken.

Familie, Freunde, Gegner und die Meister der Umfragen über Barack Obama

Doch im Zeitalter des Internets schafft die unübersichtliche Masse an Information ein neues Dilemma, einen Überfluss an Fehlinformationen. Die Mehrzahl der Interneteinträge über das Geburtsjahr seiner älteren Tochter, Malia, liegt falsch. Sie kam 1998 auf die Welt, nicht 1999. Journalisten und Biografen, die ihn seit längerer Zeit begleiten, machen widersprüchliche Angaben darüber, wie viele Halbgeschwister er in Afrika habe. Seiner eigenen Darstellung in «Dreams from My Father» zufolge sind es eine Halbschwester, Auma, und sechs Brüder, von denen noch fünf leben: Roy, Abo, Bernard, Marc und George. Selbst bei der Frage, wann Obama und Michelle sich kennengelernt und wann sie geheiratet haben, sind sich Journalisten und Biografen nicht einig. Obamas Wahlkampfzentrale tut allerdings auch wenig, um Fehler zu korrigieren oder bei der Recherche nach den richtigen Daten zu helfen. Einerseits ist das verständlich, weil sein Team alle Hände voll damit zu tun hat, die Kampagne zu organisieren. Da die Kräfte seiner Mitarbeiter begrenzt sind, müssen sich die Journalisten selbst um die Wahrhaftigkeit der Informationen und die Zuverlässigkeit ihrer Quellen bemühen. Andererseits ist es erstaunlich, dass der Richtigstellung seiner Lebensdaten so wenig Bedeutung beigemessen wird. Schließlich wäre ein Merkblatt mit den richtigen Daten, das man bei Anfragen mühelos verteilen könnte, in kurzer Zeit zusammengestellt.

Familie, Freunde und politische Wegbegleiter reagieren zum Teil sehr reserviert auf die Bitte, persönliche Eindrücke über den Kandidaten wiederzugeben. Seine Kirchengemeinde in Chicago verweist Reporter, die Gottesdienstbesucher nach Obama befragen wollen, sogar des Geländes. Die Leitung sagt, man habe zu viele schlechte Erfahrungen gemacht. Ähnlich reagiert der schwarze Bürgerrechtler Jesse Jackson. Offiziell unterstützt er Obamas Kandidatur, aber da sie unterschiedliche Meinungen über das Los der Afroamerikaner vertreten, weicht auch Jackson Fragen nach dem Präsidentschaftsbewerber inzwischen aus.

Andere dagegen rücken gerne mit Einschätzungen und Anekdoten heraus: Journalisten wie Lynn Sweet, die seinen Wahlkampf für die «Chicago Sun-Times» beobachtet, oder Jeff Zeleny von der «New York Times», frühere Arbeitskollegen in der Chicagoer Bürgerrechtskanzlei wie John Belcaster, professionelle Politikbeobachter wie John McIntyre, Präsident des Internetdienstes Realclearpolitics, oder Frank Newport, Chefredakteur für Gallup-Umfragen, und Außenpolitik-Experten wie Zbigniew Brzezinsky, der ehemalige Sicherheitsberater von Präsident Jimmy Carter.

Wenn man alle diese einzelnen Informationen über Barack Obama wie Puzzlestücke zusammenfügt, ergibt sich daraus am Ende ein farbiges Persönlichkeitsprofil. Ebenso vielfältig sind die Erwartungen an diesen Politiker und die Prognosen darüber, wie eine Präsidentschaft unter Barack Obama in der Praxis aussehen und was sie für die Geschichte der USA und für Amerikas Ansehen in der Welt bedeuten könnte.

Privat ist Barack ein Mann, der die Haushaltspflichten im Prinzip mit seiner Frau teilen möchte, aber wegen seiner eigenen Arbeitsbelastung mitunter an diesem Anspruch scheitert. John Belcaster trat im Herbst 1993 in dieselbe kleine Anwaltskanzlei in Chicago ein, in der auch Obama seit 1992 arbeitete. Da beide Kollegen fast zur gleichen Zeit Nachwuchs bekamen, tauschten sich die jungen Väter über die ständige Übermüdung aus, weil auch sie nachts aufstanden, um Windeln zu wechseln und Trinkflaschen vorzubereiten. «Er hat sich bemüht, die Elternpflichten mit Michelle zu teilen», war Belcasters Eindruck. Das Prinzip geteilter Hausarbeit gilt bis heute. «Michelle hält ihn an der kurzen Leine. Er muss den Müll rausbringen und hat Spüldienst», verriet Yvonne Davila, eine Freundin Michelles, der «Chicago Sun-Times» zu Jahresbeginn 2007.

Der Wahlkampf bringt Obamas Familienalltag vollends durcheinander, beobachtet Strategieberater David Axelrod im Interview. «Es ist so, als ob du den ganzen Tag, 24 Stunden lang, von allen Seiten durchleuchtet wirst. Barack ist in vieler Beziehung ein ganz normaler Typ. Sonntags schaut er gern Football. Er liebt die Zeit mit Michelle und den Kindern. Er besitzt innerliche Härte und Durchhaltevermögen. Zu Anfang hatte er es nicht einfach, aber er hat sich durchgekämpft.»

Früher hatte Obama zumindest den späten Abend für sich. «Er ist eine Nachteule. Er schätzt es, Zeit für sich allein zu haben, nachts Sport im Fernsehen zu schauen und dabei E-Mails zu beantworten. Da er als Einzelkind aufwuchs, hat er eine introvertierte Seite. In dem Reihenhaus in Hyde Park hatte er seine ‹Höhle›, wie Michelle das nannte. In den kleinen Raum hinter der Küche, nicht größer als zwei Schreibtischplatten, zieht er sich zurück, sobald die Kinder im Bett sind.» So beschreibt Obama-Biograf David Mendell den Raum, in dem Barack den Bestseller «The Audacity of Hope» verfasste.

Über die positiven Charakterzüge, die eine Präsidentschaft unter Barack Obama prägen würden, sind sich die Beobachter weitgehend einig: Er ist ehrgeizig, aber nicht machtversessen und besitzt einen starken Willen, die Gesellschaft innerhalb des bestehenden Systems zu verändern, nicht als Revolutionär. Zu seinem Politikstil zählen demnach seine Offenheit und Anständigkeit sowie die Neigung zum ehrlichen Austausch von Argumenten und der Verzicht auf vernichtende Polemik.

«Einerseits ist er dieser total entspannte Typ aus Hawaii. Andererseits hat er sich energisch in den Präsidentschaftswahlkampf gestürzt, und das passiert nicht aus Zufall», sagt Obamas früherer Studienkollege in Harvard Brad Berenson, der als Republikaner für George W. Bush im Weißen Haus arbeitete.

Arbeitskollegen wie John Belcaster bewundern Obamas Hang zur Aufrichtigkeit, seine politischen Berater dagegen finden das manchmal eher lästig. «Was, Obama hat das zugegeben?», wunderte sich Obamas Wahlkampfstratege David Axelrod, als er David Mendell, den Reporter der «Chicago Tribune», 2004 wegen angeblich unfairer Berichterstattung zur Rede stellen wollte. Denn Mendell konnte ihm entgegenhalten, Obama habe in einem Telefonat bereits gesagt, dass die Kritik berechtigt war. «Er ist ein ehrlicher Politiker», beendet Axelrod das Gespräch mit einem tiefen Seufzer. «Das kann noch zu einem ziemlichen Problem werden.»

Michelles Bruder Craig Robinson, Basketballtrainer eines der besten Hochschulteams, zieht eine Parallele zum Spielfeld: «Barack spielt Basketball, so wie er sein Leben lebt. Er ist sehr selbstbewusst, und er hat keine Angst vor dem Wurf, wenn er die Chance zu punkten sieht. Das sagt viel über einen Menschen. Er spielt nicht nur, um mit auf dem Platz zu sein. Er will das Spiel gestalten, der Mannschaft helfen und gewinnen.»

John Belcaster erinnert sich an die gemeinsame Zeit als Anwaltskollegen Mitte der 90er Jahre: «Er war ein harter Arbeiter und ungemein fleißig. Er wühlte sich in die Details der Bürgerrechtsprozesse hinein.»

Dan Shomon, sein Bürochef im Senat von Illinois, sagt über Obama: «Überzogener Ehrgeiz war schon immer die größte Gefahr für Obama. Und gesunder Ehrgeiz seine größte Stärke.»

Jim Cauley, Manager seines Senatswahlkampfs 2004, ergänzt: «Barack denkt, er kann jeden für sich einnehmen. Er traut es sich zu, in einen Raum voller Skinheads zu gehen und alle ihre Stimmen in der Tasche zu haben, wenn er wieder herauskommt.»

Valerie Jarrett, eine enge Freundin der Familie, greift zu einer psychologischen Deutung von Baracks Auftreten: «Ein Kind, das ein Elternteil vermisst, sehnt sich nach Anerkennung. Zurückweisung ist für ein Kind besonders schwer zu ertragen. Das bringt es dazu, sein Leben lang um Anerkennung zu kämpfen.»

Dazu gehört auch die Gabe, Sympathie in anderen zu wecken, betont sein früherer Büroleiter im Senat von Illinois, Dan Shomon: «Im Gegensatz zu anderen Politikern hat er die Menschen stets dazu gebracht, ihm zu verzeihen. Sie scheinen zu fühlen, dass er eine wichtige Mission hat.»

Zeit für sich selbst zu haben ist ein Luxus, von dem sich der als Einzelkind aufgewachsene Obama nur schwer trennen kann, beobachtet Mendell im Senatswahlkampf im Jahre 2004: «Er braucht einen festeren Terminplan für den Hauptwahlkampf. Ein effizienter Zeitplan gehörte nicht zu seinen Stärken im Vorwahlkampf, und das lag an ihm. Er hielt sich nicht gerne an einen starren Rahmen.»

Zu welchem Zeitpunkt Obama sich endgültig für die Politik entschieden hat, darüber gehen die Meinungen auseinander. Als Michelle ihren Bruder Craig Robinson bat, ihrem neuen Freund auf den Zahn zu fühlen, gewann der den Eindruck, Obama habe sich bereits festgelegt: «Barack sagte mir: Ich will Politiker werden. Weißt du, ich kann eines Tages Präsident werden. Und ich reagierte: Ist schon okay, komm mal wieder auf den Boden und lass dich Tante Gracie vorstellen. Vor allem, sag nie wieder so was zu irgendjemand in der Familie, schon gar nicht zu Michelle!»

John Belcaster, der einige Jahre später mit Obama in der Bürgerrechtskanzlei arbeitete und fast täglich zu Mittag aß, berichtet, dass damals von Politik noch gar keine Rede war. Das habe sich erst in den Jahren 1995, 1996 geändert. Unübersehbar war freilich Baracks Wunsch, die Welt zu verbessern. «Er zeigte ein hohes Verantwortungsgefühl für die Allgemeinheit. Das ging bis in kleine Alltagsfragen. Wir gingen oft zwischendurch um den Block, um uns Bewegung zu verschaffen. Barack musste auch nach draußen, weil das Rauchen im Büro verboten war. Einmal spuckte ich draußen meinen Kaugummi ins Blumenbeet. ‹Was tust du da?›, empörte er sich. Er hielt mir eine Standpauke über die Verantwortung für den öffentlichen Raum und verlangte: ‹Heb das sofort auf!›»

Laut Belcaster lernte Barack in der Kanzlei, dass das Erfolgsrezept der Bürgerrechtsbewegung, Prozesse zu führen, an Grenzen stieß. Auch deshalb ging Barack in die Politik. «Er meinte, man müsse nun die Gesetze reformieren, um mehr zu erreichen.» Auch Belcaster gab den Anwaltsberuf auf, er wurde Lehrer an einer Chicagoer Highschool.

Barack Obamas Hautfarbe war im Landtag von Illinois teils ein Vorteil, teils ein Nachteil. Kirk Dillard, Republikaner im dortigen Senat, erzählte dem Magazin «Newsweek» im Juli 2007: «Er tat mir manchmal leid, weil er sich doppelt rechtfertigen muss, vor Schwarzen und vor Weißen. Manche Weiße misstrauten seinem Eintreten für schwarze Strafverdächtige. Und schwarze Kritiker bezweifelten, dass er ein richtiger Afroamerikaner sei, weil er doch nie persönlich erfahren habe, wie es sei, an einer Straßenecke in Chicago von der Polizei aufgegriffen zu werden.»

Doch Barack gelang es, zumindest die politische Rassenlehre der Wahlkämpfe zu überwinden und Wähler aller Hautfarben anzusprechen. «Wir haben den Rubikon überschritten. Ein Afroamerikaner kommt daher und kann in allen Bevölkerungsgruppen breite Unterstützung finden. Seine Wähler sind bereit, die Rassenfrage hinter sich zu lassen», jubelte sein Wahlkampfstratege David Axelrod, nachdem Obama bei der Vorwahl 2004 entgegen allen Erwartungen die absolute Mehrheit gegen zwei weiße Gegenkandidaten errungen hatte.

Barack Obama ist in einer Gesellschaft und in einer Familie aufgewachsen, in der die Männer Alkohol tranken, und viele davon im Übermaß wie sein Vater und manchmal auch Großvater Gramps. Für Barack war das offenbar eine Warnung, beobachtet Biograf David Mendell auf der Afrikareise 2006: «Unterwegs trinkt er keinen Alkohol mehr. Auf Wahlkampfreisen gehörte er nie zu denen, die sich abends ein Bier aus der Kühlbox in der Hotellobby holen. Er zieht sich in sein Zimmer zurück, schaltet den Sportkanal ein oder arbeitet an seiner Rede für den nächsten Tag – wahrscheinlich beides gleichzeitig.»

Für einen Politiker steht in jedem Wahlkampf tendenziell seine politische Existenz auf dem Spiel. Je höher Obama steigt, desto größer wird der Druck zur Selbstkontrolle. «Den Barack von früher, mit dem man im Auto Blödsinn machen konnte, gibt es nicht mehr. Er muss sich jetzt unter Kontrolle haben, muss achtgeben, was er sagt oder tut. Er kann nicht mehr er selbst sein, es sei denn, er ist allein mit Michelle», sagt ein langjähriger Wahlkampfhelfer über die Präsidentschaftskampagne.

Zu Obamas Image gehören sein Charisma, sein Redetalent und seine Offenheit. Selbst politische Gegner oder Konkurrenten stellen diese Eigenschaften nicht in Frage. Sie versuchen allenfalls, ein bisschen darüber zu spotten, wie Präsident George W. Bush beim Gridiron Dinner 2006, dem traditionellen jährlichen Treffen von Spitzenpolitikern und Journalisten in Washington DC: «Senator Obama, ich würde gern einen Witz über Sie machen. Aber das ist ungefähr so schwierig wie ein Witz über den Papst. Können Sie sich nicht wenigstens einmal versprechen?»

Bill Clinton, Expräsident und Gatte der Obama-Konkurrentin Hillary, sagt im Juli 2007 auf einer Wahlveranstaltung in Iowa: «Wenn ihr gekommen seid, um Kritik an ihm (Barack Obama) zu hören, dann muss ich euch enttäuschen. Ich mag ihn.»

Oprah Winfrey, die Königin der Talkshows im amerikanischen Fernsehen, nennt im September 2007 Obamas Authentizität und Charakter als ihre Beweggründe dafür, dass sie erstmals in ihrem Leben einen Präsidentschaftskandidaten offen unterstützt. «Ich bin eigentlich keine politische Person. Aber ich bin überzeugt, dass er eine neue Perspektive der Hoffnung für Amerika eröffnet. Deshalb unterstützte ich ihn. Vermutlich werde ich so etwas nie wieder in meinem Leben tun.» Nur böse Zungen können da noch behaupten, sie unterstütze ihn, weil beide Schwarze sind.

Die innen- und außenpolitischen Wahlkampfversprechen der Kandidaten, von der allgemeinen Krankenversicherung bis zum Abzug der Truppen aus dem Irak, werden lebendig und kontrovers diskutiert. Sie bilden aber nicht den Kern der Erwartungen an einen potenziellen Präsidenten Barack Obama. Die konzentrieren sich vielmehr auf die Hoffnung, dass er eine Stimmungswende herbeiführt, in Amerika und in der übrigen Welt.

«Was für ein kraftvoller Moment. Als wäre der Messias auf die Erde zurückgekehrt», beschreibt Bob Herkules, Regisseur eines Films über Obamas Kandidatur, den Jubel der Massen auf Obamas Keniareise 2006.

«Wenn die Amerikaner einen wie ihn zum Senator wählen, bedeutet das, dass sie die ganze Welt umarmen, dass sie Demokraten sind und der Rassismus ein Ende hat», bekräftigt John Nyambalo, ein 50-jähriger Kenianer.

Ehefrau Michelle versucht, solche Erwartungen zu bremsen: «Er ist kein Messias, der alles zum Guten wenden kann. Auch er ist schließlich nur ein Mensch», sagt sie dem Sender NBC News im Juli 2007.

Selbst nüchterne US-Bürger werden von dieser Hoffnung auf ein neues Zeitalter ohne den gewohnten Parteienstreit angesteckt. «Er sagt auch nicht viel anderes als die übrigen Kandidaten – mit einer Ausnahme: Wir müssen den Parteienstreit hinter uns lassen und zusammenarbeiten. Es ist traurig, dass man das extra betonen muss. Aber es ist richtig erfrischend, dass er es tut», meint Penny Reynold, eine Wählerin in New Hampshire.

«Seine Wahl wäre ein unendlich wichtiger Beitrag, um den Glauben an die USA und das Vertrauen der Menschen rund um die Erde wiederherzustellen. Man stelle sich vor: Barack Präsident und Michelle, eine Nachfahrin der Sklaven, First Lady!

Das wirft mich um. Es wäre ein bemerkenswerter Moment in der Geschichte», glaubt auch Meg Hirshberg, eine vermögende Wahlkampfspenderin der Demokratischen Partei in New Hampshire.

Und natürlich darf der Verweis auf den anderen jungen Präsidenten der USA nicht fehlen. «Ich habe John F. Kennedy gesehen, und jetzt habe ich Obama erlebt – und in all der Zeit dazwischen nichts Vergleichbares», lobt Newton Minow, der ehemalige Vorsitzende der Aufsichtskommission für das Fernsehen, nach der Kandidatenvorstellung bei Senator Tom Harkins traditionellem Steak Fry in Iowa.

Die demokratische Konkurrenz darf dieses Wunderkind-Image nicht offen kritisieren, denn das ließe sie neidisch aussehen. Sie kann es lediglich indirekt unterminieren. «Wandel ist nur erreichbar, wenn man im bestehenden System arbeitet. Man kann nicht so tun, als ob es nicht existiert», wehrt sich Hillary Clinton am Labor Day 2007 gegen die Erwartung, ein Präsident Obama bedeute eine Zeitenwende. Und Elizabeth Edwards, die Ehefrau des demokratischen Konkurrenten John Edwards, stichelt im «Time»-Magazin im Sommer 2007 gegen Obama: «Beim Thema Irak mimt er den Heiligen – heiliger als jeder andere.»

In den Debatten um praktische Reformvorhaben wirkt Barack Obama nicht ganz so unangreifbar. Je konkreter seine Vorschläge, desto bissiger die Kritik. «Er möchte die Ursachen des Wirtschaftsaufschwungs der jüngsten Jahre beseitigen. Er kündigt an, er werde die Steuersenkungen von 2003 rückgängig machen, die die Haupttriebkraft für das Wachstum seither waren», dreht Pat Toomey, Präsidentin des Clubs für Wachstum, eine den Republikanern nahestehende Lobbygruppe, Obamas Vorschläge zur Steuerpolitik um. Ende September 2007 hatte er versprochen, die Steuern für Jahreseinkommen unter 50 000 Dollar ganz zu streichen, die Belastung der Schlechterverdienenden um insgesamt 80 Milliarden Dollar zu senken und dies durch Steuererhöhungen für Spitzenverdiener sowie auf Kapitalgewinne gegenzufinanzieren.

Neutraler bewertet Jonathan Cohn, Gesundheitsexperte der Zeitschrift «The New Republic», Obamas Pläne für eine allgemeine Krankenversicherung: «Das Beste, was man darüber sagen kann: Er bemüht sich um Einsparungen im System. Seine Vorschläge, Patienten-Informationen effektiver verfügbar zu machen oder den Wert therapeutischer Ansätze durch ein unabhängiges Institut überwachen zu lassen, sind bis ins Detail durchdacht. Sein Versprechen, alle Amerikaner in die Krankenversicherung einzubeziehen, klingt dagegen wie abgeschrieben von John Edwards... Bei Lichte besehen gilt Obamas Versicherungspflicht aber nur für alle Kinder, nicht für alle Erwachsenen. Das kann man nicht ‹universelle Absicherung› nennen. Fazit: Sein Reformplan ist nicht schlecht, aber wir haben schon bessere gesehen.»

Praktische Antworten auf drängende politische Probleme, das sind Niederungen, in denen das Wunderknaben-Image wenig nützt. Das gilt auch in der Außenpolitik. Christopher Dodd, ein Konkurrent um die demokratische Präsidentschaftsnominierung, kritisierte Obama, nachdem der im August 2007 angekündigt hat, er werde Al-Qaida-Ziele in Pakistan angreifen, wenn Pakistan sich weigere, selbst gegen die Gruppe vorzugehen. Gleichzeitig schloss Obama aber den Einsatz von Atomwaffen in Afghanistan und Pakistan aus.

«Senator Obama hat in den jüngsten Tagen verwirrende Aussagen zur Außenpolitik und zu Militäreinsätzen gemacht. Er hat Drohungen ausgesprochen, die er besser unterlassen hätte, und unkluge Prinzipienerklärungen zu militärischen Optionen abgegeben», sagte Dodd.

Baracks Anhänger schlagen zurück, zum Beispiel Samantha Power, Gründungsdirektorin des Carr Center für Menschenrechte an der Harvard University und eine seiner außenpolitischen Beraterinnen: «Die konventionelle Außenpolitik hat uns in eine Katastrophe geführt. Barack Obama will eine andere Außenpolitik. Doch Irakkriegsgegner wie er werden als weich, unerfahren oder gar naiv etikettiert. Als konventionelle Weisheit gilt: Wir verhandeln nicht mit unseren Feinden, nicht mit dem

Iran, Syrien oder Nordkorea. Das hat nicht funktioniert. Barack weiß, dass Gesprächsverweigerung Amerika in den Augen der Welt schwach und trotzig dastehen lässt. Er hat keine Angst davor, eine Medienschlacht gegen die Diktatoren zu verlieren, und er weiß auch, dass einige der größten Erfolge in der Geschichte Amerikas durch Diplomatie erzielt wurden. Die konventionelle Weisheit irrt. Barack Obama hat Recht.»

Zu einem Großteil lässt sich Obamas Popularität auf seinen Ruf zurückführen, dass er über den Lagern steht. Thomas Friedman, der neoliberale Kolumnist der «New York Times», Globalisierungsbefürworter und Autor des Bestsellers «The World is flat», schrieb im April 2007: «Wann hat es das zuletzt gegeben, dass ein amerikanischer Politiker oder Präsident als Vorbild in der übrigen Welt galt? Das ist eine ganze Weile her. Es ist vielleicht das stärkste Argument, warum er Präsident werden sollte: Er hat das Potenzial, die kaputte Beziehung zwischen den USA und der übrigen Welt zu reparieren.»

Hoffnung für Europa nach Bush – und neuer Streit

Und was darf Europa von einem Präsidenten Obama erwarten? Karen Donfried, die Vizepräsidentin des German Marshall Fund, prognostiziert im Oktober 2007: «Atmosphärisch wird die Zusammenarbeit mit einem demokratischen Präsidenten für Europa einfacher, in der Substanz nicht unbedingt. In der Irakpolitik gibt es rhetorische Unterschiede zwischen den Kandidaten, aber keiner, auch nicht Kriegsgegner Obama, möchte alle US-Truppen von dort abziehen. 50 000 bis 100 000 amerikanische Soldaten werden im Irak bleiben.» Jeder Demokrat wisse auch: «Mit der Bitte um Militär für den Irak darf er den Europäern erst gar nicht kommen. Etwas politische oder finanzielle Hilfe wäre aber nett, mit der Begründung: Ich bin nicht schuld, das war Bushs Krieg, helft uns raus aus dem Schlamassel. Es ist nicht vorstellbar, dass ein Präsident Obama den Iran militärisch angreift. Diplomatie hat Vorrang. Nur, was tun, wenn sie scheitert?» Die Frage, wie Obama mit einem atomaren Iran umgehen wolle, sei offen, sagt die Spezialistin für transatlantische Beziehungen.

«Für ihn ist Afghanistan der Krieg, der gewonnen werden muss. Amerikaner sehen darin eine typische Aufgabe der Nato in Zeiten des Terrors. Dazu gehört nicht nur ziviler Wiederaufbau, sondern auch harter militärischer Kampf gegen die Taliban. In der Klimapolitik wird die Kooperation besser. Hier darf Europa eine Charmeoffensive erwarten: das Angebot zur Kooperation gegen Treibhausgase, ehe Anfragen in harter Sicherheitspolitik folgen. Mehr Nähe heißt auch: Die Europäer können Bitten nicht so leicht ablehnen wie im Falle des unbeliebten Bush.»

Zuvor jedoch stellt sich die Frage, ob Barack Obama überhaupt zum Präsidenten gewählt wird. Selbst kurz vor Beginn der Vorwahlen fallen die Prognosen der wichtigsten Meinungsforscher in den USA sehr unterschiedlich aus. Sie alle sagen, Hillary Clinton sei nach ihren Erhebungen die Favoritin. Aber sie betonen ebenfalls unisono, das Rennen sei noch völlig offen. Sie sind vorsichtig, in den jüngeren Jahren haben sie viele Favoriten stürzen sehen. Ihr Hauptproblem mit den Umfragen ist: Sie können die Meinungen der Bürger nicht verlässlich messen, solange die sich noch gar keine feste Meinung gebildet haben. Nach aller Erfahrung interessieren sich die Bürger der USA erst kurz vor dem Vorwahltermin in ihrem Bundesstaat für die Kampagne. Den Herbst, Thanksgiving, das Erntedankfest und Weihnachten wollen sie unbehelligt von der Parteipolitik verbringen.

Nur die Republikaner machen eindeutige Vorhersagen. Präsident Bush wagt im Herbst 2007 die Prognose, die Vorwahlen bei den Demokraten werde Hillary Clinton gewinnen und sie werde dann seine Irakpolitik fortsetzen. Auch Newt Gingrich, der ehemalige Mehrheitsführer der Republikaner im Kongress, verkündet verführerisch eindeutig: «Am Ende werden die Demokraten Hillary Clinton als Präsidentschaftskandidatin nominieren und Barack Obama als ihren Vizepräsidenten.» Die

Republikaner sagen das freilich nicht ohne Eigeninteresse. Eine Kandidatur Hillarys ist das sicherste Mittel, ihre Anhänger zu mobilisieren. Viele Demokraten ziehen daraus den Umkehrschluss: Das wäre eigentlich ein Argument, Obama zu nominieren, weil der nicht so viele Gegner hat.

Im Detail fallen manche Analysen der professionellen Meinungsforscher geradezu gegensätzlich aus. «Baracks Kampagne läuft *gut*», sagt Michael Dimock, Assistenzdirektor des Pew Research Center, im Herbst 2007. «Er liegt zwar konstant hinter Hillary in den Umfragen. Aber er hat starken Rückhalt bei Demokraten, die sich Linke nennen, und bei den Jüngeren. Bei den Älteren und jenen, die sich als konservativ einschätzen, führt Hillary mit großem Vorsprung.» In Umfragen bittet Pew Bürger, Begriffe und Namen einander zuzuordnen. «Bei ‹optimistisch› und ‹energiegeladen› sagen die meisten: Obama. Und wenn wir umgekehrt seinen Namen nennen, denken die Bürger an ‹Wende›, ‹neue Ideen›, ‹jung›, ‹frisches Gesicht›, ‹charismatisch›. Hillary wird assoziiert mit ‹durchsetzungsstark› und ‹smart›. Das läuft auf eine Wahl zwischen Erfahrungen oder frischen Ideen hinaus.»

«Baracks Kampagne läuft *nicht gut*», meint dagegen Frank Newport, Chefredakteur für Gallup-Umfragen. «Seit Monaten kann er keinen Boden gutmachen. Wahrscheinlich gewinnt Hillary Clinton die Nominierung. Die Lage kann sich noch ändern, aber es müsste etwas Dramatisches geschehen. Er muss darauf hoffen, dass sie sich durch einen Skandal selbst zerstört. Er hat zwar ein positives Image, aber die Bürger wissen zu wenig Konkretes über ihn. Er verspricht einen neuen Stil in Washington, das ist sehr attraktiv. Aber sie wollen auch jemanden mit Erfahrung. Sie ist zu stark, als dass er ihr allein durch eigene Leistung gefährlich werden könnte. Nur wenn sie stolpert, bekommt er eine Chance. Vielleicht zielt er darauf ab, ihr Vizepräsident zu sein, um in ein paar Jahren selbst Präsident zu werden. Er ist ja noch jung.»

Charlie Cook, Chef des «Cook Political Report» und ein Guru der Politikanalyse in Washington, warnt, Obama könne zum Opfer überzogener Erwartungen werden. «Seine Kandidatur ist faszinierend. Er ist unbestreitbar ein sehr kluger und beeindruckender Mensch mit einer ungewöhnlichen Lebensgeschichte. Die Demokraten, die zu seinen Veranstaltungen gehen, erwarten ein fast religiöses Bekehrungserlebnis. Das kann er nicht für jeden Einzelnen einlösen, obwohl er bestechend auftritt.» Dennoch, seine Chance liege darin, dass er die Hoffnungen und den Ehrgeiz so vieler Demokraten anspreche. «Wenn er die Nominierung gewinnen will, muss er die schwarzen Stimmen mit weitem Abstand vor seinen Konkurrenten holen, seine Basis verbreitern und zu einem für alle Gruppen und Rassen wählbaren Crossover-Kandidaten werden.» Doch über den Sommer konnte er den Abstand zu Hillary Clinton nicht verkürzen, auch nicht in den frühen Vorwahlstaaten. «Wenn er sie in Iowa nicht stoppt, wird er sie wohl gar nicht mehr aufhalten.»

John McIntyre, Präsident des Internetdienstes «Realclearpolitics», spottet über «die konventionelle Meinung, Hillary habe einen zu großen Vorsprung». Er bekräftigt: Das Rennen ist offen. In Iowa lieferten sich Clinton, Edwards und Obama ein Kopf-an-Kopf-Rennen. «Obama muss dort nicht einmal gewinnen, nur sehr gut abschneiden. Dann kann er auch in New Hampshire Erfolg haben, wo die nicht parteigebundenen Wähler überdurchschnittlich wichtig sind – und die tendieren zu ihm.» Obama habe mehr Geld für TV-Werbung als die Konkurrenz. Und er habe Star Quality. «Wenn ich sage, es ist möglich, heißt das aber nicht, dass es so kommen muss.» Auch McIntyre betont, dass die Republikaner sich Hillary als ideale Gegenkandidatin wünschen – weshalb Demokraten womöglich Obama vorziehen. «Die Sehnsucht nach einer Wende wird leicht unterschätzt.» Das Land habe erst acht Jahre Bill Clinton, dann acht Jahre Bush erlebt. «Jetzt nochmals Clinton, in Person von Hillary, das sieht nach einer Fortsetzung der Lagerspaltung aus.» Und wer will das schon?

Das Rennen um die Nominierung neigt sich dem Ende zu – und scheint doch zu Jahresbeginn 2008 genauso offen zu sein, wie es von Anfang an war. Alles ist möglich: Der Sieg der Favoritin Hillary Clinton ebenso wie ein Triumph Barack Obamas. Wenn er unterliegt, kann er auch in den Jahren 2012 oder 2016 noch einmal antreten. Vielleicht wird er ja auch ihr Vizepräsident, was seine Chancen erhöht, in ein paar Jahren ihr Nachfolger zu werden. Unbestreitbar bleibt dies zu Beginn des Wahljahres 2008: Barack Obama fasziniert die Amerikaner. Dieser Mann ist ein unerfülltes Versprechen an die Nation, das eingelöst werden will – ein schwarzer John F. Kennedy. Das Bauchgefühl einer Mehrheit sagt: Da haben wir einen künftigen Präsidenten vor uns. Wenn nicht jetzt, dann später.